50 ANS DE RELATIONS FRANCO-ALLEMANDES

Dirigé par Reiner Marcowitz et Hélène Miard-Delacroix
Fondation Charles de Gaulle

50 ANS DE RELATIONS FRANCO-ALLEMANDES

Préface de Bernard Cazeneuve
Postface de Jacques Godfrain

NOUVEAU MONDE éditions

Édition : Madison Deschamps
Maquette : Farida Jeannet

21, square Saint-Charles, 75012 Paris
ISBN : 978-2-36583-351-6
Dépôt légal : janvier 2013
Imprimé en France par Dupli-Print

Bernard Cazeneuve

PRÉFACE

À l'extrême pointe nord-orientale de l'Alsace se trouve un village du nom de Scheibenhard. Scheibenhard est peu connue, et son histoire ne figure pas dans les manuels des écoliers. C'est pourtant par ses rues que le 4e régiment de tirailleurs tunisiens pénétra, en mars 1945, le premier en Allemagne.

En 1815, à la suite de la défaite de Napoléon à Waterloo, c'est en suivant le cours d'une rivière alsacienne, la Lauter, que fut redéfinie la frontière entre la France et la Confédération germanique. Au milieu du tracé, un petit village. Scheibenhard devint au sud Scheibenhard, au nord Scheibenhardt. De part et d'autre du pont que devaient plus tard emprunter les tirailleurs tunisiens, les deux rivages étaient désormais ceux de deux nations. Les guerres se succédèrent, les deux Scheibenhard(t) tinrent bon.

Le 1er janvier 1993, le traité de Maastricht entre en vigueur. Pour la première fois en près de deux siècles, Scheibenhardois français et allemands se saluent sans douanier sur le pont.

La France et l'Allemagne ne sont certes pas, au contraire des deux Scheibenhard(t), une seule et même société artificiellement divisée par le hasard historique. Jamais, ainsi que le souligne la contribution qui conclut cet ouvrage, l'on ne verra se former de « société franco-allemande ». Il reste que les dispositifs institutionnels nés du traité de l'Élysée, l'intégration de la société civile qu'il a permise, font aujourd'hui de l'amitié franco-allemande un objet tout à fait singulier.

Des relations entre la France et l'Allemagne, on a souvent tendance à croire que tout a déjà été dit. La chose franco-allemande, il est vrai, active rapidement une série d'images obligées, du « couple » au « moteur européen », en passant par les photographies de chanceliers et de leurs homologues présidents. Images obligées et d'autant plus vides de sens, aux yeux de certains, que l'actualité se plairait à les contredire : négociations bruxelloises, choix des réponses à la crise économique ou des perspectives politiques à donner à l'Union, tout paraîtrait, pour la *doxa* médiatique d'aujourd'hui, diviser les deux grands partenaires historiques.

Il devenait urgent de déconstruire ce scepticisme naissant. La Fondation Charles de Gaulle a accepté ce défi. Elle le relève aujourd'hui magistralement, avec ce recueil d'articles passionnants. Loin de toute rhétorique politicienne, de tout angélisme béat comme de tout cynisme, cet ouvrage, qui réunit parmi les plus grandes signatures sur le sujet, réussit le pari d'un retour en profondeur sur une amitié qui demeure, à bien des égards, l'une des réalités les plus surprenantes, les plus décisives et les plus durables de l'histoire contemporaine de notre continent. Je me réjouis de voir la recherche sur l'histoire franco-allemande si sérieuse et si féconde, et tiens à exprimer dans ces lignes ma gratitude auprès de celles et ceux qui, dans leur patient travail de scientifiques et d'observateurs, contribuent ainsi à rendre intelligible la complexe histoire de cette amitié et de notre Union.

La construction européenne est sans doute l'une des plus enthousiasmantes aventures de notre temps. Dans cette aventure, la coopération entre la France et l'Allemagne a toujours constitué un élan indispensable. En cette année de commémoration et de souvenir, il est heureux que se multiplient les initiatives destinées à faire connaître ce rôle et cette histoire. Car ce n'est qu'au prix de cet effort-là que l'amitié franco-allemande s'imposera, auprès de générations qui n'ont pas connu la guerre, dans la conscience de nos deux nations.

Reiner Marcowitz et Hélène Miard-Delacroix

INTRODUCTION

Le Général de Gaulle se montra déçu : les traités sont comme les jeunes filles et les roses, elles tiennent le temps qu'elles tiennent, et si le traité franco-allemand ne s'applique pas, il ne serait pas le premier dans l'histoire. Telles furent ses paroles au printemps 1963 après les âpres débats qui avaient entouré la ratification du traité de l'Élysée en République fédérale[1]. Pourtant, le seul fait que Français et Allemands aient réussi à se mettre d'accord en janvier 1963 sur ce « traité d'amitié » constituait déjà à lui seul un succès puisque ces peuples passaient encore dans la première moitié du XXe siècle pour être des « ennemis héréditaires ». Bien évidemment, cette image stéréotypée a toujours été une construction idéologique : elle avait été élaborée dans les décennies qui ont suivi les « guerres de libération » de 1813-1814 par les groupes qui voulaient renforcer l'identité allemande en la démarquant du repoussoir français. Ils s'attachèrent durant des années à promouvoir cette « intégration par la négative » afin de justifier la création d'un État national allemand[2]. Après la guerre de 1870, cette théorie de l'ennemi héréditaire se nourrit en France du soupçon selon lequel les Allemands seraient mus par une volonté d'expansion permanente. Ces perceptions réciproques eurent la vie d'autant plus dure que l'expérience des deux guerres mondiales sembla les confirmer.

1. Jean Lacouture, *De Gaulle, Tome III, Le souverain*, Paris, Seuil, 1986, p. 308.

2. Michael Jeismann, *Das Vaterland der Feinde. Studien zum nationalen Feindbegriff und Selbstverständnis in Deutschland und Frankreich 1792-1918*, Stuttgart, Klett-Cotta, 1992. Voir également la contribution de Christian Wenkel dans le présent ouvrage.

Ce n'est qu'après 1945 que furent réunies les conditions qui permirent à moyen terme un changement structurel profond de la relation entre Français et Allemands, du moins ceux de l'Ouest ; la RDA, vue de France, resta en grande partie jusque dans les années 1970 en tout cas, une *terra incognita* n'intéressant tout au plus que la gauche française[1]. Dès les premières années d'après-guerre, la coalition des Alliés contre Hitler fut peu à peu relayée par le conflit Est-Ouest. Il se révéla lui aussi être un catalyseur efficace et accéléra la prise de décisions concrètes visant à unifier au moins l'Europe occidentale. Les Européens de l'Ouest eurent désormais besoin des États-Unis qui exigèrent à leur tour une coopération intereuropéenne accrue comme condition préalable à une assistance militaire et une aide économique. C'est dans ce contexte que le 9 mai 1950, le ministre des Affaires étrangères français, Robert Schuman, proposa au cours d'une conférence de presse qui eut un certain retentissement la création d'une union pour le charbon et l'acier[2]. Il avait auparavant pris des assurances auprès du chancelier Konrad Adenauer qui avait tout de suite approuvé son projet, car il correspondait à l'un de ses souhaits, formulé dès l'entre-deux-guerres. Les négociations qui suivirent débouchèrent rapidement sur la fondation de la Communauté européenne du Charbon et de l'Acier (CECA) le 1er janvier 1952. Cinq ans plus tard, ses six membres – en plus de l'Allemagne et de la France, ce furent l'Italie et les pays du Benelux – s'accordèrent lors des traités de Rome, à fonder, pour renforcer leur coopération, la Communauté

1. Ulrich Pfeil, *Die « anderen » deutsch-französischen Beziehungen. Die DDR und Frankreich 1949-1990*, Cologne-Weimar-Vienne, Bölhau, 2004, p. 45-433 ; Christian Wenkel, *Auf der Suche nach dem anderen Deutschland. Das Verhältnis Frankreichs zur DDR im Spannungsfeld von Perzeption und Diplomatie*, Munich, Oldenbourg, 2012. Voir à nouveau la contribution de Christian Wenkel dans cet ouvrage.

2. Raymond Poidevin, *Robert Schumans Deutschland- und Europapolitik zwischen Tradition und Neuorientierung*, Munich, Vögel, 1976 ; Marie-Thérèse Bitsch, *Histoire de la construction européenne de 1945 à nos jours*, Paris, Complexe, 2008, p. 61-80 ; Corine Defrance, Ulrich Pfeil, *Entre guerre froide et intégration européenne. Reconstruction et rapprochement 1945-1963*, Villeneuve-d'Ascq, Septentrion, 2011, p. 71-75. Voir les contributions d'Alfred Grosser et d'Ulrich Lappeküper dans le présent ouvrage.

économique européenne (CEE)[1]. Ainsi l'unification de l'Europe et la coopération franco-allemande semblaient en bonne voie.

Cependant, les difficultés que connut la IVe République au printemps 1958 et qui préparèrent le retour de Charles de Gaulle à la tête de l'État semblèrent une fois de plus, dans une perspective allemande, tout remettre en question : « Si Monsieur de Gaulle arrive, il détruira l'Europe » prédisait au printemps 1958[2] Adenauer qui pensait que l'ancien chef de la Résistance française était un antieuropéen par excellence et qui le soupçonnait d'être encore très marqué par les vieux stéréotypes antiallemands. La rencontre avec le Général dans sa maison de Colombey-les-Deux-Églises, à la mi-septembre 1958, le fit changer d'avis, le fait est connu[3]. De Gaulle adhéra sans réserve à la réconciliation et la coopération franco-allemandes. Elles devaient être le fondement de l'unification de l'Europe occidentale qu'il se proposait aussi de poursuivre. Adenauer s'était-il donc converti au gaullisme ? Pas du tout : malgré le soulagement et même l'estime qu'il pouvait porter au président de la France, il était méfiant de nature : « un abîme de méfiance » continua de séparer les deux hommes[4]. Adenauer était pour le moins troublé par bon nombre d'actions de de Gaulle – son attachement obstiné à la souveraineté nationale ainsi que ses aspirations à faire de la France une puissance mondiale qui lui firent prendre ses distances vis-à-vis des États-Unis et de l'OTAN et se

---

1. Wilfried Loth, *Der Weg nach Europa. Geschichte der europäischen Integration 1939-1957*, Göttingen, Vandenhoeck & Ruprecht, 1996, p. 113-133 ; Franz Knipping, *Rom, 25. März 1957. Die Einigung Europas*, Munich, Dtv, 2004, p. 98-111 ; Marie-Thérèse Bitsch, *Histoire*, *op. cit.*, p. 101-124.

2. Corine Defrance, Ulrich Pfeil, *Eine Nachkriegsgeschichte in Europa 1945 bis 1963*, Darmstadt, Goethe Universitat Westend, 2011, p. 13. Voir Corine Defrance, Ulrich Pfeil (dir.), *La France, l'Allemagne et le traité de l'Élysée*, Paris, CNRS éditions, 2012.

3. Hans-Peter Schwarz, *Adenauer, Tome II, Der Staatsmann : 1952-1967*, Stuttgart, DVA, 1991, p. 452-457 ; Maurice Vaïsse, *La grandeur. Politique étrangère du général de Gaulle 1958-1969*, Paris, Fayard, 1998, p. 228-235. Voir la contribution d'Ulrich Lappenküper dans le présent ouvrage.

4. Hans-Peter Schwarz, « Das außenpolitische Konzept Adenauers », Rudolf Morsey, Konrad Repgen (dir.) : *Adenauer-Studien I*, Mayence, Matthias Grünewald Verlag, 1971, p. 73-108 (ici p. 81).

rapprocher de l'Union soviétique. À l'inverse, de Gaulle considérait la République fédérale comme un partenaire certes important, mais pas systématiquement sur un pied d'égalité, ce qui explique qu'il ait dénoncé, dès son retour aux affaires, une coopération nucléaire franco-allemande, conclue quelques mois plus tôt. À peine la rencontre de Colombey terminée, il proposa aux Américains et Britanniques de former un Directoire au sein de l'OTAN, ce qui confirmerait l'exclusion de la petite Allemagne de la cour des Grands. En outre, la politique allemande de la RFA ainsi que la nouvelle politique envers les États de l'Europe de l'Est (*Ostpolitik*) lui paraissaient anachroniques et constituer un obstacle pour sa propre politique de détente Est-Ouest, nécessaire à ses yeux. Dans la politique européenne enfin, à la différence du gouvernement fédéral, il misait plutôt sur une coopération interétatique que sur une intégration supranationale.

Il fallut la crise de Berlin pour réunir les deux hommes politiques et leurs États : lorsque l'Union soviétique menaça fin 1958 de dénoncer le statut quadripartite de l'ancienne capitale allemande, mettant ainsi en danger la capacité de survie du poste avancé de l'Occident qu'était Berlin-Ouest, de Gaulle manifesta ostensiblement son soutien à Adenauer[1]. Ce dernier était de plus en plus déçu par la politique des gouvernements américains[2]. Sous l'égide de John F. Kennedy particulièrement, à partir de 1961, toutes les positions prises par les États-Unis concernant l'Allemagne semblèrent remises en cause. En effet, la nouvelle direction américaine réduisit ses engagements à la seule survie de la République fédérale et de Berlin-Ouest. Elle n'entama de ce fait rien du tout, lorsque le 13 août 1961 commença la construction du Mur de Berlin. Le *statu quo* de la division allemande était scellé. La dégradation des relations germano-américaines eut pour conséquence de revaloriser les rapports franco-allemands. Certes, lors

1. Maurice Vaïsse, *Grandeur, op. cit.*, p. 236-237, p. 263-283.

2. Hanz-Peter Schwarz, *Adenauer, op. cit.*, p. 627-769 ; Ulrich Lappenküper, *Die deutsch-französischen Beziehungen 1949-1963. Von der « Erbfeinschaft » zur « Entente élementaire », Tome II : 1958-1963*, Munich, C. H. Beck, 2001, p. 1782-1822 ; Corine Defrance, Ulrich Pfeil, *Nachkriegsgeschichte, op. cit.*, p. 98-114 ; Corine Defrance, Ulrich Pfeil, *Guerre froide, op. cit.*, p. 97-112.

d'une rencontre en été 1960 au château de Rambouillet, près de Paris, Adenauer avait encore décliné la proposition de de Gaulle qui souhaitait une étroite alliance, voire une « union » entre les deux pays. Le chancelier craignait un affaiblissement de la CEE. Toutefois, il rechercha dans les années 1962-1963 une concertation toujours plus intense avec le Général. Il était pour lui certain que les bases de sa politique occidentale étaient menacées par les tensions avec les États-Unis. En outre, la politique d'intégration européenne traversait une crise : en 1962, le plan Fouchet – dont l'inspiration gaullienne insistait sur la souveraineté des États et la coopération de leurs gouvernements à contre-courant de l'approche communautaire préférée par les partenaires – connut un nouvel échec dans sa seconde version. On trébucha en particulier sur la question de l'adhésion britannique aux Communautés, le Royaume-Uni étant pour de Gaulle le cheval de Troie des Américains qui devait servir au gouvernement de Kennedy à briser sa vision d'une Europe européenne indépendante. À l'inverse, la majorité des partenaires de la France y voyaient plutôt un correctif nécessaire à la volonté de prééminence française en Europe occidentale[1]. Enfin, Adenauer avait été de surcroît contraint de démissionner en automne 1963 pour des raisons de politique intérieure.

Compte tenu de l'instabilité de la situation internationale et de l'existence d'un successeur désigné, le ministre de l'Économie Ludwig Erhard, dont il contestait les aptitudes pour la fonction de chancelier fédéral, Adenauer eut l'intention, à partir de la seconde moitié de l'année 1962, de marquer une dernière fois la politique étrangère par une initiative : il s'agissait de faire de son héritage franco-allemand un élément crucial de sa politique européenne et, plus généralement, de sa politique occidentale. De Gaulle avait de son côté de bonnes raisons de chercher le rapprochement avec Bonn. Il fallait compenser plusieurs déconvenues qu'il avait

1. Eckart Conze, *Die gaullistische Herausforderung. Die deutsch-französischen Beziehungen in der amerikanischen Europapolitik 1958-1963*, Munich, Oldenbourg, 1995 ; Frédéric Bozo, *Deux stratégies pour l'Europe. De Gaulle, les États-Unis et l'Alliance atlantique 1958-1969*, Paris, Plon, 1996 ; Georges-Henri Soutou, *L'Alliance incertaine. Les rapports politico-stratégiques franco-allemands 1954-1996*, Paris, Fayard, 1996, p. 149-259.

dû essuyer entre 1958 et 1962, de la rebuffade que lui imposèrent les deux grands Alliés occidentaux en déclinant son offre d'un Directoire de l'OTAN, à l'échec de sa politique européenne avec le rejet des plans Fouchet, le tout sur le fond des difficultés de la décolonisation et de la guerre d'Algérie. C'est pourquoi, durant la visite d'État d'Adenauer en France en juillet 1962 et celle de de Gaulle en République fédérale en septembre de la même année, les deux chefs d'État discutèrent de la possibilité d'un arrangement bilatéral qui engagerait leurs pays dans la voie de la coopération. Ainsi naquit ce qu'on appelle le « Traité d'amitié franco-allemand », que tous deux paraphèrent le 22 janvier 1963 dans le Salon Murat du Palais de l'Élysée avant de se faire une cordiale accolade. Cette image constitua en quelque sorte l'acmé de cette « politique mémorielle officielle[1] » qu'ils avaient déjà tenté, durant les mois précédant leur rapprochement, d'étayer au plan émotionnel. Lors de l'échange de visites officielles en juillet et septembre 1962, l'accent avait été mis sur la dimension historique d'une « réconciliation » incarnée, malgré toutes leurs différences, par deux adversaires du nazisme, sur l'appel à la fierté partagée (de Gaulle salua avec insistance « le grand peuple allemand ») et sur les perspectives ouvertes à la jeunesse qui construirait son avenir en Europe[2]. Adenauer pensa ainsi avoir parachevé son œuvre de politique étrangère et en avoir garanti la viabilité. Mais dans les mois suivants, son « option pour Paris » déclencha en République fédérale une bataille politique de premier ordre[3]. À part quelques exceptions « gaullistes », un important groupe parlementaire « atlantiste »,

---

1. Corine Defrance, Ulrich Pfeil, *Guerre froide*, *op. cit.*, p. 108 ; voir Corine Defrance, Ulrich Pfeil, *La France, l'Allemagne et le traité de l'Élysée*, CNRS éditions, 2012.

2. Voir le discours de de Gaulle à Ludwigsburg, le 9 septembre 1962 : « Le plus solide atout de la liberté du monde, c'est l'estime, la confiance, l'amitié mutuelles du peuple français et du peuple allemand. »

3. Reiner Marcowitz, *Option für Paris ? Unionsparteien, SPD und Charles de Gaulle 1958 bis 1969*, Munich, Oldenbourg, 1996, p. 74-85 et p. 96-104 ; Benedikt Schoenborn, *La Mésentente apprivoisée. De Gaulle et les Allemands, 1963-1969*, Paris, PUF, 2007 ; Tim Geiger, *Atlantiker gegen Gaullisten. Außenpolitischer Konflikt und innerparteilicher Machtkampf in der CDU/CSU 1958-1969*, Munich, Oldenbourg, 2008, p. 197-216.

constitué de députés de tous les partis, craignait qu'un lien trop fort à la politique ambitieuse de de Gaulle ne portât préjudice aux relations de la République fédérale aux États-Unis et aux autres alliés européens à l'Ouest. Adenauer dut par conséquent accepter un préambule sans lequel le traité n'aurait pas pu être ratifié par le *Bundestag*. Ce petit texte contrecarrait la vision de de Gaulle d'une Europe européenne en affichant de manière ostentatoire l'adhésion allemande à l'alliance atlantique et à la CEE ainsi que son attachement à l'entrée de la Grande-Bretagne dans la communauté économique européenne.

De ce fait, affirmer que déjà sous Konrad Adenauer et Charles de Gaulle, le traité franco-allemand avait consacré non seulement la transformation d'une vieille « haine héréditaire » en une nouvelle « amitié héréditaire » mais qu'il avait aussi dès le début été un instrument apprécié de tous pour une coopération franco-allemande efficace, relève purement et simplement d'un mythe qui, depuis pas mal de temps, est pourtant volontiers invoqué, précisément lors des cérémonies commémoratives. En fait, les querelles qui ont accompagné la ratification allemande de l'accord suggérèrent d'abord plutôt son échec et furent donc loin de laisser présager une *bonne entente* entre Français et Allemands. Cette configuration se dégrada même dans les années suivantes : d'une part, à cause de l'orientation atlantiste du gouvernement Erhard qui, dans un premier temps, fut même soutenue par l'opposition social-démocrate (SPD)[1] ; d'autre part, à cause de la pression croissante exercée par les initiatives de plus en plus provocantes en matière de politique étrangère de de Gaulle qui faisait souvent cavalier seul[2]. Dans ces circonstances, le traité franco-allemand fut, grâce à la régularité prévue de ses contacts, certes en mesure d'empêcher une « rupture » entre les deux pays, mais non de garantir l'efficacité

1. Reiner Marcowitz, *Option, op. cit.*, p. 177-259 ; Martin Koopmann, *Das schwierige Bündnis. Die deutsch-französischen Beziehungen und die Außenpolitik der Bundesrepublik Deutschland 1958-1965*, Baden-Baden, Nomos, 2000 ; Tim Geiger : *Atlantiker, op. cit.*, p. 233-472. Voir la contribution d'Ulrich Lappenküper dans le présent ouvrage.

2. Georges-Henri Soutou, *Alliance, op. cit.*, p. 261-309 ; Maurice Vaïsse, *Grandeur, op. cit.*, p. 563-592.

de leur coopération. Les relations furent caractérisées par un certain immobilisme jusqu'à la moitié, voire la fin des années 1960, où une lente évolution permit au traité de l'Élysée de déployer toutes ses potentialités opérationnelles pour la politique étrangère des deux pays partenaires. Trois transformations de structures ont été décisives.

Le problème lancinant de l'adhésion britannique à la CEE put être réglé après la démission de de Gaulle : compte tenu de la « nouvelle *Ostpolitik* » de la coalition sociale-libérale conduite par Willy Brandt à partir de 1969, le président français, Georges Pompidou, vit dans la participation de la Grande-Bretagne une possibilité d'équilibrer le poids de la République fédérale sur la scène internationale[1]. Dans le même temps, la nouvelle dynamique des relations Est-Ouest fit aussi naître un intérêt commun grandissant au maintien, voire à l'extension de la détente, particulièrement en Europe. Au bout du compte, les images française et allemande de l'Amérique se rapprochèrent de plus en plus dans les années 1970, contribuant à l'effacement de cette autre différence franco-allemande[2]. La réserve fondamentale nourrie par la France jusque-là à l'égard des États-Unis céda le pas à un débat contradictoire plus objectif, moins idéologique sur les forces et les faiblesses de la superpuissance occidentale. Parallèlement, le gaullisme modéré devint une sorte de référence adoptée aussi par d'autres gouvernements occidentaux en Europe, y compris la République fédérale : l'image positive de l'Amérique y avait été malmenée par la question raciale, la guerre du Vietnam et le scandale du Watergate.

---

1. Hélène Miard-Delacroix, *Le Défi européen de 1963 à nos jours*, Villeneuve d'Ascq, 2011, p. 41-51 ; Claudia Hiepel, *Willy Brandt und Georges Pompidou. Deutsch-französische Europapolitik zwischen Aufbruch und Krise*, Munich, 2012 ; Sylvain Schirmann, Sarah Mohamed-Gaillard, *Georges Pompidou et l'Allemagne*, Bruxelles, 2012. Voir la contribution d'Ulrich Lappenküper dans le présent ouvrage.

2. Reiner Marcowitz, « Einleitung », *Nationale Identität und transnationale Einflüsse. Amerikanisierung, Europäisierung und Globalisierung in Frankreich nach dem Zweiten Weltkrieg*, Munich, Oldenbourg, 2007, p. 19-21. Voir la contribution de Christian Wenkel dans le présent ouvrage.

En outre, de nombreux conflits d'objectifs qui avaient souvent divisé les gouvernements français et allemand perdirent de leur intensité. Les adeptes d'une unification supranationale de l'Europe, durent, en République fédérale aussi, admettre que leur vision ne pourrait être réalisée tout au plus que dans le long terme. Il ne fallait pas pour autant empêcher des accords intergouvernementaux pragmatiques à court terme. Par ailleurs, il leur fallut faire amende honorable d'avoir critiqué de Gaulle par le passé au fur et à mesure qu'ils reconnaissaient que l'entrée britannique dans la CEE n'avait en fait nullement entraîné une accélération de l'unification européenne. Dans le même temps, on assista à l'éclosion d'un processus, entamé dès les années 1950, d'imbrication croissante des domaines socio-culturel et socio-économique en Europe occidentale. Cette tendance permit tout particulièrement à la France et l'Allemagne de resserrer leurs liens[1]. En fin de compte, les deux pays « s'européanisèrent » dans leurs décisions politiques concrètes, dans le sens où les gouvernements, toutes tendances politiques confondues, furent prêts, en cas de nécessité, à accepter des compromis même douloureux, pour ne pas menacer la construction européenne. Celle-ci était aussi portée par l'homogénéisation des modes de vie, des structures sociales et des systèmes de valeurs. C'est ainsi que se renforça un lien particulier, que « les "autres" relations franco-allemandes » – celles qui existèrent entre la France et la RDA – ne purent jamais concurrencer, même après l'établissement de relations diplomatiques entre les deux États en 1973[2].

Les ressources combinées de toutes ces évolutions se réalisèrent dans leur intégralité pour la première fois entre 1974 et 1981, pendant la période commune des gouvernements du chancelier Helmut Schmidt et du président de la République Valéry

---

1. Hartmut Kaelble, *Vers une société européenne : Une histoire sociale de l'Europe, 1880-1980*, Paris, Belin, 1988 ; Harmut Kaelble, *Nachbarn am Rhein. Entfremdung und Annäherung der französischen und deutschen Gesellschaft seit 1880*, Munich, C. H. Beck, 1991. Voir les contributions de Frank Baasner et de René Lasserre dans le présent ouvrage.

2. Ulrich Pfeil, *Beziehungen*, *op. cit.*, p. 435-613. Voir la contribution de Christian Wenkel dans le présent ouvrage.

Giscard d'Estaing[1]. Sous leur conduite, la France et la République fédérale coopérèrent avec efficacité dans tous les champs politiques : dans les relations transatlantiques, elles ont ensemble hésité entre la vision de l'importance planétaire des États-Unis et leurs doutes sur la capacité américaine à diriger le monde. Ou plutôt elles s'interrogèrent sur la sagesse de certaines décisions américaines, en particulier, au début, sous la présidence de Jimmy Carter, puis à la fin, durant celle de son successeur Ronald Reagan. Les gouvernements français et allemands étaient convaincus de la nécessité d'une politique de détente, sans pour autant se faire d'illusions sur la politique hégémonique menée par l'Union soviétique. En Europe, ils défendirent de concert des initiatives pragmatiques. Ils mirent en œuvre une véritable gestion des crises dont les points d'orgue furent la création du Système monétaire européen et des consultations fécondes lors de crises internationales et économiques européennes au sein de la Communauté européenne ainsi que dans le cadre du « G7 », la conférence au sommet des sept États les plus industrialisés.

Du fait des succès de la coopération franco-allemande et de la très bonne relation personnelle de ses deux protagonistes, Giscard d'Estaing et Schmidt, une nouvelle dimension apparut dans les discours et dans la mise en scène qui contribua fortement à une nouvelle appréciation du traité franco-allemand : la coopération bilatérale fut qualifiée d'« axe » ou de « moteur » de la politique d'unification européenne, ou bien encore de « couple » ou de « tandem » expertisant en duo la politique internationale[2]. Cette nouvelle stylisation des rapports franco-allemands entraîna une lecture rétrospective et une orientation prospective. Rétrospecti-

---

1. Hélène Miard-Delacroix, *Partenaires de choix ? Helmut Schmidt et la France, 1974-1982*, Berne, Peter Lang, 1993 ; Hélène Miard-Delacroix, *Défi européen*, *op. cit.*, p. 59-65. Voir la contribution d'Ulrich Lappenküper dans le présent ouvrage.

2. Joseph Jurt, « Le couple franco-allemand. Naissance et histoire d'une métaphore », Karl-Heinz Götze (dir.), *France-Allemagne : passions croisées*, Aix-en-Provence, Cahiers d'Études germaniques, 2001, p. 51-60 ; Chrystelle Nourry, *Le Couple franco-allemand : un symbole européen*, Bruxelles, Bruylant, 2005 ; Miard-Delacroix, *Défi européen*, *op. cit.*, p. 292-293.

vement, les relations entre les deux pays depuis 1945 furent volontiers présentées comme une alliance consensuelle entre deux partenaires de choix, incluant aussi celle qui unit Konrad Adenauer et Charles de Gaulle, alors qu'elle avait été encore fort contestée une dizaine d'années auparavant. C'est donc à ce moment que, pour la première fois, s'opéra une transfiguration des relations franco-allemandes de l'après-guerre – et du traité franco-allemand. Celui-ci apparut soudain, et toujours davantage avec les années, comme le véritable déclencheur de la réconciliation et de la coopération franco-allemandes, ce qui produisit une double déformation historique : des initiatives anciennes – en particulier le plan de Jean Monnet et de Robert Schuman qui présidèrent à la fondation de la Communauté européenne du charbon et de l'acier – étaient menacées de tomber dans l'oubli au même titre que le souvenir des tensions franco-allemandes et des débats de politique intérieure en République fédérale au moment de la signature du traité de l'Élysée et dans les premières années de son existence.

Mais les conséquences de l'expérience du tandem Schmidt-Giscard d'Estaing furent tout aussi importantes, notamment par leur aspect prémonitoire. Elle suscita en effet l'attente qu'une bonne entente personnelle entre les dirigeants français et allemands allait désormais être la norme d'une part, et d'autre part, elle plaça les protagonistes eux-mêmes sous une pression aussi bien médiatique que politique, leur enjoignant de répondre à cet espoir. Symboles d'une concertation efficace, telle qu'elle avait été en effet déjà prévue dans le traité franco-allemand, sans pour autant avoir connu jusque-là de résultats concrets du fait de la persistance d'opinions divergentes, les images de l'« axe », du « moteur », du « couple » ou du « tandem » devinrent alors aussi constitutives d'un style, que contraignantes. Pourtant, c'est ainsi que dans les années 1970 s'élabora un nouveau « sentier de dépendance » spécifiquement franco-allemand. Il perdure jusqu'à aujourd'hui comme l'a prouvé le vif intérêt développé pour la campagne présidentielle française du printemps 2012, qui s'est une fois encore attachée à la question de la relation personnelle susceptible de s'établir entre le vainqueur des élections et la chancelière. Devenus courants, surtout ces dernières années, les néologismes formés à partir de l'adjonction des noms des représentants français et allemand respectifs, en sont aussi une preuve – de «Merkozy» à «Homer» et «Merkollande» en passant par «Sarkokel».

Le président François Mitterrand et le chancelier Helmut Kohl reprirent après 1982 la coopération fructueuse de leurs prédécesseurs[1]. L'ancrage à l'Ouest qui constituait une priorité pour Kohl correspondait à l'intérêt français d'une forte intégration de la République fédérale à l'Ouest. La vieille inquiétude vis-à-vis des *incertitudes allemandes*, c'est-à-dire la politique allemande instable entre l'Est et l'Ouest, se trouva ravivée par l'antiaméricanisme, le scepticisme vis-à-vis de l'OTAN et le pacifisme écologique de certains pans du SPD et du mouvement pacifiste ainsi que de leurs représentants parlementaires, les «Verts». À l'inverse, Kohl fit passer de manière crédible que, malgré quelques effervescences qui jalonnaient la politique intérieure, l'Allemagne fédérale demeurait fermement ancrée à l'Ouest et qu'elle restait par conséquent un partenaire prévisible. C'est dans ce contexte que le 22 janvier 1988, à l'occasion du 25e anniversaire de la signature du «traité de coopération franco-allemand», furent créés un Conseil économique et financier franco-allemand et un Conseil franco-allemand de défense et de sécurité devant permettre d'intensifier la coopération de la politique de défense[2].

À côté de cette coopération franco-allemande concrète, l'ère commune de Kohl et de Mitterrand fut également marquée par de nouvelles actions de politique mémorielle et d'actes symboliques imposants. Adenauer et de Gaulle avaient cultivé les grands gestes historiques, comme l'avait montré leur participation commune en juillet 1962 à la grand-messe de la cathédrale de Reims, ville martyre, en partie détruite par les Allemands durant la Première

1. Georges-Henri Soutou, *Alliance*, *op. cit.*, p. 371-394; Maurice Vaïsse, *La Puissance ou l'influence? La France dans le monde depuis 1958*, Paris, Fayard, 2009, p. 136-139; Andreas Wirsching, *Abschied vom Provisorium. Die Geschichte der Bundesrepublik Deutschland 1982-1990*, Munich, Deutsche Verlzags-Anstalt, 2006, p. 513-544. Voir la contribution d'Ulrich Lappenküper dans le présent ouvrage.

2. Voir la contribution de Bastien Irondelle et Ronja Kempin et celle de René Lasserre dans le présent ouvrage.

Guerre mondiale[1]. Mais à partir des années 1980, ces actes de politique mémorielle s'intensifièrent et se virent attribuer une nouvelle signification. Une illustration exemplaire en fut la présence commune du chancelier Helmut Kohl et du président François Mitterrand le 22 septembre 1984 à Verdun, c'est-à-dire, sur un des, sinon *le* champ de bataille emblématique de la Première Guerre mondiale. Leur posture debout pendant plusieurs minutes, main dans la main, fit un effet d'autant plus convaincant qu'ils incarnaient tous deux de façon crédible la connaissance des périodes hostiles et des phases fécondes des relations entre leurs deux pays. Le choix de la Première Guerre mondiale fut peut-être contestable parce qu'il évacuait la catastrophe qu'avait représentée le nazisme pour la civilisation, mais il permettait la stylisation d'une communion de deux peuples engagés soixante-dix ans plus tôt dans ce qui devait devenir dans les mémoires une « guerre civile européenne ». Leur politique à l'égard de l'histoire ne fut pas univoque : elle reconnaissait sans aucun doute le poids du passé, mais cette vision alla de pair avec une forte empathie réciproque qui ne mettait plus l'accent sur la culpabilité de l'un ou de l'autre, mais se voulait compréhensive pour la souffrance de l'autre. En transformant une telle commémoration, jusqu'ici séparée, voire concurrente et parfois même conflictuelle en un souvenir consensuel d'une expérience terrible partagée, cette politique mémorielle contribua définitivement et de manière décisive à passer du mythe de la « haine héréditaire » à celui de l'« amitié héréditaire ». Le traité de coopération franco-allemand en apparut désormais comme le document fondateur. Schmidt et Giscard d'Estaing avaient donné l'image d'un tandem franco-

1. Valérie-Barbara Rosoux, *Les Usages de la mémoire dans les relations internationales. Le recours au passé dans la politique étrangère de la France à l'égard de l'Allemagne et de l'Algérie, de 1962 à nos jours*, Bruxelles, Bruylant, 2001, p. 25-91 ; Corine Defrance, Ulrich Pfeil, *Guerre froide, op. cit.*, p. 196f ; Miard-Delacroix, *Défi européen, op. cit.*, p. 210-235 ; Corine Defrance, « Construction et déconstruction du mythe de la réconciliation franco-allemande au XXe siècle », Ulrich Pfeil (dir.), *Mythes et tabous des relations franco-allemandes au XXe siècle [Mythen und Tabus der deutsch-französischen Beziehungen im 20. Jahrhundert]*, Berne, Peter Lang, 2012, p. 69-85.

allemand par une coopération efficace ; à leur tour Kohl et Mitterrand, stylisant les rapports entre les deux pays par des mises en scène historiques, participèrent à l'élévation du traité de l'Élysée au rang de mythe.

Néanmoins, l'unification allemande fin 1989, début 1990 fut une sérieuse mise à l'épreuve pour les relations franco-allemandes[1]. À la différence des États-Unis, l'idée d'une unification allemande inquiéta les dirigeants des différents États européens, y compris les hommes politiques français. Fondamentalement, c'était compréhensible : l'État allemand unifié était, du fait de son passé belliqueux, affecté d'un poids historique plus lourd en Europe qu'en Amérique. En outre, la question de la puissance d'une Allemagne unifiée se posait pour ses voisins de manière beaucoup plus urgente et aiguë que pour les États-Unis, puissance mondiale, géographiquement lointaine dont le statut de superpuissance demeurait inchangé, même en cas de réunification allemande. Certes, les chercheurs ne cessent de se diviser sur l'interprétation de la réaction à ce dilemme des dirigeants français sous la présidence de François Mitterrand. Ont-ils véritablement rejeté l'unification allemande au point de tenter de l'empêcher – comme le disent les critiques – ou bien l'ont-ils très tôt déjà fondamentalement acceptée, à condition qu'elle se fasse pacifiquement et en accord avec les voisins de l'Allemagne – comme le pensent ses partisans? Si l'on en croit les sondages de l'époque, il apparaît en tout cas que de très nombreux Français « ordinaires » ont salué surtout la chute du Mur, mais aussi, en fin de compte, l'unité allemande. En revanche, si la classe politique française, des socialistes aux néogaullistes, fut assez satisfaite de l'événement du

1. Rainer Hudemann, « Von alten Stereotypen zum neuen Europa. Frankreich und die deutsche Vereinigung », Klaus-Dietmar Henke (dir.), *Revolution und Vereinigung 1989-1990. « Als in Deutschland die Realität die Phantasie überholte »*, Munich, Dtv, 2009, p. 497-508 ; Reiner Marcowitz (dir.), *Ein « neues » Deutschland? Eine deutsch-französische Bilanz 20 Jahre nach der Vereinigung*, Munich, Oldenbourg, 2010 ; Hélène Miard-Delacroix, *Défi européen*, *op. cit.*, p. 101-115 ; Ulrich Lappenküper, *Mitterrand und Deutschland. Die enträtselte Sphinx*, Munich, Oldenbourg, 2011. Voir la contribution d'Ulrich Lappenküper dans le présent ouvrage.

9 novembre, arrivant à point nommé dans l'année de la commémoration du Bicentenaire de la Révolution, on s'inquiéta ensuite très rapidement, à Paris, des conséquences de la révolution en RDA pour l'équilibre des forces en Europe et celui des relations franco-allemandes. Il fallait, de ce fait, au moins empêcher une réunification trop rapide. C'est dans cette optique que Mitterrand se rendit encore fin décembre 1989 en visite en RDA, afin de soutenir la position hostile à la réunification du gouvernement dirigé par le ministre-président communiste, Hans Modrow. De la même façon, il avait dès le début du mois tenté d'encourager le secrétaire général soviétique, Mickaël Gorbatchev, à résister aux aspirations allemandes à l'unité nationale.

Cette politique était assurément le fruit d'un malaise finalement concevable, avant tout motivé par les démarches solitaires allemandes, comme le programme en 10 points du 28 novembre 1989 de Helmut Kohl et l'attitude ambiguë du gouvernement fédéral sur la question de la frontière Oder-Neiße. Il ne faut pas sous-estimer non plus le rôle des médias dans les deux pays qui remirent à l'ordre du jour les stéréotypes habituels antiallemands et antifrançais : ici, la supposition malveillante d'une France antiallemande qui aurait toujours été contre l'unité allemande, là, la peur d'une nouvelle « Grande Allemagne ». Nonobstant des interprétations passagères erronées et des maladresses dont Mitterrand ne fut pas exempt, il faut retenir que le président français – à l'inverse surtout du Premier ministre britannique, Margaret Thatcher – fut « le seul qui critiqua la réunification en ayant une perspective concrète et constructive propre[1] ». Celle-ci n'excluait nullement la réunification par principe. Par conséquent, les inquiétudes des dirigeants français se dissipèrent au fur et à mesure qu'il apparut clairement que, même réunifiée, l'Allemagne continuerait d'être un pilier de l'unité occidentale et un moteur de l'intégration européenne. Au printemps 1990, Kohl et Mitterrand étaient de nouveau réunis dans un partenariat qui fonctionnait bien. Ensemble, ils prirent en avril l'initiative de poursuivre les efforts du comité Delors et

1. Andreas Rödder, *Deutschland, einig Vaterland. Die Geschichte der Wiedervereinigung*, Munich, 2009, p. 161.

les avancées de l'Acte unique européen de 1987 et d'entreprendre, en parallèle de celles qui devaient aboutir à l'Union économique et monétaire, des négociations sur la formation d'une Union Politique Européenne. Ainsi, ils renouaient avec le modèle de compromis d'une «européanisation de la question franco-allemande» qui avait fait ses preuves depuis le plan Schuman de 1950 ; elle consistait à intégrer dans une construction européenne le potentiel commun, mais surtout le potentiel allemand et, ce faisant, le conflit latent entre la France et l'Allemagne. Comme l'effort de progrès institutionnels des années 1980 avait visé à «européaniser» la puissance économique allemande[1], celui des années 1990 eut pour ambition d'encadrer et d'amortir les effets de la réunification allemande.

Lorsque Kohl et Mitterrand quittèrent la scène politique entre 1995 et 1998, il se produisit un véritable changement de génération. La classe d'âge qui avait encore fait l'expérience de la Seconde Guerre mondiale et de ses conséquences, et pour qui la réconciliation avec les voisins avait par conséquent été, après 1945, une affaire de cœur, céda sa place à une nouvelle génération pour laquelle l'Europe n'était plus qu'«une affaire de raison[2]». Les hommes politiques des deux pays ne firent pas exception à cette règle. C'est pourquoi la recherche d'un compromis franco-allemand devint plus difficile à partir de la fin des années 1990. Et pourtant, la gestuelle mémorielle de Kohl et de Mitterrand trouva logiquement des continuateurs chez leurs successeurs. Après de vraies dissensions et de grandes difficultés de compréhension au début de leur coopération, Gerhard Schröder et Jacques Chirac mirent en scène le 40e anniversaire du traité franco-allemand en janvier 2003 par une grand-messe sécularisée des gouvernements des deux pays. On choisit aussi un lieu très chargé de signification dans l'histoire des conflits franco-allemands – le château de Versailles. Puis ce fut le 60e anniversaire du débarquement allié

1. Andreas Wirsching, *Abschied*, *op. cit.*, p. 515.

2. Daniel Vernet, «Ungewissheiten in der Europa-Politik. Neue deutsch-französische Entscheidungsträger», *Europa-Archiv*, 9, 1998, p. 1-6 (p. 3) ; Voir Frank Baasner, «Der Generationswechsel nach der Aussöhnung», *Dokumente. Zeitschrift für den deutsch-französischen Dialog*, 3, 2006, p. 30-33.

en Normandie, le 6 juin, par une commémoration partagée qui se déroula sur les lieux historiques. De même, Angela Merkel et Nicolas Sarkozy, en 2009, commémorèrent le 91e anniversaire de l'armistice franco-allemand du 11 novembre 1918 en déposant ensemble une gerbe sur la tombe du soldat inconnu sous l'Arc de Triomphe. Il faut dire aussi que ces actes récents servaient chacun des buts différents. Dans le cas de Schröder et de Chirac, il s'agissait pour les protagonistes d'affirmer leur entente soudée par un refus commun de la campagne militaire américaine en Irak. Merkel et Sarkozy, quant à eux, voulaient tout au contraire renforcer leur entente encore balbutiante, sur les plans personnel et politique. Le dernier exemple montre donc de manière particulièrement frappante à quel point une mise en scène réussie – celle de Verdun en 1984 – peut être contraignante pour les successeurs et qu'elle peut même atténuer, à défaut de les compenser, les défauts d'une coopération dans les faits.

Sans connaître encore précisément les rapports qu'entretiendront Angela Merkel et François Hollande, ce qui précède vaut aussi pour le 50e anniversaire du traité franco-allemand. Des mises en scène ritualisées, marquées par une forte symbolique historique, permettent d'ancrer un consensus politique évidemment indispensable au niveau des discours et des médias, en y ajoutant une émotion positive. Ce faisant, elles lui donnent une assise sociale plus large, précisément à une époque où le souvenir direct de l'expérience des guerres mondiales s'estompe, alors qu'il était autrefois marquant et avait motivé la réconciliation. Dans le même temps, le danger latent que diminue l'effet de telles mises en scène est réel si ces pratiques deviennent inflationnistes et/ou si elles contredisent trop manifestement la réalité quotidienne des contemporains. Il en va de même des stéréotypes réciproques qui perdurent malgré tout[1]. Seule une commémoration authentique ou une commémoration qui donne une impression d'authenticité pourra, à l'avenir, contribuer à ancrer positivement la coopération

1. Mathias Delori, Dossier : « La réconciliation franco-allemande. Les oublis de la mémoire », *Les Cahiers d'Histoire. Revue d'Histoire Critique*, Numéro spécial, n° 100, 2007. Voir la contribution de Christian Wenkel dans le présent ouvrage.

franco-allemande dans l'épaisseur des sociétés française et allemande. Elle pourra ainsi lui donner cette assise populaire nécessaire qu'elle a instaurée dès la fin de la Seconde Guerre mondiale sous la forme de multiples initiatives relevant de la société civile ou du domaine privé – cela aussi, c'est une spécificité des relations entre la France et l'Allemagne[1].

Le cas franco-allemand présente une constellation idéale pour amplifier des actes politiques : parallèlement à la mise en scène historique sous la forme d'actes commémoratifs communs, la stylisation des relations en « axe » ou « moteur », ou « couple », ou encore « tandem » fonctionne effectivement dans l'ici et le maintenant. Ce dernier aspect est devenu entre-temps presque une norme qui s'impose aux différents protagonistes en France et en Allemagne. Elle les dépasse même, puisque l'opinion publique manifeste une forte attente pouvant, si elle est déçue, entraîner des sanctions aussi bien en politique intérieure qu'extérieure. À cela s'ajoute le poids des faits[2]. Bien qu'il existe dans l'Europe des 27 d'autres rapports de pouvoir que dans l'Europe du commencement, à six, la règle suivante n'en continue pas moins d'être valable : sans entente franco-allemande, l'Union européenne n'est pas capable d'agir. Étant donné les défis actuels, tels que la mondialisation et la crise de la dette, une mésentente serait fatale. Cela relativise du moins l'inquiétude de ceux qui pensent que Français et Allemands auraient emprunté des voies différentes qui les auraient éloignés[3]. Il est vrai que les automatismes et les rituels qui jalonnent désormais les rencontres entre Français et Allemands ne doivent pas

1. Corine Defrance, Ulrich Pfeil, *Guerre froide, op. cit.*, p. 155-170. Voir les contributions de Frank Baasner et d'Ansbert Baumann dans le présent ouvrage.

2. Martin Koopmann, Stephan Martens (dir.), *L'Europe prochaine. Regards franco-allemands sur l'avenir de l'Union européenne*, Paris, L'Harmattan, 2008 ; Hélène Miard-Delacroix, « Stationen und Etappen der Geschichte der deutsch-französischen Beziehungen seit 1945 », Stefan Seidendorf (dir.), *Deutsch-französische Beziehungen als Modellbaukasten ? Zur Übertragbarkeit von Aussöhnung und strukturierter Zusammenarbeit*, Baden-Baden, Nomos, 2012, p. 55-75 (p. 73-74).

3. Pierre Nora, « Man hat sich auseinandergelebt », *Frankfurter Allgemeine Zeitung*, 16 février 2012.

inciter à se bercer d'une illusion : celle de croire que les acquis communs sont définitifs et irréversibles. De même, il ne faut pas sous-estimer combien les deux peuples se sont rapprochés dans leurs modes de vie depuis toutes ces années[1] et combien, précisément, cette relation particulière continue d'être riche d'un avenir plein de promesses. À condition que l'actualité politique soit favorable, l'élévation de la coopération franco-allemande au rang de mythe telle qu'elle s'est instaurée durant ces décennies sera porteuse à l'avenir d'autant de sens que ce que visait le traité franco-allemand au moment de sa signature il y a cinquante ans.

Malgré tous les malentendus, voire les crises et les rivalités dans les relations franco-allemandes au cours de ces cinq dernières décennies, le volontarisme de de Gaulle et l'optimisme d'Adenauer se sont révélés justes. Au moment de leur dernière rencontre à Bonn début juillet 1963, le chancelier avait répondu au président français – déçu par la controverse autour de la ratification du traité franco-allemand en République fédérale – en utilisant l'image du rosier qui, même dans des conditions hostiles, fait toujours des boutons et des fleurs ; le Général avait formellement approuvé[2]. En effet, la querelle d'alors autour du traité franco-allemand montra que, vingt ans à peine après la Seconde Guerre mondiale, la vieille « haine héréditaire » n'avait en aucune manière déjà cédé la place à une facile « amitié héréditaire ». Au contraire, à côté du souhait de réconciliation et de coopération persistaient encore des divergences d'intérêts et une méfiance réciproque. Cependant, des deux côtés du Rhin, une idée avait manifestement fait son chemin : les deux projets de dépasser les stéréotypes traditionnels et trouver des positions communes, parfois même au terme d'un processus très laborieux, valaient finalement la peine. Cinquante ans plus tard, le traité de l'Élysée demeure un héritage qui a toute sa validité et qui astreint à un engagement durable.

1. Erwin Teufel, Frank Baasner, « Wir haben uns zusammengelebt », *Frankfurter Allgemeine Zeitung*, 26 mars 2012.

2. Hanz-Peter Schwarz, *Adenauer*, *op. cit.*, p. 858.

Alfred Grosser

LE TRAITÉ DE L'ÉLYSÉE EST-IL UN MYTHE FONDATEUR?

LA CRÉATION DU 9 MAI 1950 ET LA GLOIRE DU 22 JANVIER 1963. UN TÉMOIGNAGE

> Cher Monsieur Schuman!
> Pendant la visite du Général de Gaulle, la semaine passée, j'ai souvent pensé à vous, comme l'homme qui, par la proposition de la Communauté charbon-acier, a posé la première pierre de l'amitié qui unit désormais si étroitement nos deux pays.
> Je me souviens toujours avec reconnaissance de notre travail commun. Cette reconnaissance à votre égard, je tiens précisément à vous l'exprimer en cette occasion.
> Ce serait une très grande joie pour moi si nous avions encore la possibilité de nous revoir.
> Avec mes salutations très chaleureuses, votre Konrad Adenauer[1].

Cette lettre manuscrite (en allemand) du vieux chancelier est datée du 10 septembre 1962. Elle met l'accent sur ce qui sera le thème central de la présente contribution, à savoir que le général de Gaulle a su magnifier une relation franco-allemande en Europe dont il avait antérieurement combattu les aspects les plus novateurs.

1. Henry Beyer (dernier chef de cabinet de Schuman), *Robert Schuman : l'Europe par la réconciliation franco-allemande,* Série Cahiers rouges de la Fondation Jean Monnet pour l'Europe, Lausanne, 1986.

Un clivage apparaît dès 1946. La politique gouvernementale demeure celle qui a été fixée à la Libération. Il fallait débarrasser l'Allemagne du nazisme, du militarisme et du prussianisme. Dans la première instruction envoyée de Paris à Baden-Baden, capitale de la Zone d'occupation française (ZFO), la Prusse tient autant de place que le national-socialisme. Beaucoup plus tard, en janvier 1962, dans un entretien sur la politique extérieure française, le général de Gaulle m'a dit: «Nous savons bien, vous et moi que de l'autre côté (en RDA), c'est la Prusse!» C'est le rejet de la Prusse qui conduit aussi, à partir de 1945, à vouloir une Allemagne composée d'États séparés, sans naissance d'autorités centrales, une fois admis, de surcroît, qu'il existait des visées françaises sur la rive gauche du Rhin.

Mais, au début du Préambule de la Constitution française de 1946 (texte toujours valable aujourd'hui et référence permanente du Conseil constitutionnel), on peut lire: «Au lendemain de la victoire remportée par les peuples libres sur les régimes qui ont tenté d'asservir et de dégrader la personne humaine [...]» Sur les régimes, pas sur les peuples, pas sur les nations. Comme l'a maintes fois répété Joseph Rovan – qui, au lendemain de sa libération du camp de Dachau, avait écrit, pour la revue *Esprit,* l'article devenu célèbre, «L'Allemagne de nos mérites», – «Dachau a été créé par des Allemands, mais pour des Allemands.» Des dizaines de milliers d'opposants allemands avaient été enfermés dans des camps ou y étaient morts bien avant l'arrivée des premiers déportés français. Il s'agissait donc de se sentir coresponsable de l'avenir d'une démocratie allemande, en commun et sur un pied d'égalité avec les Allemands œuvrant dans ce sens. Aussi, l'association d'anciens résistants créée par Emmanuel Mounier en 1948 s'est-elle appelée Comité français d'*échanges* avec l'Allemagne nouvelle. Les premiers échanges de jeunes ont eu lieu dès 1947, grâce notamment à quelques fonctionnaires de la ZFO. Au début des années 1950, les jumelages entre villes françaises et allemandes se sont développés.

De 1947, avec la naissance du plan Marshall qui bénéficie aussi aux zones d'occupation occidentales, parties d'une Europe à développer économiquement dans son ensemble, jusqu'en 1949, année de la naissance du Pacte atlantique et de la République fédérale d'Allemagne, la politique gouvernementale française est faite de reculs successifs effectués sous pression américaine. Ces reculs sont dénoncés avec véhémence par le général de Gaulle, ainsi, au lendemain de l'accord de Londres signé le 7 juin 1948 par les trois Occidentaux. Il disait notamment que les ministres-présidents des *Länder* «seront autorisés à réunir une Assemblée constituante chargée de préparer une Constitution... La Constitution devrait contenir telles dispositions qui permettraient aux Allemands de mettre fin à la division actuelle de l'Allemagne, non par la reconstruction d'un Reich centralisé, mais par l'adoption d'une forme fédérale de Gouvernement qui protège d'une manière satisfaisante les droits des différents États tout en prévoyant une autorité centre suffisante.» La formulation était «chèvrechoutiste» à souhait! Dès le 9, le général de Gaulle publiait une déclaration véhémente:

> Tandis que, du 18 juin 1940 jusqu'au 20 janvier 1946, la France développait d'abord son effort de guerre à partir de l'effondrement, puis réapparaissait parmi les grandes puissances à partir de la victoire, j'avais en son nom, sans relâche, fait valoir et défendu sa position quant au règlement du problème allemand. Cette position, chacun en connaît l'essentiel: plus de Reich, parce que le Reich constitue automatiquement un mobile et un instrument pour les instincts dominateurs de l'Allemagne, *a fortiori* lorsque ces instincts pourraient être tentés de s'unir à d'autres...
>
> Mais l'action diplomatique qui fut ensuite menée à partir de cette position de la France jusqu'au «communiqué» de Londres fut une série continue de reculs jusqu'à l'abandon final... Il appartient (à la France) de provoquer des négociations nouvelles sur des bases qui tiennent compte de ses nécessités vitales, lesquelles sont d'ailleurs en même temps celles de la paix de l'Europe. Si ces négociations devaient être d'abord repoussées, la France saurait à faire vivre les territoires de sa zone d'occupation comme elle le fait déjà pour la Sarre en les orientant de son côté, pratiquement et économi-

> quement. Cela nous coûterait en tout cas moins cher que les renoncements irréparables qu'on nous propose.

Le Général, directement ou par l'intermédiaire de son parti, le Rassemblement du peuple français (RPF), continuera à critiquer durement et à s'opposer parlementairement aux évolutions redonnant une place au nouvel État allemand. Le 29 mai 1949, au Conseil national du RPF, il affirme :

> Ne nous faisons pas d'illusion, c'est la reconstitution du Reich !... Peut-être commencera-t-il par une sorte de République de Weimar... mais cela ne durera pas... Tout laisse prévoir qu'une nouvelle dictature, même si elle cache sa nature et nie son nom, prendra en main les destins germaniques.

Le plus véhément des adversaires de la nouvelle politique allemande et européenne, le plus violent défenseur des positions françaises en Sarre, est sans doute alors Michel Debré. Mais il ne se veut pas « antieuropéen » puisque, en décembre 1959, il rédige un *Projet de Pacte pour une Union d'États Européens* qui paraît en 1950 aux éditions Nagel. De façon étonnante, il va plus loin que tous les traités européens futurs, celui de Lisbonne compris : « L'Union, par délégation de chaque État membre, aura compétence et pouvoir pour assurer... la défense des membres de l'Union... La responsabilité de l'Union sera conférée à un arbitre élu pour cinq ans au suffrage universel des hommes et des femmes sachant lire et écrire... » Cet arbitre présiderait notamment un Comité des ministres chargé de coordonner la politique extérieure des États membres.

Ultérieurement, l'Europe des États que réclamera le Général, en particulier face à « Bruxelles », sera voisine d'une telle conception, à la fonction de l'arbitre près. Mais, en 1950, le RPF, en commun avec le Parti communiste, montera à l'assaut de la Communauté charbon-acier. Sans succès. Le 9 mai, Robert Schuman se montre véritablement homme d'État. D'une part, parce qu'il ne se soumet pas à des sondages. À supposer qu'on ait interrogé un « échantillon représentatif » sur un partage de souveraineté avec le nouvel État allemand cinq ans après la fin de la guerre, les réponses eussent été fort négatives. Mais il agit, en se soumettant aux contraintes de la situation internationale pour les transformer en éléments créateurs. L'approbation est telle que, lors du débat de ratification du traité créant la Communauté européenne du charbon et de l'acier (CECA), ce sont les adversaires de ce traité qui se trouvent sur la défensive. Il est vrai que l'acceptation enthousiaste du chancelier reposait sur une ambiguïté centrale. Il partageait certes une vision européenne, mais la CECA représentait aussi un moyen de faire progresser la République fédérale sur le chemin de la *Gleichberechtigung,* de l'égalité des droits. En quelque sorte, la France descendait de la souveraineté vers une supranationalité partagée, tandis que la République fédérale montait de l'absence de souveraineté (celle-ci étant entre les mains des Alliés) vers une telle supranationalité. Cette réalité-là est oubliée depuis des décennies dans les débats allemands sur les apports et les inconvénients de la politique européenne.

Rétrospectivement, en France, on a tendance à sous-estimer la nature et la localisation des oppositions à la politique du 9 mai 1950. C'est ainsi que René Massigli – en 1943 ministre des Affaires étrangères du Comité national français que préside le général de Gaulle à Alger, ambassadeur à Londres de 1944 à 1954 – écrit le 4 mars 1951 à Alexandre Parodi, secrétaire général du ministère des Affaires étrangères :

> Entre une Allemagne rêvant de recouvrer les terres germaniques à l'Est et une Amérique championne de l'anticommunisme, l'entente n'est que trop facile. L'intégration d'une telle Allemagne à l'Europe signifie en réalité la mise d'une partie de l'Europe occidentale au service de la revendication allemande sous la pression américaine. Les soldats atlantiques – ou européens – devront un jour, au coude à coude avec les nouveaux chevaliers teutoniques, partir pour la nouvelle croisade antislave, celle qui devrait rendre à la Germanie les territoires en cours de reslavisation de l'ancienne Prusse.

Au moment où Massigli écrit, on en était en plein débat sur le réarmement allemand. Le moment pouvait paraître lointain où Robert Schuman, ministre des Affaires étrangères, avait déclaré, lors du débat sur la ratification de l'Alliance atlantique :

> Au sujet de l'Allemagne, on m'a posé cette question à différentes reprises : « Peut-on admettre l'Allemagne à participer au Pacte atlantique ? » C'est une question qui ne peut pas se poser, non seulement dans l'immédiat, mais même ultérieurement. L'Allemagne n'a pas encore de traité de paix. Elle n'a pas d'armement et n'en aura pas [*Vifs applaudissements au centre, à gauche et à droite*]... Il est donc impensable, pour la France et pour ses alliés, que l'Allemagne puisse être admise à adhérer au Pacte atlantique comme une nation susceptible de se défendre ou d'aider à la défense des autres nations[1].

Dès l'année suivante, sous la pression américaine, Jean Monnet a eu une fort mauvaise idée : recouvrir l'impopulaire idée du réarmement allemand sous le manteau de la populaire idée européenne. Les gouvernements français successifs n'auront pas le courage de présenter le texte créant la Communauté européenne de défense (CED), signé en mai 1952, devant le Parlement. Lorsque, en 1954, Pierre Mendès France s'est chargé de le faire, la majorité de rejet était claire. Il y avait non seulement les communistes et les gaullistes, mais une large partie des socialistes, des modérés de droite, et des centristes. Le vote décisif de l'Assemblée nationale, le 30 août 1954, ne portait pas sur le traité lui-même, mais sur la « motion préalable » présentée par le général Aumeran, son acceptation entraînant la fin du débat avant même son commencement et la mort sans phrase de la CED. La majorité de rejet fut de 319 contre 264, mais nombre de députés hostiles au traité ont voté contre la motion simplement pour que le débat pût vraiment être ouvert.

---

1. Document dans les archives Maurice Schumann à l'Institut Charles de Gaulle.

Le choc du 30 août 1954 eut un effet si salutaire qu'en quelques semaines le climat européen, atlantique et surtout franco-allemand, s'en trouva si bien modifié que des avancées constantes furent réalisées jusqu'à la fin de la IVe République.

Pierre Mendès France, considéré d'emblée avec méfiance à Bonn lors de son élection à la tête du gouvernement en juin, se trouva d'abord chargé de tous les péchés. Son action fut alors si efficace qu'il apparut comme une sorte de sauveur. Au niveau transatlantique, il endossa ce qui aurait dû apparaître comme une défaite majeure de la logique cartésienne. Pour éviter l'entrée de la République fédérale dans l'OTAN, la France avait inventé la CED et même convaincu Washington de l'excellence de cette solution de rechange. Maintenant, elle proposait l'entrée de l'Allemagne dans l'OTAN comme solution de remplacement à la CED!

Pour le nouveau statut de la République fédérale, Pierre Mendès France et Antony Eden mirent en avant l'équation mathématiquement irréfutable: 2+5 = 6+1. Si aux cinq signataires du Traité de Bruxelles de 1948 on ajoutait la République fédérale et l'Italie, et si, aux six signataires du traité charbon/acier et de la Communauté de défense on ajoutait la Grande Bretagne, dont l'absence avait été l'une des causes de l'échec de la CED, on obtenait un ensemble européen satisfaisant. Il suffisait de gommer les aspects antiallemands de 1948 pour que l'Assemblée nationale, à l'appel du gouvernement d'Edgar Faure, accepte, en mars 1955, la naissance de l'Union de l'Europe occidentale. Auparavant, le 23 octobre 1954, un ensemble d'accords furent signés à Paris. Parmi eux, un accord Mendès France / Adenauer sur le statut de la Sarre. Plein d'illusion sur son prestige en Sarre, le chancelier Adenauer accepta un statut «européen» qui laissait la Sarre sous dépendance économique française, confiant dans l'acceptation du statut par la population sarroise lors du référendum prévu par l'accord.

Or, le 25 octobre 1955, 67,7 % des votants s'opposèrent au statut. Juridiquement, on devait en revenir à la situation ancienne de domination française. Mais le non-sarrois montrait si bien le désir d'une entrée dans la République fédérale que le gouvernement Faure, avec Antoine Pinay aux Affaires étrangères, accepta, contre compensations et au nom de la nouvelle cordialité franco-allemande, que le *Land* de Sarre puisse exister. En France et dans la république de Bonn, les réactions furent modérées, même si des négociations difficiles étaient inévitables. Elles aboutirent le 27 octobre 1956. Guy Mollet, président du Conseil et le chancelier Adenauer signèrent à Luxembourg le dernier accord franco-allemand mettant fin à des conflits directs.

La Sarre dut être rattachée politiquement à la République fédérale le 1er janvier 1957. Après une période transitoire qui dut se terminer au plus tard le 31 décembre 1959, elle devait aussi devenir allemande au plus tard le 31 décembre 1959. En fait, l'union douanière et monétaire franco-sarroise serait dissoute le 5 juillet 1959. La Moselle devait être canalisée de Thionville à Coblence. L'inauguration de la canalisation achevée serait présidée en 1964 par le général de Gaulle, le président Luebke et la Grande Duchesse du Luxembourg.

Malgré les critiques présentes dans les deux pays, les Parlements voteraient sans difficulté en faveur de la ratification. Il existait un net soulagement de voir les rapports franco-allemands libérés d'entraves embarrassantes. Les relations entre les deux pays n'étaient-ils pas d'une cordialité sans cesse grandissante? Dans presque tous les domaines de la vie politique, économique et culturelle, surtout au niveau des sociétés civiles, la République fédérale et la France entretiennent des contacts plus organisés, plus réguliers, plus intenses, qu'avec n'importe quel autre pays.

Aussi est-il permis d'avancer une formule provocante : *En 1945, pas d'ennemi, sauf l'Allemagne. En 1958, pas d'ami, sauf l'Allemagne!* En décembre 1944, de Gaulle, selon ses *Mémoires de guerre,* avait dit à Staline : « Entre la France et l'Union soviétique, il n'y a pas d'objet de contestation directe. Avec la Grande Bretagne, nous en avons toujours eu et nous en aurons toujours. » Jusqu'au revirement soviétique de 1947, obligeant notamment les partis communistes occidentaux d'en revenir au langage des années 1928-1935, l'URSS ne passait pas pour un adversaire. En 1958, l'OTAN était organisée comme un rempart contre l'ennemi désigné. Mais, si la IVe République s'est effondrée au printemps de 1958, c'est parce que les Anglo-américains s'en prenaient à la politique française en Algérie. Les États-Unis faisaient déjà l'objet de bien des critiques systématiques dans la presse française à la fin de la guerre d'Indochine. Les bombes françaises sur le village tunisien de Sakiet, de par les critiques soulevées à Washington et à Londres, ont atteint le Paris d'un régime en grande difficulté. Le 31 mars, les deux ministres de la Défense, Jacques Chaban-Delmas et Franz Josef Strauss, avaient signé une convention décidant la gestion commune de l'Institut franco-allemand de Saint-Louis (Bas Rhin) chargé «d'études scientifiques et techniques fondamentales d'armement» pour «renforcer la défense commune des deux pays». Il n'est pas question officiellement d'armement nucléaire, mais le ministre allemand effectue une visite remarquée au Sahara...

En juin 1958, le général de Gaulle arrive au pouvoir. L'inquiétude est grande à Bonn – comme elle l'a été lors de l'arrivée de Pierre Mendès France en 1954, comme elle le sera pour François Mitterrand en 1981 et pour François Hollande en 2012: toute nouvelle orientation à Paris inquiète dans la capitale allemande. Dans le cas du Général, n'a-t-il pas combattu l'Europe en train de se faire? Mais dès le début, il est clair qu'il ne rejette pas les traités de Rome. On découvre aussi qu'il avait parlé très positivement du chancelier Adenauer. Et avant même le référendum fondateur de la Ve République, il l'invite à Colombey-les-Deux-Églises. Après leur longue rencontre du 14 septembre, on pourra dire qu'ils se sont vus et qu'ils se sont plu. Le goût de l'Histoire est le même, leur volonté d'agir aussi. À la fin de l'année 1958, Antoine Pinay, ministre des Finances, remet de l'ordre dans la situation internationale de la France et permet à celle-ci d'entrer dans le nouveau Marché commun sans avoir à faire d'entrée appel aux clauses de sauvegarde.

La politique européenne et transatlantique du général de Gaulle n'en est pas pour autant la même que celle du chancelier. Le «grand dessein» du président de la République est cependant entravé par la priorité de la guerre d'Algérie. Dès que celle-ci est terminée, la nécessité d'une entente franco-allemande apparaît plus clairement, dans la perspective de ce qui sera réalisé en

1966-1967. Mais il ne sera, en fait, jamais possible d'éloigner la République fédérale de sa priorité américaine. Qu'il s'agisse des dirigeants ou des opinions publiques, il y aura une claire opposition entre l'excès de gratitude allemande à l'égard des États-Unis, et l'excès d'ingratitude française, ne serait-ce que dans la façon de commémorer les anniversaires décennaux du plan Marshall.

Ce que représente cependant la volonté franco-allemande du chancelier et du Président, on le verra non seulement dans le geste de la cathédrale de Reims, mais dans le triomphe personnel que connaît le Général dans son voyage en Allemagne en septembre 1962. Le discours à la jeunesse tenu à Ludwigsburg est accueilli avec enthousiasme – et sera spectaculairement commémoré en 2012. Dans l'usine de la Ruhr, la chaleur de l'accueil est sensible dès ses premiers mots : «*MeineHerren*», «Messieurs» est bien compris comme un signe de respect. À Bonn, la capitale de l'État en principe provisoire, la foule est inhabituelle. Dans la presse, il apparaît des formules comme «Il est arrivé président de la France, il repart empereur d'Europe» ou «On sait maintenant qui succédera au vieil Adenauer. Ce sera deGaulle et il s'installera à Aix la Chapelle!»

Le résultat du voyage sera le traité de l'Élysée. La photo de la signature pourrait servir de symbole. Le général de Gaulle est entouré de ses deux chefs de gouvernement, Konrad Adenauer et Georges Pompidou, flanqués des deux ministres des Affaires étrangères, Maurice Couve de Murville et Gerhard Schröder. Le contenu du traité n'est pas très substantiel. En matière de défense, il inaugure une spécificité qui sera encore accentuée dans le traité de Lisbonne. On ne dit pas sur quoi on est d'accord, mais on affirme une intention : «Sur le plan de la stratégie et de la tactique, les autorités compétentes des deux pays s'attacheront à rapprocher leurs doctrines en vue d'aboutir à des conceptions communes». À Lisbonne, il sera question de rechercher une politique de défense commune qui, dans un second avenir, pourrait aboutir à une défense commune. En revanche, deux aspects ne cesseront de produire des résultats positifs. D'une part, la création de l'Office franco-allemand pour la Jeunesse qui développera spectaculairement, grâce à un financement assuré dans la durée, les rencontres et échanges de jeunes existant depuis une quinzaine d'années. Son succès, accru par le développement des échanges entre les deux sociétés civiles, est renforcé par le prestige du Général qui, en quelque sorte, convertit au franco-allemand des millions de Français jusqu'alors réticents. De l'autre, l'obligation des rencontres régulières entre hauts dirigeants et fonctionnaires de tous niveaux. Les chefs d'État et de gouvernement se réuniront au moins deux fois par an. Le chef de bureau du ministère de l'Agriculture ne passera plus par la voie hiérarchique pour préparer une action commune avec son équivalent allemand. Ils se seront rencontrés à plusieurs reprises auparavant.

L'ennui majeur, c'est que le traité a été signé neuf jours après la conférence de presse au cours de laquelle de Gaulle a rejeté de façon unilatérale la candidature britannique à la Communauté européenne. Mais le 8 mai, le Préambule que le *Bundestag* ajoutera à la loi autorisant la ratification du traité en changera tout le sens, comme le dira encore de Gaulle en octobre 1966. En fait, on se trouvait en face, du moins en apparence, de deux incohérences contradictoires. De Gaulle rejetait la Grande Bretagne qui refusait pourtant, comme lui, toute supranationalité européenne, tandis que le Préambule exprimait le désir de «l'unification de l'Europe en suivant la voie amorcée par la création des Communautés européennes et en incluant l'Angleterre» – qui, elle, ne voulait absolument pas aller dans ce sens!

En réalité, l'élément déterminant pour de Gaulle était la soumission de Londres à Washington. La Grande Bretagne aurait été le cheval de Troie américain dans l'Europe des États. Peut-être n'a-t-il pas vu ou pas voulu voir à quel point un autre cheval de Troie était déjà présent, à savoir la République fédérale d'Allemagne. Ce rôle, elle le jouera plus ou moins intensément jusqu'à la décision d'un autre Gerhard Schröder de refuser la participation allemande à la guerre en Irak. De Gaulle, lui, développera l'une de ses deux politiques transatlantiques. Quand l'Union soviétique est menaçante, la solidarité avec les États-Unis est totale. À l'automne de 1962, le soutien de Paris à Kennedy lors de la crise des missiles est même plus complet que celui de Londres ou de Bonn. Mais après la conclusion en apparence victorieuse du conflit, l'autre volet de la politique peut être activé : conquérir plus d'indépendance face aux États-Unis.

En 2013, les célébrations solennelles du traité de l'Élysée ne devraient pas occulter qu'il n'a pas été le point de départ de l'« amitié franco-allemande » et que ses conséquences ont tout de même été limitées.

Christian Wenkel

L'« AUTRE » DANS LE RAPPORT FRANCO-ALLEMAND

Peu de nations disposent de liens aussi denses et passionnés que ceux tissés entre la France et l'Allemagne, entre Français et Allemands, liés les uns aux autres dans un espace historique, politique, culturel et géographique commun. La création des identités nationales dépend – en France et en Allemagne, comme ailleurs – de plusieurs facteurs, parmi lesquels l'opposition à l'« autre » occupe une place prédominante[1] – un mécanisme qui dépend avant tout de la perception de l'autre. Percevoir est en effet un processus qui vise à la fois l'objet perçu, donc l'« autre », et le sujet qui perçoit, consciemment ou non. La réflexion sur l'autre est par-conséquent aussi une réflexion sur soi-même, puisque nous mettons l'autre en rapport avec nous-mêmes. La perception crée une relation entre celui qui perçoit et ce qui est perçu[2]. La perception de l'« autre » est ainsi déterminée par de nombreux facteurs qui n'ont, le plus souvent, rien à voir avec l'objet perçu : les conditions sociales de celui qui perçoit, ses réseaux, ses convictions, ses capacités linguistiques et, de façon plus générale la situation politique et socio-économique. De plus, elle est déterminée par des schémas de perception préexistants ou des stéréotypes qui aident à classer, voire à simplifier, des impressions diverses et parfois contradictoires. Pour cette raison, l'image qu'on se fait de l'autre est davantage collective qu'individuelle.

1. Voir Anne-Marie Thiesse, *La Création des identités nationales. Europe XVIIIe-XXe siècle*, Paris, Points, 1999.

2. Cette définition de percevoir et d'apercevoir renvoie à Maurice Merleau-Ponty, *Le Primat de la perception et ses conséquences philosophiques*, Lagrasse, Verdier, 1996.

La continuité des images et la longévité des stéréotypes, pour le moins frappantes, témoignent de l'intensité du rapport que la France et l'Allemagne entretiennent mutuellement.

Dans la création de l'identité nationale allemande au début du XIXe siècle, la France a souvent fait figure de cet « autre ». De même, l'identité nationale française s'est construite en grande partie depuis le début de la IIIe République par opposition au voisin allemand. Le voisin est en quelque sorte devenu « coauteur » de l'identité collective. Certes, pour chacune des deux nations, d'autres voisins ont rempli, de temps à autre, une fonction comparable – on citera notamment le rôle de l'Angleterre ou de l'Italie pour la création de l'identité nationale française –, mais le rapport franco-allemand est à cet égard particulièrement dense au cours des derniers siècles. La genèse de la nation française – comme celle de la nation allemande – ne peut être comprise sans tenir compte de la façon dont l'une et l'autre s'imbriquent. Il n'y a pas d'histoire nationale française sans influence allemande et vice-versa, l'autre étant à la fois un modèle et un repoussoir.

La période qui suit la Seconde Guerre mondiale est cependant caractérisée par une asymétrie dans le rapport franco-allemand : si, pour les Français, l'Allemagne continue à constituer son « autre » principal, il n'en est plus de même pour les Allemands. Pendant la guerre froide, la raison primordiale en est la division de l'Allemagne. En comparaison avec les relations entre la France et la République fédérale, les relations entre les deux Allemagnes sont beaucoup plus intenses, alors que les systèmes politiques et économiques des deux États sont diamétralement opposés – une situation qui facilite largement ce mécanisme de création d'identité par opposition. L'opposition par rapport au voisin français ne revêt par conséquent plus le même intérêt qu'avant la guerre.

D'une façon plus générale, le rapport douloureux des Allemands à leur nation depuis l'époque nationale-socialiste semble avoir limité ce besoin d'opposition, l'affirmation d'une identité nationale n'étant plus considérée comme une chose positive. Toutefois, la Coupe du monde de football organisée en

Allemagne en 2006 semble significative d'un changement à cet égard : cet événement sportif s'est transformé en une véritable fête nationale, sans que pour autant le sentiment d'appartenance à la nation allemande exprimé par une large partie de la population n'ait pris le sens d'une opposition aux autres.

La première partie de cet article s'interrogera sur les origines d'un rapport complexe. Il étudiera notamment la genèse de la théorie populaire des deux Allemagnes dans la France du XIXe siècle, dont l'idée d'une «autre Allemagne» fait partie. Sa popularité exprime le besoin de distinguer les contacts positifs des contacts négatifs avec le voisin outre-Rhin alors que, pour nombre de Français, ils semblent souvent difficilement conciliables. Le décalage est particulièrement important : face à l'admiration pour le pays de l'*Aufklärung*, il leur faut vivre avec l'envahisseur de la France à trois reprises, en 1870, en 1914 et en 1940. La deuxième partie s'intéressera à la continuité de ce schéma de perception, ainsi qu'à la façon dont l'image française de l'Allemagne continue à osciller entre l'admiration pour le modèle allemand et la peur face à une éventuelle domination allemande, en l'occurrence économique. Enfin, la troisième partie se proposera d'analyser le rôle des tiers, autant d'«autres» dans les relations franco-allemandes, au cours de la deuxième moitié du XXe siècle.

Aux origines d'un rapport complexe

Depuis le XVIIIe siècle, l'histoire franco-allemande est caractérisée par de nombreux transferts dans des domaines – tels que l'art, la littérature, la musique, le théâtre, la philosophie, la technologie, les pratiques politiques ou administratives, les normes, juridiques notamment – ainsi que par des affrontements militaires sanglants.

L'émergence des mouvements nationaux au début du XIXe siècle et l'invention concomitante d'un nouveau type de presse qui décuple la production des écrits donnent aux stéréotypes nationaux un nouvel impact sur la politique. L'opinion publique commence ainsi à influer sur les relations internationales.

La France et la création d'une identité nationale allemande au début du XIXe siècle

L'arrivée des troupes françaises en Allemagne – dès 1794 les troupes révolutionnaires dans les territoires allemands à l'Ouest du Rhin – est saluée par les habitants comme une libération des structures féodales. Il en va de même pour l'application du Code civil par Napoléon qui arrive en 1806 à Iéna, à l'époque centre de la philosophie allemande. Hegel admire l'empereur après la bataille d'Iéna et d'Auerstaedt et voit en lui « l'Esprit du monde à cheval (le "*Weltgeist zu Pferde*") [qui passe] sous ses fenêtres[1] ». Mais cet enthousiasme d'une grande partie de la population allemande se transforme progressivement en un rejet de l'occupation française.

En 1807, le philosophe Johann Gottlieb Fichte tient à l'université Humboldt de Berlin ses *Discours à la nation allemande*[2]. Ce cours magistral fait suite à au *Caractère de l'époque actuelle*[3] et s'inscrit dans ses réflexions sur la philosophie de l'Histoire. Fichte lance de cette manière un appel à ses compatriotes pour leur faire comprendre que le rôle de la nation allemande serait de mener la préparation du passage vers une ère nouvelle de l'Histoire. Une ère qui verrait, selon Fichte, la réalisation de l'État de raison absolu (« absoluter Vernunftstaat »). Pour ce faire, il appelle à l'unité de la nation, à la naissance d'un sentiment national qui dépasse les intérêts des individus et à la création d'un État national allemand, émancipé de l'occupation française. En tant qu'occupant, la France fait alors office d'« autre », nécessaire aux Allemands pour forger leur nation. Peu lus et encore moins compris, ces discours ont ensuite donné lieu à des interprétations nationalistes et ainsi marqué les esprits jusqu'au milieu du XXe siècle.

En Allemagne, c'est à cette époque l'écrivain Ernst Moritz Arndt qui cultive l'opposition franco-allemande de la manière la plus

---

1. Voir Asenij V. Gulyga, *Georg Friedrich Wilhelm Hegel*, Leipzig, Reclam, 1980, p. 80-93.

2. Johann Gottlieb Fichte, *Discours à la nation allemande*, Paris, Imprimerie nationale, 1992.

3. Johann Gottlieb Fichte, *Le Caractère de l'époque actuelle*, Paris, J. Vrin, 1990.

violente. Hostile à la philosophie des Lumières et à la Révolution française, il consacre une très large partie de son activité à susciter chez ses compatriotes la haine à l'égard de tout ce qui est français, afin de les inciter à la résistance contre le régime d'occupation. Le portrait qu'il dessine des Français a tous les qualificatifs d'un peuple malade, à l'opposé du peuple allemand dont il souligne la pureté.

En 1813, la bataille de Leipzig (dont le nom allemand *Völkerschlacht* – la bataille des peuples – souligne l'importance dans l'imaginaire allemand) a non seulement sonné la fin de l'occupation française, mais aussi constitué un moment fort dans le processus de création de l'identité nationale allemande.

Il n'en reste pas moins que la fin du Saint Empire romain germanique peut être considérée comme une conséquence de la Révolution française et des guerres napoléoniennes et que l'occupation française a été la condition préalable à la naissance d'une conscience nationale en Allemagne. L'État national allemand naît en opposition à l'image de la France de Napoléon. Dès cette époque, les efforts des Français en vue d'empêcher la création d'un État centralisé en Allemagne sont d'ailleurs manifestes – point de départ d'une importante tradition de la politique allemande de la France, qui ressurgit même après la Seconde Guerre mondiale, ne serait-ce que dans la perception qu'ont les Allemands de cette politique.

La défaite française de 1870 et la naissance de « l'autre » Allemagne

La défaite française de 1870 est en partie constitutive de l'identité nationale française sous la IIIe République, elle-même un produit de cette défaite. De l'autre côté, l'Empire allemand est proclamé le 18 janvier 1871 dans la galerie des glaces du château de Versailles – un acte qui illustre toute l'importance de cette victoire sur la France comme « autre » pour la création d'une identité de la nation allemande enfin unie. Dès lors, la création des identités nationales des deux nations est liée de façon inextricable. Mais c'est surtout l'annexion de l'Alsace-Lorraine par l'Allemagne qui constitue une hypothèque pour les relations franco-allemandes au XXᵉ siècle et sème la haine.

Dans ce contexte, le rapport ambivalent au voisin allemand, entre attrait et dégoût, a donné naissance à une théorie combinant une image purement positive avec une image purement négative de l'Allemagne. Au fil des décennies, elle est devenue, grâce à son effet simplificateur, un schéma de perception bien rodé et très largement répandu. Pour mieux comprendre l'ampleur de la déception qui règne parmi les élites françaises au lendemain de la guerre, il faut cependant remonter plus loin dans l'Histoire.

Pour les philosophes et les écrivains français, l'Allemagne est, avant 1870, le pays de l'*Aufklärung*, de l'impératif catégorique, de Goethe et de Schiller. En somme, un endroit élyséen de penseurs et poètes. L'un des ancêtres de cette germanophilie, qui avait été d'abord une prussophilie, est Voltaire. L'édification de cette image chez les élites françaises a cependant été le produit d'un seul livre : *De l'Allemagne* de Germaine de Staël-Holstein, paru en 1810, seulement quelques années après la défaite de l'armée prussienne à Iéna et Auerstaedt[1]. Deux ans avant la campagne allemande de Napoléon, elle voyage en Allemagne et séjourne notamment à Weimar, ville d'adoption de Johann Wolfgang Goethe et de Friedrich Schiller. À son retour, elle intègre les impressions recueillies au cours de ce voyage dans une description de l'Allemagne en trois tomes. Toutefois, celle-ci correspond en premier lieu aux conceptions françaises de l'Allemagne du XVIIIᵉ siècle. Malgré ce décalage avec les réalités allemandes du début du XIXᵉ siècle, peut-être même précisément pour cette raison, l'Allemagne idéalisée de la baronne de Staël marque la perception française du voisin allemand pendant presque deux siècles[2].

Les philosophes français ont été le plus marqués par cette image, car la philosophie française du XIXᵉ est presque exclusivement le résultat d'une lecture critique des philosophes

1. Germaine de Staël-Holstein, *De l'Allemagne*, Paris, Flammarion, 1968.

2. Wolfgang Leiner, *Das Deutschlandbild in der französischen Literatur*, Darmstadt, Wissenschaftliche Buchgesellschaft, 1991.

allemands de l'*Aufklärung*, en particulier Emmanuel Kant. Il est même tout à fait légitime de parler dans ce domaine d'un siècle allemand. Certes, Heinrich Heine a, dès 1835, essayé de compenser l'image idéalisée en répliquant par l'ouvrage *De l'Allemagne depuis Luther*, qui traite essentiellement de la religion et de la philosophie en Allemagne[1]. Mais seule la guerre de 1870-1871 remet irrémédiablement en cause cette image. Pour la plupart des intellectuels français, il est en effet difficile de comprendre comment ce pays de philosophes a pu mener une telle invasion. C'est la chute d'une utopie. Gustave Flaubert commente stupéfait la réorganisation de l'armée prussienne entre Iéna et Sedan dans une lettre au Conseil municipal de la ville de Rouen : « Il me semble que le rêveur Fichte a réorganisé l'armée prussienne après Iéna, et que le poète Koerner a poussé contre nous quelques uhlans vers 1813[2] ».

Deux articles parus dans la *Revue des deux mondes* sont significatifs du processus de reconsidération de l'Allemagne qui débute en 1870. Leur auteur, le philosophe moraliste et spiritualiste Elme Caro cherche à dépasser non seulement la défaite militaire et la perte de l'Alsace-Lorraine, mais surtout sa déception face à ce qu'il avait jusque-là considéré comme l'Allemagne. Le décalage entre son image de l'Allemagne et la réalité d'un Paris occupé par des troupes allemandes est de taille. À la recherche d'une explication, il relit la *Fondation de la métaphysique des mœurs* de Kant et l'oppose aux actes de Bismarck. Pour lui, le chancelier de la Confédération de l'Allemagne du Nord et futur chancelier de l'Empire allemand est l'incarnation de l'esprit prussien, considéré comme la racine de tous ces maux. En reprenant les termes de Kant, il qualifie la guerre de « guerre d'extermination », dont le trait principal serait la destruction systématique. Pour Caro, les Français ont en réalité affaire « à des Attilas lettrés, savants, philosophes et jurisconsultes. Est-ce une consolation, et qu'y gagnons-nous ? Ce qui est triste pour l'histoire de l'humanité, c'est qu'en nous faisant

1. Henri Heine, *De l'Allemagne*, Paris, Gallimard, 1989.
2. Cité d'après Leiner, *Das Deutschlandbild*, *op. cit.*, p. 170.

cette guerre inexpiable, nos ennemis ont semé derrière eux une haine éternelle[1]. »

Pour Caro et nombre de ses contemporains, l'incompatibilité de ces deux pôles – Kant d'un côté et Bismarck de l'autre – semble un dilemme intellectuel difficile à résoudre. Pour expliquer tout de même cette contradiction, il postule, en bon exégète de Hegel, l'existence de deux conceptions de la morale en Allemagne, l'une étant diamétralement opposée à l'autre. D'un côté la morale des lettrés, formulée par Kant, et, de l'autre, celle des champs de bataille, pratiquée par Bismarck. À une Allemagne de Kant et de l'*Aufklärung*, il juxtapose l'Allemagne de Bismarck et de Hegel – l'une étant la « bonne », l'autre la « mauvaise ». Il conclut, dans cette situation, que « l'Allemagne de l'intelligence et de la force » et sans la morale de Kant aurait évincé « l'Allemagne du sentiment[2] ».

Comme Gustave Flaubert, Hippolyte Taine, Ernest Renan ou Numa Denis Fustel de Coulanges, Elme Caro fait partie d'une génération qui a fait carrière entre 1850 et 1870 et a été particulièrement frappée par les changements politiques des années 1870-1871. La guerre et le passage du Second Empire à la IIIe République ont laissé des traces importantes sur leurs trajectoires. Caro – représentant conservateur du Second Empire et dont les cours magistraux à la Sorbonne étaient prisés avant 1870 – perd son public. Cette génération d'écrivains avait une connaissance purement théorique de l'Allemagne. Et plus ils pensaient connaître l'Allemagne, plus leur déception était grande. La conception d'une théorie des deux Allemagnes par Caro doit donc être comprise comme une tentative de remédier à la perte d'une utopie.

Après un premier article, rédigé en automne 1870 sous l'impression de l'occupation allemande, où il esquisse cette théorie, il livre l'année suivante à ses lecteurs une explication de ses origines. L'examen des origines de la double image de l'Allemagne n'est en réalité rien d'autre qu'un examen de l'image dominante de l'Allemagne construite par la baronne de Staël. Pour Caro, elle

---

1. Elme Caro, « La morale de la guerre. Kant et M. de Bismarck », *Revue des deux mondes*, vol. 90, novembre-décembre 1870, p. 590.

2. Elme Caro, « Les deux Allemagnes. Madame de Staël et Henri Heine », *Revue des deux mondes*, vol. 96, novembre-décembre 1871, p. 19-20.

est à l'origine de ce malentendu fatal. Et il arrive, à juste titre, à la conclusion que sa description de l'Allemagne doit être comprise comme une antithèse de la France du Consulat, qu'elle remplit d'abord et surtout la fonction d'une leçon morale et d'un exemple à suivre. C'est la manière d'utiliser l'autre comme miroir de soi qui rend à cette image de l'Allemagne un impact si percutant. Pour sa démonstration, Caro se sert de la description antithétique de Heine, tout en invitant ses lecteurs à ne pas changer du tout au tout et à garder de l'admiration pour la «bonne Allemagne»:

> Tâchons d'élever nos âmes au-dessus de ce flot sanglant de haines et de violences qui sépare les deux pays, entraînés à cette lutte par des ambitions folles ou perverses. Gardons ce que nous pourrons préserver de cette noble et libérale sympathie qui devrait suivre entre les esprits cultivés des deux races, les deux grandes ouvrières de la civilisation moderne, et préparer le jour de leur réconciliation dans la justice et dans la paix. [...] L'esprit germanique, personne plus sincèrement que nous n'en a senti et reconnu l'honnête et naturelle grandeur[1].

Avec cette théorie des deux Allemagnes, Caro ne crée fondamentalement rien de nouveau. Il reprend plutôt à son compte une idée dans l'air du temps et se fait ainsi le protagoniste d'une théorie qui devient, en satisfaisant un besoin collectif, rapidement très populaire. Claude Digeon explique le succès de cette théorie par le fait qu'elle propose à ceux qui y ont recours de ne pas s'avouer leurs propres illusions sur le voisin allemand[2]. L'ancienne image utopique de l'Allemagne n'est pas totalement détruite, mais se voit attribuer une nouvelle place. En assignant des traits utopiques à l'Allemagne du passé, cette dernière peut garder dans l'absolu sa fonction de modèle. Le succès semble également s'expliquer par le fait qu'il s'agit d'un schéma de

1. Elme Caro, «La morale de la guerre», *op. cit.*, p. 594.

2. Claude Digeon, *La Crise allemande de la pensée française 1870-1914*, Paris, PUF, 1959.

perception universel, dont l'ambiguïté permet une utilisation très variable. Et en effet, l'interprétation de cette théorie telle qu'on la trouve chez Caro fait relativement vite place à une utilisation de plus en plus abstraite.

La «crise allemande de la pensée française» est cependant constitutive de la IIIe République. L'Allemagne se trouve au sein d'une crise identitaire de la nation française; les réflexions sur le voisin allemand continuent à être profondément liées aux réflexions sur le rôle de la France. Depuis 1870-1871, l'admiration impartiale pour le voisin outre-Rhin n'est plus possible; elle est dorénavant mitigée par des inquiétudes, voire des craintes quant à sa supériorité militaire, démographique ou économique.

Au fil des siècles suivants, la recherche d'une «autre», voire d'une «bonne» Allemagne deviendra, du côté français, un *leitmotiv* des relations franco-allemandes. Qu'il s'agisse d'une quête théorique et que cette quête doive rester vaine dès le départ, la recherche d'une «bonne Allemagne» n'a jamais semblé perdre de son intérêt.

D'un après-guerre à l'autre

La mémoire de l'histoire croisée franco-allemande depuis le XVIIIe siècle a un effet déterminant sur la perception de l'autre tout au long du XXe siècle et ainsi sur le rapport franco-allemand en lui-même. Avec le traité de Versailles de 1919, signé à l'endroit où 48 ans auparavant Bismarck avait fait proclamer l'Empire allemand, la France de Georges Clemenceau se venge. Mais comme ce traité, considéré comme particulièrement dur, prolonge l'état de guerre au-delà de sa signature, la propagande nationale-socialiste s'en sert dix ans plus tard pour justifier une politique de revanche et, au-delà, pour développer la haine de la France et un sentiment national exacerbé. Le problème franco-allemand n'est donc pas réglé en 1919 avec la restitution de l'Alsace-Lorraine, mais seulement ajourné. La Première Guerre mondiale a aussi déclenché une réécriture de l'histoire franco-allemande qui dépasse de beaucoup le XIXe siècle et c'est dans ce contexte que l'idée de l'ennemi héréditaire sera inventée.

La foi française en l'existence d'une « bonne » Allemagne a certes sensiblement souffert depuis 1914, mais elle continue à exister malgré tout après 1918. Et ce n'est en rien un hasard si, après la Grande Guerre, la théorie des deux Allemagnes est convoquée précisément par ceux qui s'engagent en faveur d'une réconciliation franco-allemande. Parmi eux, on notera la présence des Chrétiens socialistes, mouvement mené par Marc Sangnier. Dès le début des années 1920, ce dernier expose depuis la tribune de l'Assemblée nationale sa vision d'une Allemagne des ouvriers face à l'Allemagne militariste et impérialiste, dont, comme Elme Caro, il fustige l'esprit prussien. Selon Sangnier, il importe de soutenir les forces pacifistes en Allemagne afin de briser l'influence des forces prussiennes du pays[1]. La modulation de ce vieux thème laisse une trace chez de nombreux Français : certains, comme Maurice Schumann, ministre des Affaires étrangères sous Georges Pompidou, seront actifs en politique bien après 1945.

Avec la collaboration du régime de Vichy d'un côté et de l'autre la résistance contre l'occupation allemande d'une grande partie de la France, le IIIe Reich fournit des éléments clés pour la constitution de l'identité française après 1944. La IVe République est ainsi en partie le résultat d'une défaite finalement victorieuse face à l'Allemagne, et ce d'autant plus que la France sort comme puissance alliée avec des droits et des responsabilités particulières concernant Berlin et l'Allemagne dans son ensemble. Ce statut lui fournit pendant quelque quarante-cinq ans un droit de regard sur le statut de l'Allemagne et notamment la réalisation de l'unité allemande à l'issue de la guerre froide. Paradoxalement, c'est donc par le biais de son rapport avec l'Allemagne que le statut de la France sur la scène internationale est rehaussé jusqu'aux années 1990, alors que, suite à la perte de son empire colonial, elle se voit progressivement réduite à une puissance moyenne.

À la fin de la Seconde Guerre mondiale, l'Allemagne est militairement vaincue, mais le « problème allemand », le traumatisme allemand de la France n'a pas pour autant disparu. Pour pouvoir comprendre le rapport à l'Allemagne après 1944-1945, il semble, en

1. *Journal officiel de la République française*, 20 janvier 1922, p. 44-45.

raison de la longévité de certains schémas de perception, nécessaire de se référer à cette «crise allemande de la pensée française» au début de la IIIe République. Certes, certains éléments de l'image française de l'Allemagne peuvent temporairement disparaître, mais ils subsistent dans la mémoire collective et peuvent être réactivés et recomposés selon les besoins de la situation. La continuité de la perception dans ce domaine, même au-delà de cette guerre, est davantage favorisée par la continuité personnelle et institutionnelle en France de l'entre-deux-guerres aux années 1950. Sa longévité pendant la seconde moitié du XXe siècle s'explique, quant à elle, par le caractère particulièrement déterminant des années 1950 pour la guerre froide et l'intégration européenne et, ainsi, pour la définition de l'attitude de la France à l'égard de l'Allemagne, jusqu'aux années 1990.

Entre modèle allemand et domination allemande

Jusqu'aux années 1970, une majorité de Français considère l'Allemagne comme une des nations les plus antipathiques, voire la plus antipathique, ce qui, moins d'une génération après la fin de la guerre et de l'occupation, ne peut pas étonner. À la fin des années 1950, ils sont même plus de 70 % à considérer le peuple allemand comme dangereux. L'amitié avec les Allemands était donc, jusqu'à la fin des années 1960, essentiellement une affaire d'élites. Mais la multiplication des échanges de jeunes, notamment grâce à la création de l'Office franco-allemand de la jeunesse (OFAJ) suite au traité de l'Élysée, a entraîné un inversement de la tendance : progressivement, d'après maints sondages, les Allemands deviennent les meilleurs amis des Français. Mais la multiplication des échanges n'est pas, en soi, une source de connaissance approfondie du peuple voisin : souvent des stéréotypes positifs ne font que remplacer des stéréotypes négatifs. D'ailleurs, dans les moments de crise, ce mécanisme facilite le retour aux anciens aspects de l'image qu'on se fait du voisin[1].

---

1. Ingo Kolboom, «Deutschlandbilder der Franzosen : der Tod des 'Dauerdeutschen'», Günther Trautmann (dir.), *Die hässlichen Deutschen ? Deutsch-*

Au cours des années 1980, la sympathie des Français pour les Allemands dépasse même les 50 %, et ce malgré toutes les craintes exprimées par la presse française au sujet de l'Allemagne, en particulier en raison du neutralisme attribué aux Allemands dans la crise des euromissiles. Mais contrairement à l'opinion publiée telle qu'elle est propagée par les médias, l'opinion publique semble beaucoup moins critique : une grande majorité des Français interprète les manifestations des Allemands contre les euromissiles comme la preuve d'un pacifisme affirmé. Ce décalage entre les élites et le peuple est encore plus fort en 1989-1990, lorsque les éditorialistes et intellectuels français ne se lassent pas d'insister sur les risques de la réunification allemande face à un public plutôt confiant à l'égard de son voisin. À titre d'exemple, ces propos d'Alain Minc de 1989 réunissent avec une verve certaine tout un lot de stéréotypes forts sur l'Allemagne en un seul paragraphe :

> Le cheminement est clair, qui va de l'écologie au refus du nucléaire et de celui-ci au pacifisme. Combien de manifestations contre la construction de centrales atomiques ! Combien de marches contre le retraitement des combustibles nucléaires ! Combien de meetings pour dénoncer l'atome ! Un zeste d'évangélisme, un doigt d'écologie, quelques principes luthériens : les ingrédients sont là, qui font du « Plutôt rouges que morts » une morale collective. [...] Que d'arrière-pensées et de fantasmes derrière la levée de boucliers contre l'implantation des Pershing et des Cruise ! On aurait pu croire que les Américains étaient en train d'occuper l'Allemagne ! L'amour de la nature mène à la haine du nucléaire, celle-ci au pacifisme et celui-là au découplage. Voilà comment une société civile démocratique devient par sa vitalité même le meilleur allié de l'Union soviétique, le seul pays sans vraie société civile[1] !

---

land im Spiegel der westlichen und östlichen Nachbarn, Darmstadt, Wissenschaftliche Buchgesellschaft, 1991, p. 212-243.

1. Alain Minc, *La Grande illusion*, Paris, Grasset, 1989, p. 35.

Le livre de Minc fait partie de toute une série d'essais parus au cours des vingt dernières années, qui décrivent l'Allemagne comme un géant économique tout en suscitant des frissons chez les lecteurs ; mais leur véritable objectif semble être d'aiguillonner les élites politiques et économiques françaises[1]. La description de l'autre à des fins thérapeutiques reste donc un mode qui continue à déterminer la perception de l'Allemagne en France, de la même manière qu'imaginer l'Allemagne reste une façon de réfléchir sur la France.

En raison de l'intensité du rapport franco-allemand, le recours à de vieux schémas ne nécessite cependant plus de connaître réellement les ouvrages fondateurs, tel le livre de Germaine de Staël. Il suffit de se servir de ce qu'Ingo Kolboom a appelé un « catalogue prêt-à-penser[2] ». Ainsi, des éléments du débat sur l'Allemagne que l'on avait connu dans la première moitié des années 1950 réapparaissent dans le débat sur le traité de Maastricht au début des années 1990, ou encore lors du référendum sur le deuxième traité de Rome en 2005.

Et, même dans un contexte favorable à une perception positive de l'autre, il ne faut souvent que peu de chose pour faire ressurgir des éléments négatifs de l'image de l'autre. Ceux-ci peuvent d'ailleurs paraître complètement démodés. Ainsi, en 1989-1990, la peur d'une grande Allemagne avec une population sensiblement plus importante que celle de la France fait ressurgir rapidement le fantôme de Bismarck.

Depuis les années 1950, la peur de la supériorité économique de l'Allemagne hante en effet les hommes politiques français. Au fil des décennies s'ajoute progressivement la peur de se trouver ravalé au deuxième rang, et pas seulement dans le domaine économique, ce qui signifierait la fin d'une illusion commode d'égalité entre les deux pays. La division des tâches, telle que

---

1. Voir aussi Georges Valance, *France-Allemagne. Le retour de Bismarck*, Paris, Flammarion, 1990.

2. Ingo Kolboom, « Von der heillosen zur heilsamen Verstrickung. Deutsche und Franzosen in der gegenseitigen Wahrnehmung », Hans Süssmuth (dir.), *Deutschlandbilder in Dänemark und England, in Frankreich und den Niederlanden*, Baden-Baden, Nomos, 1996, p. 290.

Charles de Gaulle l'avait voulue et défendue – à l'Allemagne le pouvoir économique, à la France la puissance politique –, correspond de moins en moins à la réalité, dans un monde où les défis sont davantage d'ordre économique. Depuis les années 1970, le géant économique commence à jouer un rôle politique sur la scène internationale. En 1979, la rencontre de la Guadeloupe entre le président américain, le Premier ministre britannique et le chancelier allemand à l'invitation du président français, pour discuter en toute confidentialité les problèmes d'actualité dans un moment de crise, marque la fin de cette répartition des rôles entre France et Allemagne. Après avoir fait ses preuves sur le terrain politique, dans ses relations avec Moscou et Berlin-Est, et sur le terrain économique, face aux crises des années 1970, la République fédérale ne peut plus être traitée comme un pays de second rang – elle a voix au chapitre.

L'image de l'Allemagne continue à osciller entre une peur confuse et une admiration pas toujours mieux fondée. L'admiration concerne en particulier les évolutions socio-économiques en Allemagne, considérées souvent comme des miracles : le miracle économique des années 1950, la stabilité financière des années 1970, la réunification et enfin les réformes de l'État social des années 1990 et 2000.

Le président de la République Valéry Giscard d'Estaing se fixe pour cette raison des objectifs politiques calqués sur la stabilité du mark allemand et sur les performances de l'économie ouest-allemande. Edouard Husson parle à cet égard même d'un « khrouchtchévisme à la française[1] ». Participer à la stabilité du mark grâce au Système monétaire européen semble également aux yeux de son successeur François Mitterrand être une possibilité de tirer profit au moins partiellement de ce qui était considéré comme la clé du miracle allemand.

On est en France d'ailleurs tellement convaincu du caractère exemplaire de l'économie allemande qu'on va jusqu'à attribuer à la RDA d'avoir réalisé, elle aussi, un miracle allemand. En effet, jusqu'à sa disparition, les milieux économiques et politiques

1. Edouard Husson, *Une autre Allemagne*, Paris, Gallimard, 2005, p. 13.

français sont persuadés que la RDA représente un partenaire économique particulièrement intéressant et solvable. La façon dont des Français se sont précipités sur le marché est-allemand au début des années 1970, dès la normalisation des rapports des relations entre la France et la RDA, amena même des diplomates britanniques à se demander avec une certaine ironie s'il ne s'agissait pas d'une « terre promise » dont à Londres on ignorait tout simplement l'existence[1].

S'inspirer du modèle allemand ne se réduit pourtant pas aux seuls domaines politique et économique : même pour la création de la Maison de l'histoire de France, les responsables français ont invoqué l'exemple de la Maison de l'histoire de la République fédérale à Bonn.

Plus récemment encore, en 2011, en pleine crise de l'euro, l'Allemagne est apparue à nouveau comme un modèle à suivre en raison de sa stabilité, ce qui a amené Nicolas Sarkozy à s'aligner sur la politique d'Angela Merkel, en réalité en contradiction avec nombre de ses impératifs politiques. Le président de la République a été même prêt à calquer le programme électoral sur celui du parti-frère en Allemagne. Mais il n'a pas été le seul à vouloir participer à ce qui est considéré comme un succès allemand : Jean-Luc Mélenchon s'est proposé, pour son alliance électorale le Front de gauche, de copier le programme d'un autre parti allemand, *Die Linke*.

La bataille pour l'élection présidentielle de 2012 se transforme ainsi en une dispute sur le « modèle allemand ». Résister à la domination économique, voire politique, de l'Allemagne devient une façon de contredire la politique de Nicolas Sarkozy. La peur que cette domination inspire est habilement utilisée par son adversaire politique François Hollande, lorsqu'il promet, par exemple dans son discours à Tulle, le soir de son élection à la présidence de la République – mais en vue des élections législatives –, qu'il ne se laissera pas dominer par une politique de rigueur qui effraie certains Français et Européens.

1. Archives nationales du Royaume-Uni, série FCO 33, volume 1345 : dépêche de l'ambassade britannique à Paris du 24 septembre 1971.

Un exemple désinvolte de la combinaison des deux éléments de l'image de l'Allemagne, la crainte et l'admiration, avait été donnée par les *Guignols de l'info* au cours de l'automne 2011 dans le contexte de la crise de l'euro et en vue des prochaines élections présidentielles : le téléspectateur français pouvait y voir les débuts d'une nouvelle invasion allemande, avec des allusions claires à celle de 1940, mais cette fois cependant les Allemands étaient sollicités et accueillis à la frontière par le président de la République en personne avec son gouvernement, afin de profiter de l'efficacité tant admirée.

« Vivre comme Dieu en France » – mais comment vivre avec la France ?

L'admiration pour l'autre caractérise aussi le regard porté par les Allemands sur les Français au cours des cinquante dernières années. *Dieu en France ?* – cet ouvrage du journaliste allemand Friedrich Siegburg est un livre chargé de stéréotypes et de fausses vérités sur la France[1]. Paru en 1929, il a, plus que d'autres, déterminé l'image allemande de la France. Le proverbe allemand « vivre comme Dieu en France », qui lui a inspiré le titre, fait allusion notamment à l'oisiveté et à la bonne nourriture. Il s'agit de la version positive d'une image stéréotypée dont le sous-entendu négatif serait une certaine décadence ou un manque d'efficacité. Pour beaucoup d'Allemands, la France est un pays de vacances, un pays dont on admire la culture, les beaux-arts et la douceur de vivre, non un pays qui suscite l'inquiétude, tels les États-Unis ou la Russie. La France n'est en tout cas plus le pays par rapport auquel on constitue sa propre image.

En revanche, les difficultés à comprendre certaines attitudes françaises suscitent souvent des inquiétudes jusqu'au niveau politique. Ainsi la planification de l'économie et la mainmise de l'État sur certains secteurs économiques provoquent-elles l'émoi en raison de ressemblances (aux yeux des Allemands de l'Ouest)

---

1. Friedrich Siegburg, *Gott in Frankreich ? Ein Versuch*, Francfort/M., Societäts-Verlag, 1929.

avec l'économie socialiste de la RDA. Il en va de même des tests nucléaires que l'on rejette en Allemagne comme la douleur fantôme d'une ancienne grande puissance.

D'une façon générale, quand les journalistes ou les hommes politiques et parfois même des experts de politique étrangère éprouvent des difficultés à expliquer une décision de politique étrangère qui sort de l'ordinaire, ils recourent régulièrement au terme de «grande nation». Cette expression totalement démodée en France a pour but de stigmatiser la politique française, mais traduit surtout une incompréhension assez répandue vis-à-vis de la politique étrangère française. Plus récemment, l'intervention franco-britannique en Libye en 2011 a suscité de pareils commentaires.

Pendant la guerre froide, de tels problèmes de compréhension à l'égard de certaines décisions du gouvernement français ont donné lieu à de graves malentendus politiques quant à l'attitude de la France face à la question allemande. On pourrait citer à cet égard les nombreuses suspicions du côté ouest-allemand à l'idée que la France puisse reconnaître la RDA à une époque où la République fédérale ne le fait pas encore, alors même qu'en réalité une telle reconnaissance est en parfait décalage avec les intérêts français. Le présent est en effet perçu à travers une mémoire vive: se référant à certaines traditions de la politique française, les Allemands de l'Ouest craignent jusqu'en 1990 que la France souhaite, pour des raisons de sécurité, faire perdurer la division de l'Allemagne. C'est d'ailleurs essentiellement pour cette raison que le voyage de François Mitterrand en RDA au mois de décembre 1989 suscite beaucoup d'émotion.

La RDA comme «l'autre Allemagne»

Entre 1949 et 1990, parler en France de «l'autre Allemagne» signifie le plus souvent parler de la République démocratique allemande, le deuxième État allemand. Toutefois, pour certains Français, désigner la RDA comme «l'autre Allemagne» signifie également la qualifier de «bonne Allemagne[1]».

---

1. L'auteur a soutenu en 2008 à Sciences Po une thèse intitulée *À la*

C'est la construction du Mur de Berlin en 1961 qui fait apparaître la RDA aux yeux des Français comme une entité politiquement et géographiquement bien distincte de la République fédérale. Et c'est précisément au début des années 1960 que la RDA apparaît pour la première fois dans des livres scolaires français. Sa présentation, bien que plus réduite, est souvent calquée sur celle de la République fédérale. Parmi de nombreux parallélismes dans la description des deux États allemands, le plus significatif est celui qui ressort de la présentation des deux systèmes économiques car il véhicule une image française de l'Allemagne plus générale : dans cette logique, la RFA représente un modèle du capitalisme, la RDA un modèle du socialisme.

La représentation des deux États allemands comme parties d'un tout, comme deux parties par nature profondément différentes mais formant une seule nation, correspond à une application, certes inconsciente, de la théorie des deux Allemagnes. Une application qui laisse cependant ouverte la question de savoir quelle est la « bonne Allemagne » – ce qui est avant tout une question du point de vue. Dans des cercles politiquement à gauche où le point de vue penche en faveur de la RDA, celui-ci s'appuie sur le rapport des Français à la République fédérale et rarement sur un intérêt affirmé pour la construction d'une Allemagne socialiste. En effet, le plus souvent, cette prise de position se fonde sur un rejet du réarmement de la République fédérale. Seul le débat des années 1950 sur la Communauté européenne de défense (CED) permet donc en réalité l'utilisation cohérente de cet ancien schéma de perception. Pour certains conservateurs en revanche, le rôle de « l'autre Allemagne » revient à l'Autriche.

Par ailleurs, si la RDA peut être perçue comme la « bonne Allemagne » après 1949, c'est parce que la signification de ce qu'est « l'autre Allemagne » s'est inversée depuis 1870-1871 : à ce moment-là, « l'autre Allemagne » recouvrait l'Allemagne militariste dont on venait de découvrir l'existence. Or, en 1945, après trois

---

recherche d'une autre Allemagne. Le rapport de la France à la RDA entre perception et diplomatie, qui paraîtra en langue allemande en 2013 aux éditions Oldenbourg.

guerres franco-allemandes, l'Allemagne est considérée en premier lieu comme un pays militariste par nature. « L'autre Allemagne » devient dès lors cette Allemagne qu'on croit avoir perdue en 1870. Dans cette logique, la République fédérale représente la « vraie » Allemagne, étant notamment l'héritière de l'Allemagne d'avant 1933. Et contrairement à la RDA, elle jouit d'une large présence dans les médias français, en tant qu'alliée de la France au sein de l'OTAN ou de la Communauté européenne. Le fait que, jusqu'aux années 1960, on ne connaisse de la RDA guère plus que le théâtre de Brecht et les romans d'Anna Seghers, facilite la perception de la RDA comme « l'autre Allemagne » par opposition à la République fédérale. Chez Pierre Villon, communiste et membre fondateur du Conseil national de la Résistance, ce point de vue est particulièrement net :

> Placée devant le choix entre une Allemagne démocratique et pacifique, où les forces du militarisme et du fascisme auraient perdu leur base économique et une Allemagne où ces forces retrouveraient leur puissance économique, politique et militaire, le capital financier français a préféré choisir cette dernière bien qu'elle soit un danger mortel pour la France[1].

Et il continue à propos de la RDA :

> On sait que dans cette Allemagne-là [...] il n'y a pas de retour possible vers les fantômes de la mystique hitlérienne et de la pacotille prémoyenâgeuse de l'époque de Bismarck et de Guillaume II. [...] L'existence de la République démocratique allemande est la meilleure garantie pour la victoire des forces démocratiques en Allemagne. [...] De plus en plus elle apparaîtra comme la seule Allemagne qui veut l'unité allemande, la grandeur allemande véritable, l'indépendance allemande. [...] Des esprits chagrins peuvent se demander si on n'a pas eu tort de passer à la construction du socialisme, si cela ne

1. Pierre Villon, « La France devant les deux Allemagnes », *La Nouvelle Critique*, vol. 73-74, mars-avril 1956, p. 475.

> rend pas demain, plus difficile la réunification. Cela rend certes plus difficile la réunification sous la poigne des Junkers prussiens, des banquiers et des marchands de canons. [...] Mais s'il s'agit de faire l'unification contre ces forces rétrogrades, alors la réalisation du socialisme n'est pas un frein, mais une aide immense.

La localisation sur le sol est-allemand de plusieurs centres de culture avec une longue tradition facilite davantage l'identification de la RDA avec cette «autre Allemagne» imaginaire. Parmi ces lieux de mémoire, il y a Dresde, ville de résidence de Frédéric-Auguste de Saxe, dit le Fort, Potsdam, synonyme de l'accueil de Voltaire et de plusieurs milliers d'huguenots, Weimar, ville d'adoption de Goethe et de Schiller, et Leipzig, lieu historique de foire ou encore la Humboldt à Berlin, l'une des universités allemandes les plus reconnues en France.

Certes, ce sont les communistes français qui associent de façon aussi prononcée l'image de la RDA à l'idée de «l'autre Allemagne», mais ceci n'empêche pas qu'une telle argumentation trouve un certain écho auprès d'un public français beaucoup plus large, notamment chez les anciens membres de la Résistance. Les manuels scolaires y contribuent en présentant la RDA comme une Allemagne sans revendications territoriales ou comme l'Allemagne ayant reconnu la frontière Oder-Neisse. L'impact de tels détails est d'autant plus grand que la crainte d'une renaissance du national-socialisme en République fédérale est, jusqu'aux années 1960, largement répandue en France.

Une part considérable de l'édification de la RDA comme la «bonne Allemagne» revient aussi à un volume publié dans la collection *Que sais-je?* par Georges Castellan pour qui l'État et la société est-allemandes se fondent essentiellement sur une doctrine philosophique[1]. Alfred Grosser, spécialiste reconnu de l'Allemagne, reproche au livre de servir ce vieux schéma de perception et à son auteur de faire de la RDA la «bonne

1. Georges Castellan, *La République démocratique allemande*, Paris, PUF, «Que Sais-je?», 1961.

Allemagne» par antipathie à l'égard de la République fédérale. L'argument de Grosser confirme ainsi de manière indirecte l'impact de la théorie des deux Allemagnes sur la perception des deux États allemands dans la France des années 1960 au-delà des seuls cercles communistes[1]. Parue pour la première fois en 1961, cette synthèse destinée à un grand public est rééditée en tout sept fois jusqu'en 1987 et constitue ainsi une base importante de l'image qu'on se fait, en France, de la RDA.

Même le bon mot, attribué à François Mauriac, selon lequel les Français aiment tellement l'Allemagne qu'ils préfèrent en avoir deux, peut être mis en relation avec la pérennité de la théorie des deux Allemagnes. Car cet aveu, dans la bouche de tous, ne fait pas seulement allusion à une division réelle, garante de sécurité, mais aussi à une division idéelle promettant une orientation facile et permettant de distinguer une Allemagne qu'on puisse aimer sans réserve d'une autre sur laquelle on projette tous les aspects négatifs de l'image. Même Edgar Faure, président du Conseil sous la IVe République et ministre de Charles de Gaulle, se réfère à la division entre une «bonne» et une «mauvaise» Allemagne[2].

Il est cependant significatif de constater que la plupart de ces allusions plus ou moins explicites à la théorie des deux Allemagnes datent de l'époque d'avant le 21 août 1968, date à laquelle les troupes du Pacte de Varsovie répriment le Printemps de Prague, et ce en particulier avec le soutien appuyé et affirmé du gouvernement est-allemand. En effet, auparavant, la RDA semble aux yeux des Français, faute de connaissances, par sa situation géographique et par le biais des traditions allemandes, très proche de la France, alors qu'elle est par son appartenance au bloc de l'Est très loin des réalités françaises. Un rapport de proximité et de distance qui permet à des cercles de gauche la projection d'utopies politiques sur la RDA. Ces projections rejoignent l'utopie plus ancienne de «l'autre Allemagne», caractérisée par la philosophie, les lettres et les arts. Le *Que sais-je?* de Georges

1. Alfred Grosser, «Que sais-je de la bonne Allemagne?», *Preuves*, vol. 133, mars 1962, p. 84-86.

2. Archives nationales de France, série 505 AP, volume I/77 : notes pour un article sur les relations franco-allemandes, paru dans le magazine *Time-Life*.

Castellan est en quelque sorte la preuve que la recherche d'un modèle socialiste, moins dogmatique et plus humain que le socialisme soviétique et donc adaptable à la société française, s'est portée sur la RDA. Castellan lui-même estime qu'elle pourrait servir d'exemple pour démontrer la supériorité du socialisme sur le plan du bien-être. L'acquisition de connaissances sur la RDA, en l'occurrence l'invasion militaire et le dogmatisme affiché en 1968 à Prague, détruit par conséquent ce genre d'utopies et d'images. La déception parmi les intellectuels français de gauche est d'autant plus grande que la RDA avait été considérée jusque-là comme une Allemagne pacifique sans ambitions militaires, que l'on attribuait en revanche à la République fédérale. La recherche d'une autre, d'une «bonne Allemagne» ne privilégie dorénavant plus la RDA, mais n'a pas cessé pour autant.

Les autres dans le rapport franco-allemand

Il y a toujours eu des tiers dans les relations franco-allemandes, mais depuis la création d'une étroite coopération franco-allemande par le traité de l'Élysée de 1963, leur fonction a changé. Dès lors, les tiers sont parfois aussi devenus des «autres» que les Allemands et les Français ont en commun[1].

À l'Est: l'Union soviétique et la Russie

Un ménage à trois avec la Russie commence dès l'époque napoléonienne, lorsque la renaissance de la Prusse se fait avec l'accord de la Russie. Le tsar Alexandre 1er est alors célébré par les Allemands comme un libérateur. Mais malgré une relation étroite entre l'empereur Guillaume II et le tsar Nicolas II, la fin du XIXe voit un renversement des alliances. Scellée en 1892, la nouvelle alliance franco-russe est même à l'origine de l'entrée en guerre de la France contre l'Autriche-Hongrie et l'Allemagne en 1914.

1. Voir Christian Baechler (dir.), *Les Tiers dans les relations franco-allemandes*, Munich, Oldenbourg, 1996.

À l'issue de cette guerre, l'Union soviétique et l'Allemagne de Weimar se retrouvent toutes deux isolées sur la scène internationale et concluent une nouvelle entente à Rapallo, en 1922, essentiellement sur le plan militaire. Bien après 1945, le nom de cette ville est toujours en France synonyme de la pire des hypothèses consistant en la combinaison du danger allemand et du péril soviétique. Dès que surgit le moindre signe de complicité entre Soviétiques et Allemands à la suite d'une rencontre ou d'un accord, les diplomates et hommes politiques français ont la puce à l'oreille.

Pour nombre de Français, la mémoire de l'entre-deux-guerres constitue en effet la toile de fond de leur perception des évolutions internationales après 1945, et ce malgré les changements dus à la guerre froide. Ce décalage entre réalités politiques et perception permet d'ailleurs d'expliquer les difficultés qu'ils éprouvent à l'égard de la Communauté européenne de défense, ce qui conduit à son rejet par l'Assemblée nationale le 30 août 1954. Au cours des années 1950, la lecture française de l'affrontement bipolaire entre l'URSS et les États-Unis est dominée par la perception du problème allemand; le «péril soviétique» est souvent éclipsé au profit du «danger allemand».

En 1962-1963, après l'établissement d'un équilibre entre les deux super puissances, suite à la crise de Cuba et après la fin de la guerre d'Algérie, Charles de Gaulle commence à mettre en pratique une politique destinée à dépasser la division de l'Europe et à réaliser sa vision d'une Europe européenne «de l'Atlantique à l'Oural». La situation est cependant bloquée en raison du problème allemand, qui constitue pour de Gaulle «le problème européen par excellence[1]», et les clés pour le résoudre se trouvent à Moscou. Pour arriver à ses fins, il considère par conséquent qu'il est indispensable de renouer le dialogue avec les Soviétiques et d'instaurer un climat de détente. Le traité de l'Élysée de 1963 comporte une invitation à mener cette politique à l'Est de concert avec la République fédérale. Face au refus des

1. Charles de Gaulle, *Discours et messages, vol. IV, Pour l'effort, août 1962-décembre 1965*, Paris, Plon, 1970, p. 338.

parlementaires allemands, de Gaulle doit la mener seule, tout en instaurant une complémentarité entre relations franco-soviétiques et franco-allemandes. Au regret de la diplomatie française, la politique d'entente, de détente et de coopération ne sera suivie par les Allemands de l'Ouest qu'après l'arrivée de Willy Brandt à la Chancellerie en 1969. Et bien que cette nouvelle *Ostpolitik* s'inscrive dans une tradition gaullienne, les négociations germano-soviétiques font aussitôt ressurgir le fantôme de Rapallo.

Après la normalisation des relations interallemandes et des relations germano-soviétiques qui en résulte, Paris et Bonn tentent, au cours de la deuxième moitié des années 1970, de se devancer mutuellement pour disposer du meilleur contact avec Moscou. La crise des euromissiles après 1979, qui est également une crise de la politique de détente, fait en revanche apparaître de nouveau un besoin de consultation à Paris et à Berlin. Près de vingt ans après la signature du traité de l'Élysée, en 1982, la diplomatie française essaie de mettre en pratique ce qui avait échoué à l'époque : une *Ostpolitik* franco-allemande. Pourtant, cette nouvelle tentative ne dépasse pas le stade des consultations, qui font apparaître des divergences fondamentales dans l'approche des deux pays.

L'Union soviétique est tout au long de la guerre froide, aussi bien pour les Français que pour les Allemands, un «autre» très présent, mais pas tout à fait de la même façon. Cela tient d'abord aux intérêts nationaux divergents des deux pays mais aussi aux enjeux de politique intérieure, voire aux mentalités. Si le communisme fait partie intégrante du paysage politique français, il est absent en République fédérale. D'un point de vue ouest-allemand, le communisme est l'affaire des Allemands de l'Est. Lorsqu'en 1972, un décret interdit en République fédérale aux membres du parti communiste d'être fonctionnaires de l'État, des intellectuels de gauche et des hommes politiques français, dont Jean-Paul Sartre et François Mitterrand, sont de ceux qui protestent le plus fort. Jusqu'aux années 1960, l'absence d'appréhension vis-à-vis du communisme s'est accompagnée d'un certain philosoviétisme répandu en France dans quelques cercles de gauche. La prise de distance des intellectuels français vis-à-vis du socialisme soviétique ne s'est faite que relativement tard. Lorsque le président socialiste François Mitterrand lance en janvier 1983, dans son discours devant le *Bundestag*, la célèbre formule, « les pacifistes sont à l'Ouest et les missiles à l'Est », non seulement il confirme par ce discours que l'URSS est un véritable « autre » commun, mais il affirme surtout l'aboutissement d'une longue évolution de la gauche non-communiste face à l'Union soviétique. En 1985, l'arrivée de Mikhaïl Gorbatchev au pouvoir à Moscou suscite beaucoup d'espoirs des deux côtés du Rhin, qui confirment une convergence croissante dans la perception de l'Union soviétique.

À l'Ouest : les États-Unis

Alors que l'Union soviétique est au cours de la guerre froide un « autre » d'un point de vue notamment politico-militaire, les États-Unis, qui appartiennent au camp occidental, sont un « autre » d'un point de vue essentiellement culturel. L'engagement militaire, puis politique et économique des États-Unis en Europe depuis la Seconde Guerre mondiale, leur présence en France, mais surtout en République fédérale, les a introduits d'une façon beaucoup plus directe dans l'histoire des deux pays. L'admiration pour le Nouveau monde était connue dans toute l'Europe bien avant le XXe siècle, mais la guerre froide a changé profondément le rapport entre l'Europe et les États-Unis. Elle fait de ces derniers une puissance de protection, voire de tutelle, de la partie occidentale du continent, ce qui augmente aux yeux des Français et des Allemands à la fois sa valeur de modèle, mais aussi le besoin de s'en démarquer.

Dans le souci de mettre leur camp en ordre de bataille face aux pays communistes, les Américains poussent à une intégration économique et politique de l'Europe occidentale. Et puisqu'ils sont convaincus que celle-ci ne peut passer que par une réconciliation franco-allemande, ils jouent un rôle de médiateur, tout en laissant l'initiative à la France. Mais des deux côtés du Rhin, cette contribution des États-Unis à l'intégration européenne ainsi qu'à la réconciliation est, bien que pour des raisons différentes, beaucoup appréciée.

Il se développe néanmoins dans les deux pays une convergence dans les préjugés sur les États-Unis, que ce soit en matière de culture ou de valeurs. Et leur influence dans le domaine de l'innovation ou en termes politiques est telle, tout au long du XXe siècle, que la mondialisation est souvent ressentie, ici et là, comme une américanisation.

Bien qu'au début des années 1950, les sociaux-démocrates allemands aient tenu un discours antiaméricain, la contribution des Américains à la modernisation et à la démocratisation de la République fédérale est perçue d'une façon positive par une partie de plus en plus grande des Allemands. Le pont aérien qui a assuré l'approvisionnement de Berlin-Ouest lors du blocus de la ville en 1948-1949 a joué un rôle décisif dans ce renversement de tendance.

En France, l'image des États-Unis a été longtemps nettement plus mauvaise qu'en Allemagne fédérale : cela s'explique en partie par le rapport de force entre les deux pays et par la perte du statut de grande puissance de la France. À partir des années 1960, l'image négative semble également cultivée en France par la méfiance affichée du général de Gaulle à l'égard des « Anglo-Saxons ». En 1966, la crise des relations franco-américaines culmine avec le retrait de la France du commandement intégré de l'OTAN. Le traité de l'Élysée, voulu par le président français comme un outil de sa politique d'indépendance par rapport aux États-Unis, a été à la fois un produit et un catalyseur de cette crise.

Les manifestations contre la mondialisation, notamment celles qui visent les restaurants McDonald's vers la fin des années 1990 et au début des années 2000, sont la forme la plus extrême d'un antiaméricanisme typiquement français face à une culture de masse largement influencée depuis 1945 par la culture populaire américaine, que ce soit dans le domaine culturel (Walt Disney par exemple) ou dans le domaine des produits de consommation (Coca-Cola ou Levis par exemple) pour n'évoquer que ceux-là.

Côté français, la fin du bipolarisme semble cependant avoir amélioré d'une manière générale l'image des États-Unis, alors qu'elle s'est légèrement dégradée côté allemand. Le *leadership* américain est alors beaucoup moins une donne inévitable, d'un point de vue français comme d'un point de vue allemand, et contribue occasionnellement même au rapprochement franco-allemand. La guerre d'Iraq en 2003 est à cet égard un exemple parlant. Face au désaccord commun vis-à-vis de la politique américaine, Donald Rumsfeld, secrétaire américain à la Défense, oppose la «vieille Europe», notamment la France et l'Allemagne, à la «nouvelle Europe». Et l'une comme l'autre répondent à l'unisson: parmi les réactions les plus marquantes, le discours de Dominique de Villepin devant les Nations Unies et le «*I am not convinced*» de Joschka Fischer restent dans les mémoires. Il s'agit d'ailleurs d'une position largement partagée par l'opinion publique des deux pays, et qui fait également ressentir, des deux côtés du Rhin, le besoin d'une intégration renforcée de l'Europe.

L'Europe, un «autre» commun et le facteur britannique

L'Europe est à la fois l'«autre» face auquel se neutralisent les divergences nationales et un défi constant, ce qui en fait pour les deux pays un «autre» en commun. De plus, il y a au sein de l'Union européenne quantité d'«autres» qui se positionnent par rapport à ce qu'on appelle tantôt le couple, le tandem, l'axe ou bien le moteur franco-allemand. Parmi ces «autres», la Grande-Bretagne occupe une place particulière.

Pendant longtemps elle est surtout le grand absent de la construction européenne, bien qu'elle accompagne les premiers pas de la coopération franco-allemande au début des années 1950, comme médiateur entre Paris et Bonn. Mais plus la France et la République fédérale se rapprochent, plus le fossé entre le Royaume-Uni et l'Europe occidentale, en particulier la France, se creuse. Alors que les relations entre l'Angleterre et l'Allemagne sont caractérisées par une certaine proximité culturelle, la longue histoire d'affrontements franco-britanniques continue à peser sur la mémoire collective des deux pays.

L'annonce du veto français à l'entrée de la Grande-Bretagne au Marché commun le 14 janvier 1963 coïncide à quelques jours près avec la signature du traité de l'Élysée et prend ainsi un aspect antibritannique. Aux yeux de Londres, la relation franco-allemande semble dès lors exclure tout engagement britannique dans le Marché commun. Cependant, l'application du traité par les Allemands les rassure. Depuis, toute tentative d'en faire un véritable ménage à trois a échoué, qu'elle soit allemande ou française. Au début des années 1970, ce sont les Allemands qui servent d'intermédiaire entre Paris et Londres afin de préparer l'adhésion de la Grande-Bretagne à la Communauté économique européenne; mais tant à l'époque du couple Giscard-Schmidt qu'à celle de Mitterrand et Kohl qui dominent la scène européenne, il n'y a que peu de place pour l'allié anglais. Face à l'Angleterre, l'accord franco-allemand semble souvent beaucoup plus facile à réaliser, alors que les critiques françaises de l'attitude britannique vis-à-vis de l'intégration européenne continuent à être plus acerbes.

Il s'agit néanmoins d'une relation triangulaire à géométrie variable: dans l'affaire de l'intervention en Libye en 2011, par exemple, Paris et Londres se mettent d'accord et réussissent même la mise en pratique d'une coopération militaire, alors que Paris souhaitait réaliser une telle coopération avec l'Allemagne depuis la signature du traité de l'Élysée.

Par ailleurs, la peur du poids économique de l'Allemagne s'exprime, côté français, régulièrement par un zèle européen. Dans la perspective française, l'intégration européenne est en effet d'abord une réponse au problème allemand. L'amarrage de l'Allemagne dans des structures, en particulier européennes, qui empêchent tout débordement de la puissance allemande, qu'elle soit politique, militaire ou économique, est resté dès le départ, pour la politique étrangère française, un motif principal pour s'engager dans la construction européenne – cela ne s'est pas démenti tout au long des étapes ultérieures.

Des problèmes et des défis communs, notamment dans les domaines financier et écologique, contribuent cependant à réduire les différences et produisent de plus en plus de convergences franco-allemandes, voire européennes. D'une façon générale, ces convergences engendrent également un processus de banalisation et d'harmonisation dans la perception de l'«autre» au sein de l'Union européenne.

Conclusions

Trois guerres franco-allemandes n'ont pas pu faire disparaître en France la foi en l'existence d'une «autre Allemagne», une Allemagne que la France peut admirer sans pour autant devoir la craindre, une Allemagne qui correspond aux attentes et aux conceptions françaises, une Allemagne enfin à laquelle certains Français semblent toujours prêts à concéder le rôle de guide. L'intérêt français pour la RDA comme «autre Allemagne» naît de ce rapport ambivalent à l'Allemagne, mais ne se porte guère sur la RDA comme objet réel. Deux mois après la chute du Mur de Berlin, en janvier 1990, la manifestation *L'autre Allemagne hors les murs*, organisée par le ministère de la Culture français présente à Paris les travaux de nombreux artistes est-allemands. Son titre est un clin d'œil évident à l'idée d'une Allemagne des artistes, philosophes et écrivains et au lien entre cette idée et la RDA. Quelques semaines plutôt, en décembre 1989, François Mitterrand avait évoqué cette idée lors de son voyage à Berlin-Est, en s'interrogeant face à ses hôtes sur «l'apport de [leur] pays à la civilisation européenne[1]». Tout en évitant cependant de parler de la RDA comme État, il crée un lien entre Luther, Bach, Lessing et Nietzsche, tous nés sur le sol de la future RDA, et les écrivains et intellectuels est-allemands. La révolution en RDA à l'automne 1989 peut ainsi apparaître comme une victoire de «l'autre Allemagne». Depuis, la recherche d'une telle Allemagne semble avoir perdu beaucoup de passion. Il n'en reste pas moins que la référence continue à avoir du sens pour les Français, comme le prouve le titre d'un livre de l'historien Edouard Husson, publié en 2005[2].

Suite à l'unification allemande, le rapport franco-allemand est libéré d'une relation de dépendance mutuelle qui l'a caractérisé pendant plus d'un siècle, en passant par l'annexion de l'Alsace-Lorraine en 1870-1871, par le traité de Versailles en 1919 et par

1. Télégramme de Joëlle Timsit, ambassadeur de France à Berlin du 23 décembre 1989, Maurice Vaïsse, Christian Wenkel (dir.), *La Diplomatie française face à l'unification allemande à travers les archives du ministère des Affaires étrangères, textes réunis*, Paris, Tallandier, 2011, p. 174-179.

2. Edouard Husson, *Une autre Allemagne*, *op. cit.*

le traité de Potsdam en 1945. Ainsi libéré, un rapprochement des deux cultures de mémoire s'est opéré au cours des vingt dernières années, ce qui crée des deux côtés du Rhin davantage de convergence dans le rapport à l'autre : face à une certaine européanisation de l'histoire nationale en France, on assiste en Allemagne à une réaffirmation positive de la nation. Un exemple hautement significatif à cet égard est le « 14 juillet franco-allemand », organisé en 1994 : des troupes allemandes, faisant partie de l'Eurocorps, défilent sur l'avenue des Champs-Élysées alors qu'est célébré en France le 50e anniversaire de la libération de l'occupation allemande. Quinze ans plus tard, en 2009, une nouvelle étape est franchie lors des cérémonies du 11 novembre, commémorées pour la première fois dans un cadre franco-allemand. Cette célébration est cependant quasiment éclipsée par le 20e anniversaire de la chute du Mur de Berlin, fêté par les Français d'une façon qui rappelle une fête nationale. La révolution en Allemagne de l'Est de 1989, rapprochée dès cette époque de la Révolution française, offre en effet aux Français la possibilité de partager leur histoire avec leur voisin et de s'identifier avec son histoire. Cette façon de s'identifier à l'« autre », de se fondre dans l'« autre » correspond bien à l'histoire complexe mais porteuse d'avenir qui caractérise le rapport franco-allemand.

Ulrich Lappenküper

LE MOTEUR FRANCO-ALLEMAND ET L'EUROPE

Depuis l'époque de Konrad Adenauer et de Charles de Gaulle, l'image du « couple » franco-allemand est devenue la métaphore courante de la relation franco-allemande[1]. Considérant la coopération bilatérale au sein de l'Union européenne, aussi bien les scientifiques que les politiques ont tendance à parler de « tandem », d'« axe » ou de « moteur » plutôt que de couple. Les pages qui suivent sont consacrées précisément à cette fonction motrice de l'Allemagne et de la France dans le cadre de la politique européenne au cours des soixante dernières années· Depuis quand peut-on parler d'un moteur franco-allemand? Dans quelle mesure ce moteur a-t-il fait avancer l'Union européenne? L'idée suggérée par le terme, à savoir qu'il ne s'agit pas d'une relation bipartite exclusive assortie d'une prétention au leadership envers les partenaires, est-elle justifiée[2]?

1. Laurent Leblond, *Le Couple franco-allemand depuis 1945. Chronique d'une relation exemplaire*, Paris, Marabout, 1997 ; Henri Ménudier (dir.), *Le Couple franco-allemand en Europe*, Asnières, Institut d'Allemand d'Asnières, 1993 ; Chrystelle Nourry, *Le Couple franco-allemand : un symbole européen*, Bruxelles, Bruylant, 2005. Pour les racines de cette métaphore qui plongent jusqu'à l'époque de la Révolution française, voir Joseph Jurt, « Le Couple franco-allemand. Naissance et histoire d'une métaphore », Karl-Heinz Götze (dir.), *France-Allemagne, passions croisées*, Aix-en-Provence, Université de Provence, 2001, p. 51-60.

2. Hélène Miard-Delacroix, *Im Zeichen der europäischen Einigung 1963 bis in die Gegenwart*, Darmstadt, Wissenschaftliche Buchgesellschaft, 2011, p. 308.

Progrès laborieux et reculs douloureux 1945-1955

La paternité de l'image du moteur franco-allemand de l'Union européenne revient très certainement à Winston Churchill qui, en septembre 1946, c'est-à-dire à une époque où il n'existait encore ni communauté européenne, ni État allemand, invita la France et l'Allemagne à prendre la «direction» de la création des «États-Unis d'Europe[1]». L'opposant britannique reprenait alors à son compte des réflexions exprimées quelques mois auparavant par un homme politique allemand, Konrad Adenauer. Dans un discours à l'université de sa ville natale de Cologne le 24 mars 1946, le Président de l'Union Chrétienne Démocrate (CDU) de Rhénanie affirmait que la reconstruction du continent en ruines ne pourrait se faire qu'au prix du règlement de l'hostilité entre l'Allemagne et la France[2].

Même si la conception européenne d'Adenauer était un amalgame entre intérêts bien compris et idéalisme, tout au long de sa vie, la relation franco-allemande resta pour lui la «pierre angulaire de l'unification européenne[3]». Dans une interview accordée à la presse, à peine élu au poste de premier chancelier de la République fédérale d'Allemagne en septembre 1949, il appelait les voisins des deux rives du Rhin à créer une union bilatérale qui constituerait la cellule de base d'une Union européenne[4]. Au départ, les

---

1. Discours de Churchill à Zürich, 19 septembre 1946, *Europa. Dokumente zur Frage der europäischen Einigung*, hg. im Auftrag des Auswärtigen Amtes vom Forschungsinstitut der Deutschen Gesellschaft für Auswärtige Politik, Bonn, 1962, p. 113-115, p. 115.

2. Discours d'Adenauer à l'université de Cologne, 24 mars 1946, Konrad Adenauer, *Reden 1917-1967. Eine Auswahl*, Hans-Peter Schwarz (dir.), Stuttgart 1975, p. 82-106, p. 105.

3. Interview d'Adenauer par l'Agence France Presse, 15 septembre 1949, Keesing's Archiv der Gegenwart 1948-49, bearb. von Heinrich von Siegler, Bonn. Wien. Zürich o.J., p. 2069D ; sur les relations franco-allemandes dans la période d'Adenauer Corine Defrance et Ulrich Pfeil, *Eine Nachkriegsgeschichte in Europa 1945 bis 1963*, Darmstadt, Wissenschaftliche Buchgesellschaft, 2011 ; Ulrich Lappenküper, *Die deutsch-französischen Beziehungen 1949-1963. Von der «Erbfeindschaft» zur «Entente élémentaire»*, 2 vol., Munich, Oldenbourg, 2001.

4. Politisches Archiv des Auswärtigen Amts [PA AA] Berlin, Abt.2, vol.573, Bl.1-3, Réflexions d'Adenauer pour la deuxième interview avec Kingsbury-

Français qu'il tentait de gagner à son projet firent la sourde oreille. Ce n'est que lorsque la politique allemande de Paris, avec sa stratégie d'obstruction contre l'ancrage de la République fédérale à l'ouest réclamé par les alliés occidentaux, et d'opposition à l'assouplissement du statut d'occupation au printemps 1950, se retrouva dans une impasse qu'un tournant se produisit débouchant sur le « Plan Schuman » du 9 mai 1950, proposant la fondation de la Communauté européenne du Charbon et de l'Acier (CECA)[1].

Parmi les multiples motivations des protagonistes de ce projet spectaculaire, à savoir Robert Schuman et Jean Monnet, on distingue trois axes de réflexion : l'intention de sécuriser les sources de matières premières nécessaires à la production française d'acier ; la préoccupation que la République fédérale pourrait, grâce à de meilleures conditions de production, devenir rapidement la puissance économique dominante en Europe ; la volonté d'engager une nouvelle étape dans la relation avec le voisin et de jeter ainsi les bases de l'intégration européenne : « désintoxiquer les relations entre la France et l'Allemagne, assurer la paix, créer un climat de coopération à travers l'Europe », tel était le credo de Robert Schuman[2].

Contrairement au mythe d'un « tandem » Adenauer/Schuman promouvant dès cette époque l'entente franco-allemande, l'en-

---

Smith le 21 mars 1950, o.D. ; aussi Presse- und Informationsamt der Bundesregierung (vormals Bonn), Biographisches Archiv, Sammlung Adenauer, Interview d'Adenauer avec Kingsbury Smith, 7 mars 1950.

1. Matthias Kipping, *Zwischen Kartell und Konkurrenz. Der Schuman-Plan und die Ursprünge der europäischen Einigung*, Berlin 1996 ; Ulrich Lappenküper, « Der Schuman-Plan, Mühsamer Durchbruch zur deutsch-französischen Verständigung », *Vierteljahrshefte für Zeitgeschichte,* n° 42, 1994, p. 403-445 ; Klaus Schwabe (dir.), *Die Anfänge des Schuman-Plans 1950-51, The Beginnings of the Schuman-Plan*, Beiträge des Kolloquiums in Aachen, 28. bis 30, mai 1986, Contributions to the Symposium in Aachen, May 28-30, 1986, Baden-Baden, 1988 ; Andreas Wilkens (dir.), *Le Plan Schuman dans l'histoire. Intérêts nationaux et projet européen*, Bruxelles, Bruylant, 2004.

2. Discours de Schuman devant le Collège d'Europe à Bruges, 23 octobre 1953, Fondation Jean Monnet pour l'Europe, Centre de recherches européennes (dir.), *La Naissance d'un continent nouveau*, Lausanne, 1990, p. 37-58, p. 41.

tente bilatérale perdit rapidement de son élan après le début de la guerre de Corée, fin juin 1950. La tentative de la France, en octobre, de transposer le concept prometteur de « sécurité par l'intégration[1] » du plan économique sur le plan militaire et d'organiser la contribution allemande en matière de sécurité, exigée aussi bien par la République fédérale que par les alliés occidentaux, « dans le cadre européen supranational d'un Plan Schuman élargi[2] » fut interprétée par Bonn non pas comme une offre, mais comme une mesure discriminatoire. Ce n'est qu'après l'acceptation par les États-Unis du projet d'armée européenne supranationale proposé par le Président du Conseil René Pleven au cours de l'été 1951, sous une forme débarrassée de ses pires chausse-trapes, que le gouvernement fédéral accepta le concept[3]. Le succès des négociations sur la Communauté du Charbon et de l'Acier en avril 1951 ne fut pas non plus dû à un rapprochement franco-allemand, mais au fait qu'Adenauer s'était, sous la pression massive des États-Unis, résolu à un compromis sur le terrain miné de la décartellisation de l'industrie allemande du charbon et de l'acier et de l'exploitation intégrée.

Avec la signature du traité sur la Communauté européenne de Défense (CED) du 27 mai et l'entrée en vigueur du traité sur la Communauté du Charbon et de l'Acier en juillet 1952, un pas important vers une Europe supranationale fut franchi. Pour que l'œuvre commencée puisse prospérer, il fallait que d'autres suivent. Dès août 1951, Schuman avait étudié la possibilité d'une communauté politique des démocraties occidentales incluant la République fédérale. Un an plus tard, il mit en œuvre son concept et proposa la création d'une Union politique européenne mais,

---

1. Dieter Krüger, *Sicherheit durch Integration ? Die wirtschaftliche und politische Integration Westeuropas 1947 bis 1957-1958*, Munich, Oldenbourg, 2003.

2. Monnet à Schuman, 16 septembre 1950, Jean Monnet, Robert Schuman, *Correspondance 1947-1953*, Lausanne, Centre de recherches européennes, 1986, p. 58 et suivantes.

3. Roland G. Foerster, *Von der Kapitulation bis zum Pleven-Plan*, Munich, Oldenbourg, 1982 ; Hans Ehlert, *Die NATO-Option*, Munich, Oldenbourg, 1993 ; Lutz Köllner, *Die EVG-Phase*, Munich, Oldenbourg, 1990.

fait significatif, il n'exprima pas cette proposition conjointement avec le ministre allemand des Affaires étrangères, mais avec le ministre italien, Alcide de Gasperi[1].

Schuman espérait, avec son offensive, donner une légitimité démocratique aux communautés technocratiques partielles de la CECA et de la CED et assurer un contrôle du réarmement de l'Allemagne qui se profilait à l'horizon. Pour Adenauer aussi, le projet avait avant tout un caractère instrumental. Grâce à l'élaboration d'un statut de l'union politique, entamée en automne, il entrevoyait la possibilité de déplacer le centre de gravité du débat français sur la remilitarisation de l'Allemagne du terrain de la sécurité sur le terrain politique. Au vu de la volonté faiblissante de la France de ratifier le traité sur la Communauté européenne de Défense et de son intérêt déclinant pour la Communauté politique européenne, la propension du chancelier de Bonn à lutter pour son projet visionnaire de communauté supranationale s'estompait également. Lorsque, le 30 août 1954, le parlement français donna le coup de grâce à la Communauté européenne de Défense, enterrant du même coup le projet d'Union politique, Adenauer, sous le choc, parla d'une « journée noire » pour l'Europe[2]. Après la signature du traité de Paris le 23 octobre, il se montra presque ravi de ce fiasco, parce que cela ouvrait à la République fédérale les portes de l'OTAN.

« Bonne entente franco-allemande » 1955-1958

Bien entendu, le chancelier ne souhaitait pas rayer l'intégration européenne des grands principes de la politique étrangère allemande. Lorsqu'en hiver 1954-1955, les politiciens français, belges et hollandais donnèrent le coup d'envoi d'une « relance européenne » en pleine bataille sur l'orientation de la politique européenne, le chancelier se plaça sans ambiguïté du côté des

1. Seung-Ryeol Kim, *Der Fehlschlag des ersten Versuchs zu einer politischen Integration Westeuropas von 1951 bis 1954*, Francfort/M., Peter Lang, 2000.

2. Konrad Adenauer, *Erinnerungen 1953-1955*, Stuttgart, Deutsche Verlags-Anstalt, 1966, p. 289.

« institutionnalistes » qui soutenaient l'intégration sectorielle dans les transports, l'industrie de l'énergie atomique et l'économie, souhaitée par Jean Monnet[1]. Cependant, il ne put empêcher que l'ouverture de négociations gouvernementales au sein de la communauté des six ne fasse bientôt apparaître des divergences profondes, notamment avec la France. Alors que Paris se montrait réticente envers le projet de Marché commun, Bonn n'affichait que peu d'intérêt pour la communauté de l'énergie atomique.

Dans le contexte de signes avant-coureurs évidents de l'émergence d'un dialogue exclusif entre les deux grandes puissances dans le cadre du Sommet de Genève de l'été 1955, ainsi qu'au vu de l'obsession britannique de l'indépendance, Adenauer ordonna début 1956 au Cabinet fédéral de mener, dans un esprit de « bonne entente franco-allemande[2] », les négociations sur le Marché commun et la Communauté de l'énergie atomique « de manière franche et décidée[3] », fût-ce au prix de droits spéciaux accordés à la France. Étant donné « l'impuissance de l'Europe » révélée par la crise de Suez[4], l'intégration de l'Europe occidentale prit pour Bonn et Paris au cours de l'automne une dimension de plus en plus globale. Mû par la volonté de débloquer les négociations qui piétinaient, Adenauer se rendit à Paris début novembre, au plus fort de la crise de Suez, et trancha le nœud gordien avec le président du Conseil Guy Mollet : « Il faut faire l'Europe[5] ! »

---

1. Hanns Jürgen Küsters, *Die Gründung der Europäischen Wirtschaftsgemeinschaft*, Baden-Baden, Nomos, 1982 ; Enrico Serra (dir.), *Il rilancio dell'Europa e i Trattati di Roma*, Actes du colloque de Rome 25-28 mars 1987, Bruxelles, Bruylant, 1989.

2. Télégramme d'Antoine Pinay, 4 mai 1955, Ministère des Affaires étrangères, Documents Diplomatiques Français [DDF] 1955, vol. 1, Paris, 1987, p. 571-573, p. 573.

3. Adenauer aux ministres fédéraux, 19 janvier 1956, *Die Bundesrepublik Deutschland und Frankreich : Dokumente 1949-1963*, Horst Möller, Klaus Hildebrand (dir.), 4 vol., Munich, K.G. Saur, 1997 et 1999, Bd.1 Außenpolitik und Diplomatie [BDFD I], bearb. von Ulrich Lappenküper, Munich 1997, p. 597.

4. PA AA, Abgabeliste Ministerbüro, vol. 155, Entrevue entre Adenauer et Guy Mollet le 29 septembre 1956.

5. Cité par Christian Pineau et Christiane Rimbaud dans *Le Grand Pari. L'aventure du traité de Rome*, Paris, Fayard, 1991, p. 223.

Pour certains observateurs de Bonn, l'entente avec le voisin occidental allait beaucoup trop loin. Le ministre de la Défense Franz Josef Strauss exprima le soupçon que la France voulait réaliser la Communauté européenne de l'Énergie atomique « non pas sur la base de l'égalité des États souverains mais pour assurer le maintien d'une hégémonie[1] [...] ». Le ministre fédéral de l'Économie, Ludwig Erhard, qualifia les règlements négociés avec Guy Mollet d'« absurdités économiques[2] ». Adenauer ne se laissa pas troubler et célébra la signature du traité de Rome le 25 mars 1957 comme un grand jour pour l'Europe.

« Union politique à deux » 1958-1963

Après la prise de pouvoir par Charles de Gaulle au milieu de l'année 1958, le moteur franco-allemand, qui avait fait ses preuves en matière de politique européenne, menaçait de s'arrêter[3]. Adenauer ressentait envers le général une profonde défiance et associait à son nom une volonté de grandeur, de prestige et d'indépendance nationale. Leur première rencontre personnelle, qui eut lieu en septembre 1958 à Colombey-les-Deux-Églises, fut pour le chancelier comme un chemin de Damas et allait faire considérablement évoluer leur relation. Le chancelier et le président du conseil tombèrent d'accord sur le fait que l'Europe avait un besoin urgent d'union pour s'imposer face aux deux superpuissances. Or, cette union avait impérativement besoin d'unité entre la France et l'Allemagne.

Cependant, l'euphorie ne dura que quelques jours. Adenauer venait à peine de rentrer à Bonn que de Gaulle proposait aux

---

1. Strauß à von Brentano, 1er octobre 1956, BDFD I, p. 609.

2. Erhard à Etzel, 16 novembre 1956, BDFD II, bearb. von Andreas Wilkens, p. 834.

3. Pour la suite, voir Frédéric Bozo, *Deux stratégies pour l'Europe. De Gaulle, les États-Unis et l'Alliance atlantique, 1958-1969*, Paris, Plon, 1996 ; Martin Koopmann, *Das schwierige Bündnis. Die deutsch-französischen Beziehungen und die Außenpolitik der Bundesrepublik Deutschland 1958-1965*, Baden-Baden, Nomos, 2000 ; Maurice Vaïsse, *La Grandeur. Politique étrangère du général de Gaulle 1958-1969*, Paris, Fayard, 1998.

alliés occidentaux une transformation de l'Alliance atlantique en triumvirat. Le fait que l'indignation au sujet de cet affront ne déboucha pas, du côté de Bonn, sur une brouille durable, est principalement dû à la crise de Berlin qui éclata peu après. Car, alors que la Grande Bretagne et les États-Unis recherchèrent l'apaisement face aux pressions soviétiques, la France se tint fermement aux côtés de l'Allemagne fédérale.

De Gaulle n'adopta pas cette attitude par altruisme mais par calcul. Dans le contexte de l'échec tant de ses efforts pour créer un triumvirat à la tête de l'OTAN que d'un Sommet Est-Ouest, l'homme d'État devenu entre-temps président mit sur pied un programme de sécurité et de politique européenne ambitieux, prépara le terrain à la construction d'une puissance nucléaire, la «force de frappe», et à l'occasion d'une rencontre à Rambouillet au milieu de l'année 1960, l'intensification de la coopération européenne sur la base de l'«entente franco-allemande[1] ». Le chancelier regagna les rives du Rhin plein d'enthousiasme pour entendre ses conseillers lui annoncer que le concept envisagé par de Gaulle signifierait la destruction de l'OTAN et de la Communauté économique européenne.

Les Américains, sous la présidence de John F. Kennedy, revendiquaient haut et fort le leadership dans l'Alliance atlantique en même temps qu'ils modifiaient le cours de leur politique de sécurité : ils troquèrent la «massive retaliation» contre la «flexible response» tout en recherchant la détente avec l'Union soviétique. Plus ils agissaient ainsi, plus il semblait impératif au chancelier et au général de reprendre le processus entamé à Rambouillet. Les relations avec l'Angleterre s'avérèrent à cet égard cruciales, car les deux hommes d'État refusaient une participation des Britanniques au projet européen, alors que leurs partenaires exigeaient de ne pas laisser de côté la puissance insulaire. Néanmoins, les chefs d'État et de gouvernement des États de la Communauté économique européenne mandatèrent mi-juillet une commission chargée d'élaborer les statuts d'une Union politique européenne.

1. Entretien de de Gaulle et Adenauer le 30 juillet 1960, DDF 1960, vol. 2, Paris, 1996, p. 174-176.

Le fait que de Gaulle torpille ce statut début 1962 irrita, certes, Adenauer ; cependant, après l'apparition de nouveaux signaux de détente entre les grandes puissances, ce dernier accepta la nouvelle offre d'« Union politique [...] à deux » qui lui était proposée[1]. Adenauer resta sourd à tous les avertissements sur les risques d'un abandon de la voie du multilatéralisme suivie depuis 1949. Le 22 janvier 1963, le chancelier signa avec le général au Palais de l'Élysée le traité d'amitié qui devait ancrer les relations bilatérales dans le droit international[2].

Pour lever les obstacles parlementaires au traité qui n'était controversé qu'à Bonn, Adenauer se réfugia dans des « fantasmes de puissance[3] » sur les perspectives de la « communauté de destin[4] » franco-allemande. La majorité des politiciens fédéraux ne voulait rien savoir d'un « centre de pouvoir[5] » franco-allemand comme moteur de la coopération européenne. En rajoutant un préambule à la loi sur le traité de l'Élysée à la mi-mai, le parlement allemand, soulignant les engagements multilatéraux de la République fédérale, réduisit considérablement la portée de cette alliance bilatérale. Adenauer et de Gaulle avaient, avec l'« étroite entente franco-allemande » dont la dimension historique était à bien des égards inédite[6], introduit un élément entièrement nouveau dans la vie politique et la psychologie de leurs peuples. Pourtant, ils manquèrent finalement leur but parce qu'ils en demandaient trop à leur environnement politique.

---

1. *Ibidem.*

2. Pour l'histoire du traité, Corine Defrance et Ulrich Pfeil (dir.), *Der Elysée-Vertrag und die deutsch-französischen Beziehungen 1945-1963-2003*, Munich, Oldenbourg, 2005.

3. Hans-Peter Schwarz, *Adenauer*, vol. 2 : Der Staatsmann (1952-1967), Stuttgart, Deutsche Verlags-Anstalt, 1991, p. 815.

4. Discours d'Adenauer au *Bundestag*, 25 avril 1963, Konrad Adenauer, *Bundestagsreden*, Josef Selbach (dir.), Bonn, A-Z Studio, 1967, p. 336-340, p. 339.

5. Cité par Horst Osterheld, *« Ich gehe nicht leichten Herzens... ». Adenauers letzte Kanzlerjahre – ein dokumentarischer Bericht*, Mainz, Grunewald, 1986, p. 208, journal 4 avril 1963.

6. Entretien de Gaulle et Eisenhower le 2 septembre 1959, DDF 1959, vol. 2, Paris, 1995, p. 283f, p. 284.

Le refus de l'option française 1963-1966

Suite à la désignation du nouveau chancelier Ludwig Erhard en octobre 1963, les relations franco-allemandes entrèrent dans une période de conflits permanents de trois ans, notamment sur la politique européenne. La cause des malentendus résidait aussi bien dans les profondes modifications de la vie des États que dans les conceptions de politique étrangère incompatibles des gouvernements de Bonn et de Paris. Tandis que de Gaulle visait alors une « Europe européenne » qui maintiendrait en vie le principe des États-nations en tant que partenaires égaux des grandes puissances : « qu'elle existe par elle-même et pour elle-même, autrement dit qu'au milieu du monde elle ait sa propre politique[1] », Erhard ambitionnait une Europe supranationale « de membres libres et égaux[2] » qui seraient des alliés égaux des États-Unis.

L'heure de vérité sonna en juillet 1964, lorsque le général-président invita le gouvernement de Bonn, dans le cadre des consultations régulières organisées en vertu du traité de l'Élysée, à former une union qui servirait de noyau à une union européenne. Le chancelier refusa fermement une union bilatérale. Lorsque le président essaya de secouer l'indifférence du cabinet fédéral au moyen d'un grand plaidoyer en faveur de la coopération, il provoqua un scandale : Erhard ne sut que répondre et choisit de se taire. « Je suis resté vierge », se plaignit de Gaulle à Adenauer[3].

En dépit de pressions massives de la part de ceux qu'on appelait les « gaullistes » allemands et qui militaient, à l'instar du Général, en faveur d'une union européenne basée sur l'entente franco-allemande, Erhard resta fidèle à son orientation « atlantiste[4] » et

1. Conférence de presse de de Gaulle, 23 juillet 1964, Charles de Gaulle, *Discours et messages*, vol. 4, Paris 1970, p. 222-237.

2. Ulrich Lappenküper, « *"Ein Europa der Freien und der Gleichen."* La politique européenne de Ludwig Erhard (1963-1966) », Wilfried Loth (dir.), *Crises and Compromises : The European Project 1963-1969*, Baden-Baden, Nomos, 2001, p. 65-91.

3. Cité par Hans-Peter Schwarz, *Adenauer*, *op. cit.*, p. 888.

4. Sur la discussion interallemande sur l'orientation de la politique étrangère de Bonn, voir Tim Geiger, *Atlantiker gegen Gaullisten. Außenpolitischer Konflikt und innerparteilicher Machtkampf in der CDU/CSU 1958-1969*, Mu-

transmit début novembre aux cinq membres de la Communauté économique européenne une initiative pour l'union politique. La France fit dépendre toute discussion du plan allemand d'un éclaircissement de la politique agricole de la Communauté économique européenne ainsi que du projet de Force de frappe nucléaire multilatérale (*Multilateralen Atomstreitmacht,* MLF[1]). S'il ne voulait pas ôter à son initiative européenne toute chance de succès, Erhard devait accorder à de Gaulle des concessions en matière de politique agricole. Malgré des résistances internes puissantes, il donna son feu vert à l'abaissement du prix des céréales allemand et prépara ainsi un terrain d'entente au sein du conseil des ministres de la Communauté économique européenne. Mais sa conviction d'avoir maintenant « droit à une concession[2] » de la part de de Gaulle sur la question de l'union politique était infondée. Le plan européen d'Erhard et un train de réformes proposé en mars 1965 par la Commission de la Communauté économique européenne firent craindre à de Gaulle que la Communauté économique n'ait atteint un point de non retour en direction de l'intégration politique qui lui faisait horreur. Sous prétexte de questions agricoles en suspens, il ordonna le 30 juin la fin de la coopération au sein des organes de Bruxelles et mit ainsi la communauté au bord de la ruine en pratiquant la « politique de la chaise vide[3] ».

---

nich, Oldenbourg, 2008 ; Reiner Marcowitz, *Option für Paris ? Unionsparteien, SPD und Charles de Gaulle 1958 bis 1969*, Munich, Oldenbourg, 1996.

1. Sur la MLF voir Christoph Hoppe, *Zwischen Teilhabe und Mitsprache. Die Nuklearfrage in der Allianzpolitik Deutschlands 1959-1966*, Nuclear History Program (NHP), Baden-Baden, Nomos, 1993 ; Burkard Schmitt, *Frankreich und die Nukleardebatte der Atlantischen Allianz 1956-1966*, Munich, Oldenbourg, 1998 ; Georges-Henri Soutou, *L'Alliance incertaine. Les rapports politico-stratégiques franco-allemands 1954-1996*, Paris, Fayard, 1996.

2. Hans von der Groeben, *Aufbaujahre der Europäischen Gemeinschaft. Das Ringen um den Gemeinsamen Markt und die Politische Union (1958-1966)*, Baden-Baden, Nomos, 1982, p. 242.

3. Voir à ce sujet Philip Bajon, *Europapolitik « am Abgrund ». Die Krise des « leeren Stuhls » 1965-1966*, Stuttgart, Franz Steiner Verlag, 2012 ; les contributions se rapportant à ce sujet dans Loth (dir.), *Crises, op. cit.* ; Jean-Marie Palayret, Helen Wallace, Pascaline Winand (dir.), *Visions, Votes and Vetoes. The Empty Chair Crises and the Luxembourg Compromise Forty Years On*, Bruxelles, Peter Lang, 2006.

À l'issue de négociations ardues, l'Union européenne parvint à régler le litige fin janvier 1966 avec l'aide active du gouvernement fédéral.

Avec, quelques mois plus tard, la sortie de la France de l'intégration militaire de l'OTAN, les timides efforts déployés en vue d'un nouveau départ de la politique européenne furent immédiatement gâchés. Le « centre de pouvoir » prévu par le traité de l'Élysée avait, trois ans après sa signature, perdu en « inspiration et [en] substance[1] ». En dépit de points de convergence partiels, la politique européenne de de Gaulle, plutôt orientée vers la puissance, et celle d'Erhard, plutôt orientée vers l'économie, étaient incompatibles. Les deux hommes faisaient penser à deux pyramides se faisant face qui, en dépit de fondations communes, s'éloignent de plus en plus en prenant de la hauteur. Lorsque la République fédérale risqua de se trouver isolée, le gouvernement retira à Erhard sa confiance[2].

Aucune « coopération préférentielle » 1966-1969

L'arrivée au pouvoir de la Grande Coalition formée par la CDU/CSU et le SPD, le 1er décembre 1966, suscita des deux côtés du Rhin l'espoir d'un nouveau départ. Le fait que le chancelier chrétien-démocrate Kurt Georg Kiesinger et le ministre des Affaires étrangères Willy Brandt parlent le français fut considéré par Paris comme un signe favorable. Moyennant un certain pragmatisme de coalition, Kiesinger, en accord avec Brandt, veilla à ne se laisser enfermer ni par la carte atlantique ni par la carte gaulliste[3]. En même temps, ils espéraient pouvoir donner au traité de l'Élysée

---

1. Conférence de presse de de Gaulle, 28 octobre 1966, Charles de Gaulle, *Discours et Messages*, vol. 5, Paris, Plon, 1970, p. 96-117, p. 101.

2. Horst Osterheld, *Außenpolitik unter Bundeskanzler Ludwig Erhard (1963-1966). Ein dokumentarischer Bericht aus dem Kanzleramt*, Düsseldorf, Droste Verlag, 1992, p. 338.

3. Philipp Gassert, *Kurt Georg Kiesinger 1904-1988. Kanzler zwischen den Zeiten*, Munich, Deutsche Verlags-Anstalt, 2006 ; Henning Türk, *Die Europapolitik der Großen Koalition 1966-1969*, Munich, Oldenbourg, 2006.

«un plus grand contenu politique[1]». De Gaulle ressentit le «tournant verbal[2]» du gouvernement fédéral comme bénéfique, et savoura également le fait que le chancelier lui laissât le rôle de premier violon au sein de l'orchestre européen. Malgré tout, le nouveau climat ne parvenait pas à dissimuler le fait qu'il n'existait toujours pas de consensus sur les questions politiques de fond.

Le fait que la Grande Coalition, en dépit de la poursuite globale de la politique européenne, procédât à certaines corrections qui entraînaient un «affaiblissement de l'union politique» et un «élargissement de la portée de la politique étrangère» tournée vers l'Europe de l'Est[3] ne pouvaient que susciter l'acquiescement de de Gaulle. Par contre, le souhait de la coalition de créer une passerelle vers la Grande Bretagne était en contradiction avec la volonté persistante de la France de refuser aux Britanniques l'accès à la Communauté économique européenne. Le flirt de de Gaulle avec la «Russie éternelle» et son insistance à vouloir couper le cordon ombilical avec les États-Unis étaient autant de sujets de discorde. Aux yeux du Général, les Allemands et les Français n'étaient pas liés – à l'inverse de ce que pensait Kiesinger – par une «communauté de destin» face à la menace soviétique, mais par une «communauté d'intérêts» face au défi américain[4]. C'est pourquoi, selon lui, la création d'une union européenne était urgente pour permettre de tenir tête à la grande puissance occidentale.

Kiesinger n'était pas complètement sourd à ces avertissements. L'arrogance avec laquelle les Américains avaient obligé la République fédérale à signer le traité de non-prolifération nucléaire l'indignait autant que la «complicité atomique» des deux super-

---

1. Entretien Brandt et Seydoux le 8 décembre 1966, *Akten zur Auswärtigen Politik der Bundesrepublik Deutschland* [AAPD] 1966, im Auftrag des Auswärtigen Amts hg. vom Institut für Zeitgeschichte, Munich 1997, p. 1605-1609.

2. François Seydoux, *Botschafter in Deutschland. Meine zweite Mission 1965 bis 1970*, Francfort/M, Societats-verlag, 1978, p. 95.

3. Miriam Karama, *Struktur und Wandel der Legitimationsideen deutscher Europapolitik*, Bonn, Europa Union Verlag, 2001, p. 106.

4. Entretien de Gaulle et Kiesinger, 13 juillet 1967, AAPD 1967, Munich 1998, p. 1052-1062.

puissances[1]. Mais un renoncement au partenariat transatlantique, de même qu'au soutien à la demande d'adhésion britannique, était pour lui hors de question. De Gaulle, qui ne se montrait prêt à aucun compromis, attisa la dispute intra-allemande entre les «atlantistes» et les «gaullistes» que l'on croyait éteinte. Bien que non opposé à une Europe des nations telle que l'envisageait de Gaulle[2], Brandt était plutôt partisan du parti transatlantique, alors que Kiesinger, en dépit de plaintes croissantes des partenaires de la coalition sur les initiatives unilatérales françaises, continuait de soutenir l'entente avec la France, considérée comme «noyau européen[3]». Tous les deux finirent par accepter que de Gaulle s'oppose une nouvelle fois à l'adhésion britannique, aucun n'étant prêt par ailleurs à accepter une «coopération préférentielle» en dépit de ses offres répétées[4]. Sans illusion quant à la possibilité d'une coopération bilatérale, de Gaulle annonça à Kiesinger en mars 1969, avec une franchise déconcertante, à quel point, après la Seconde Guerre mondiale, la France avait eu du mal à tendre la main aux Allemands. Dans un acte s'apparentant à un «sacrifice», on avait alors renoncé à s'engager dans une «toute autre politique» et à assouvir une «vengeance[5]». Quelques semaines plus tard, le Général-Président démissionna de son poste de son plein gré après son échec à un référendum et mit ainsi implicitement fin à des années de blocage du processus d'unification européenne.

1. Déclaration de Kiesinger devant l'association Verein Union-Presse, 27 février 1967, extraits de Reinhard Schmoeckel et Bruno Kaiser, *Die vergessene Regierung. Die große Koalition 1966-1969 und ihre langfristigen Wirkungen*, Bonn, Bouvier Verlag, 1991, p. 135f., p. 135.

2. Klaus Hildebrand, «Willy Brandt, General de Gaulle und "la Grande Europe"», Horst Möller et Maurice Vaïsse (dir.), *Willy Brandt und Frankreich*, Munich, Oldenbourg, 2005, p. 115-120; Andreas Wilkens, «L'Europe en suspens. Willy Brandt et l'orientation de la politique européenne de l'Allemagne fédérale 1966-1969», Loth (dit.), *Crises*, *op. cit.*, p. 323-343.

3. Interview de Kiesinger à la radio, 5 novembre 1967, citée d'après Europa-Archiv (1967), p. Z258f., p. Z258.

4. Entretien Kiesinger et de Gaulle, 28 septembre 1968 AAPD 1968, Munich, 1999, p. 1248-1260, p. 1258.

5. Entretien de Gaulle et Kiesinger, 14 mars 1969, AAPD 1969, Munich, 2000, p. 402-410, p. 405.

« Entente élémentaire » 1969-1974

Avec le départ de de Gaulle en avril et la fin de la Grande Coalition en septembre 1969, les cartes des relations franco-allemandes furent battues à nouveau. Dirigée pour la première fois de son histoire par une coalition sociale-libérale, la République fédérale acquit au niveau international une nouvelle stature grâce à sa nouvelle « *Ostpolitik* » et prit la place de la France en tant que moteur de la détente[1]. Au vu de ce déplacement du centre du pouvoir, le fait que les relations entre les deux personnalités dirigeantes de Bonn et de Paris se soient avérées difficiles constituait un handicap. Le président Georges Pompidou ressentait envers la personnalité hors normes du chancelier Willy Brandt[2] une grande méfiance. Brandt, pour sa part, ne cachait pas que son candidat préféré à la succession de de Gaulle n'avait pas été le gaulliste Pompidou mais le président du Sénat, Alain Poher. Pour limiter les effets du changement de centre de gravité au sein des relations bilatérales, Pompidou concentra ses efforts sur l'accélération du progrès industriel et social de la France. Cela étant, il déclara que les relations avec la République fédérale n'étaient plus prioritaires, mais uniquement fondamentales, ce qui arrangeait le gouvernement fédéral dans la mesure où, après des années d'attentes déçues, le retour d'un plus grand réalisme semblait possible[3]. Dans les calculs politiques de Brandt, focalisé par les deux grandes puissances, la France ne jouait de toute façon qu'un rôle secondaire ; cependant, il ne perdit jamais de vue que seule une relation constructive lui permettrait de sauvegarder les résultats de la réconciliation et de sécuriser sa nouvelle « *Ostpolitik* » à l'ouest. C'est pourquoi il entreprit de relancer le moteur

1. Haig Simonian, *The Privileged partnership. Franco-German relations in the European Community 1969-1984*, Oxford, Oxford University Press, 1985 ; Andreas Wilkens, *Der unstete Nachbar. Frankreich, die deutsche Ostpolitik und die Berliner Vier-Mächte-Verhandlungen 1969-1974*, Munich, Oldenbourg, 1990.

2. Seydoux, *Botschafter*, *op. cit.*, p. 196.

3. Éric Roussel, *Georges Pompidou*, Paris, Perrin, 1984 ; Georges-Henri Soutou, « L'attitude de Georges Pompidou face à l'Allemagne », Association Georges Pompidou, *Georges Pompidou et l'Europe*, Colloque 25 et 26 novembre 1993, Bruxelles, Complexe, 1995, p. 267-313.

franco-allemand[1] et plaida, en concertation étroite avec Pompidou, pour une « relance européenne ». Fin 1969, les chefs d'État et de gouvernement de la Communauté des six s'entendirent lors du Sommet de La Haye sur le principe de trois étapes que Pompidou intitula « achèvement », « approfondissement » et « élargissement[2] ». Ils se prononcèrent pour le début rapide de négociations en vue de l'adhésion de la Grande-Bretagne et se mirent d'accord sur l'élaboration d'un plan en plusieurs phases en vue de la création d'une union économique et monétaire. En outre, ils convinrent du renforcement des compétences du Parlement européen et s'efforcèrent de mettre fin, dans le cadre d'une coopération politique européenne (CPE)[3], à l'existence de nain politique du géant économique qu'était devenue la Communauté économique européenne.

Après des débuts prometteurs, le moteur franco-allemand se grippa de nouveau, d'une part en raison des différences de philosophie économique et financière entre les deux gouvernements, d'autre part en raison des contacts entre les Français et la Grande Bretagne. La rencontre de Pompidou avec le Premier ministre Heath en mai 1971 prépara certes le terrain de l'adhésion britannique à la Communauté économique européenne, mais, en termes d'intégration politique, elle signifiait un franc refus du concept d'Europe supranationale. La mise en œuvre des résolutions de La Haye s'avéra d'autant plus difficile que le compromis auquel étaient parvenus les États de la Communauté économique européenne sur l'union économique et monétaire ne s'avéra pas applicable suite à la décision des États-Unis, à la mi-août 1971, de suspendre la convertibilité en or du dollar et de faire ainsi s'écrou-

1. Hélène Miard-Delacroix, *Im Zeichen der Einigung, op. cit.*, p. 314.

2. Discours Pompidous à La Haye, 1er décembre 1969, Éric Bussière et Émilie Willaert [dir.], *Un projet pour l'Europe. Georges Pompidou et la construction européenne*, Bruxelles, Peter Lang, 2010, p. 165-167, p. 166.

3. Association Georges Pompidou, *Georges Pompidou et l'Europe, op. cit.*; Claudia Hiepel, *Willy Brandt und Georges Pompidou. Deutsch-französische Europapolitik zwischen Aufbruch und Krise, Munich*, Oldenbourg, 2012; Franz Knipping, Matthias Schönwald (dir.), *Aufbruch zum Europa der zweiten Generation. Die europäische Einigung 1969-1984*, Trèves, Wissenschaftlicher Verlag, 2004.

ler le système monétaire de Bretton Woods. Il y eut également du sable dans les rouages de la Communauté politique européenne, ne serait-ce que parce que la France semblait ne souhaiter une mise en œuvre de la coopération politique que si celle-ci servait ses propres intérêts.

Sous la pression de turbulences financières croissantes, la Communauté économique européenne, mue par l'« entente élémentaire » franco-allemande[1], se mit d'accord en octobre 1972 sur la poursuite du débat sur l'union économique et monétaire, convint de la transformation de la totalité de ses relations au sein d'une « Union européenne » et décida d'entamer un « dialogue constructif » avec les États-Unis[2]. Quelques mois plus tard, cependant, les relations franco-allemandes, pourtant célébrées à l'unisson par Brandt et Pompidou à l'occasion de l'anniversaire du traité de l'Élysée en janvier 1973 comme une « coopération privilégiée[3] », se retrouvèrent à nouveau dans la tourmente. La proposition des États-Unis en avril dans le sens d'une redéfinition des relations transatlantiques, et la crise du pétrole qui suivit la guerre de Yom-Kippour, provoquèrent de profondes fissures dans le consensus franco-allemand. Afin de protéger son pays des effets négatifs du comportement hégémonique de Washington ainsi que de ce qu'il considérait comme les « incertitudes allemandes », le ministre des Affaires étrangères Michel Jobert tenta, dans le cadre d'une « regaullisation » de la politique étrangère française[4], de faire de

1. Discours de Brandt, 5 juillet 1971, extraits de Pierre Jardin et Adolf Kimmel (dir.), *Les Relations franco-allemandes depuis 1963*, Paris, La Documentation française, « Retour aux textes », 2001, p. 161 et suivantes.

2. Déclaration à l'issue de la conférence des chefs d'État et de gouvernement de la CE élargie, 19-20 janvier 1972, Europa-Archiv, 1972, p. D502-D508, p. D503 et D507.

3. Cité par Willy Brandt, *Begegnungen und Einsichten. Die Jahre 1960-1975*, Hambourg, Hoffmann & Campe, 1976, p. 361 ; voir aussi discours de Pompidou, 22 janvier 1973, Georges Pompidou, *Entretiens et Discours 1968-1974*, vol.2, Paris, 1975, p. 165-168.

4. Gilbert Ziebura, *Die deutsch-französischen Beziehungen seit 1945. Mythen und Realitäten*, édition augmentée, Stuttgart, Neske-Verlag Pfullingen, 1997, p. 245 ; Mary Kathleen Weed, *Michel Jobert et la diplomatie française*, Paris, Éditions Fernand Lanore, 1988.

l'Europe occidentale un facteur de puissance autonome sur le plan international. Or, le gouvernement fédéral refusait de participer à de tels efforts d'émancipation. Même si la coopération avec la France avait également pour but de constituer un « contrepoids à la puissance américaine[1] », le gouvernement fédéral ne la considéra jamais comme une alternative au partenariat avec l'Amérique.

Lors d'une rencontre avec Brandt à Paris, Pompidou hissa l'entente bilatérale au niveau de « base essentielle » de l'Europe[2]. Mais en coulisses, loin des discours de circonstance destinés aux médias, on ne mâchait pas ses mots. Les chefs d'État et de gouvernement de la Communauté économique européenne parvinrent certes à dissimuler leurs divergences lors d'un nouveau sommet. Mais le document sur l'identité européenne qu'ils avaient signé avait à peine la valeur du papier sur lequel il avait été imprimé.

Début 1974, la température entre Bonn et Paris devint glaciale en raison des « rodomontades[3] » de Jobert et de la ligne proaméricaine de Brandt. La sortie de la France du serpent monétaire à la mi-janvier et l'isolement de Jobert pendant la Conférence de Washington sur l'énergie en février démontrèrent à quel point le bilan du moteur franco-allemand en matière de politique européenne était mince. On pouvait difficilement parler de « progrès substantiels de la construction européenne[4] ».

« Mariage de raison par inclination » 1974-1982

La mort subite de Georges Pompidou le 2 avril et la fin abrupte du mandat de Willy Brandt le 6 mai ouvrirent une nouvelle phase

1. Werner Link, « Die Außenpolitik und internationale Einordnung der Bundesrepublik Deutschland », Werner Weidenfeld, Harald Zimmermann (dir.), *Deutschland-Handbuch. Eine doppelte Bilanz 1949-1989*, Munich, Carl Hanser Verlag, 1989, p. 571-588, p. 582.

2. Entretien Pompidou et Brandt, 26 novembre 1973, Brandt, *Begegnungen*, *op. cit.*, p. 367-369, p. 367.

3. Archives du SPD (Archiv der sozialen Demokratie Bonn [AsD]), Helmut-Schmidt-Archiv [H-S-A], Nr.7095, Note de Schmidt, 27 juillet 1975.

4. Claudia Hiepel, Willy Brandt, « Georges Pompidou und Europa. Das deutsch-französische Tandem in den Jahren 1969-1974 », Knipping, Schönwald (dir.) *Aufbruch*, p. 28-46, p. 30.

des relations entre la République fédérale et la France. Celle-ci alla de pair avec une certaine désillusion concernant la politique de détente entre les superpuissances et un changement de personnel au niveau des dirigeants du monde occidental. À Bonn et à Paris, c'étaient désormais Valéry Giscard d'Estaing et Helmut Schmidt qui définissaient les orientations politiques. Moins visionnaires qu'analystes perspicaces du pouvoir, le président libéral et le chancelier social-démocrate contractèrent un « mariage (politique) de raison par inclination[1] ». La perte d'acuité du « dilemme du triangle » entre Bonn, Paris et Washington[2] facilita « les épousailles » de même que le post-gaullisme dans lequel s'installait la France. Les deux hommes approuvaient l'intégration européenne, moins par empathie que du point de vue d'un « rapport qualité-prix[3] » et s'accordaient par ailleurs sur le constat que des progrès ne pouvaient être accomplis sans une coopération approfondie entre les deux voisins.

En raison du décrochement de l'économie mondiale provoqué par la crise du pétrole, Giscard et Schmidt avaient plus à cœur d'assurer à l'Europe des marges de manœuvre et à faire avancer l'intégration de la Communauté économique européenne de manière pragmatique. Pour contrecarrer le primat de l'économie, ils furent à l'origine de la création d'un « Conseil européen » qui, en tant que plus haute instance de décision des chefs d'État et de gouvernement, devait renforcer les mécanismes de crise de la communauté.

---

1. Kurt Becker, « Eine Vernunftehe aus Neigung », *Die Zeit*, 14 janvier 1983, p. 3 ; Essentiellement Hélène Miard-Delacroix, *Partenaires de choix ? Le chancelier Helmut Schmidt et la France (1974-1982)*, Berne, Peter Lang, 1993 ; Matthias Waechter, *Helmut Schmidt und Valéry Giscard d'Estaing. Auf der Suche nach Stabilität in der Krise der 70er Jahre*, Bremen, Temmen, 2011 ; Michèle Weinachter, *Valéry Giscard d'Estaing et l'Allemagne. Le double rêve inachevé*, Paris, L'Harmattan, 2004 ; Michael Wirth, *Die deutsch-französischen Beziehungen während der Kanzlerschaft von Helmut Schmidt (1974-1982). « Bonne Entente » oder öffentlichkeitswirksame Zweckbeziehung ?*, Berlin, Wissenschaftlicher Verlag Berlin, 2007.

2. Ziebura, *Beziehungen*, *op. cit.*, p. 254.

3. Karama, *Struktur*, *op. cit.*, p. 167.

Mais le lancement réussi d'une politique européenne concertée ne fut, en un premier temps, suivi d'aucune mesure concrète. Bien que l'entente franco-allemande constituât pour eux « la pierre angulaire de leur politique étrangère respective[1] », Schmidt et Giscard n'étaient pas sur la même longueur d'ondes, ni dans le débat sur la réforme institutionnelle de l'Union européenne, ni concernant la politique agricole. Ce n'est que dans le cadre de la « disparition du *leadership* américain[2] », après la prise de fonctions du président Jimmy Carter début 1977, que Schmidt s'identifia plus fortement avec le concept d'unification. Après sa victoire aux élections législatives de mars 1978, Giscard pratiqua une « ouverture vers l'Europe[3] », la République fédérale n'étant, pour lui, pas seulement un partenaire politique mais également un rival économique. Convaincu de la nécessité de combler le vide laissé par la faiblesse du *leadership* de Carter, Giscard et Schmidt lancèrent le projet commun d'un système monétaire européen afin de renforcer l'autonomie politique de la Communauté européenne envers les États-Unis, et simultanément diffuser un nouvel optimisme dans le débat sur l'union monétaire qui traînait en longueur.

On ne sait au demeurant pas si « Giscard était prêt à assumer une autorité franco-allemande conjointe au sein de la Communauté européenne » et ne considérait plus la République fédérale comme « au mieux, un partenaire mineur » à l'instar de ses prédécesseurs[4]. On vit en effet, en amont de la première élection du parlement européen au suffrage universel en 1979, à quel point les points de vue politiques divergeaient. Alors que Bonn vantait l'élection comme une étape importante sur la voie d'un État fédéral européen, Paris mettait constamment en avant la notion d'in-

1. Waechter, *Helmut Schmidt und Valéry Giscard d'Estaing*, *op. cit.*, p. 64.

2. Matthias Schulz, « Vom "Atlantiker" zum "Europäer"? Helmut Schmidt, deutsche Interessen und die europäische Einigung », Mareike König, Matthias Schulz (dir.), *Die Bundesrepublik Deutschland und die europäische Einigung 1949-2000. Politische Akteure, gesellschaftliche Kräfte und internationale Erfahrungen*, Festschrift für Wolf D. Gruner zum 60. Geburtstag, Stuttgart, Franz Steiner Verlag, 2004, p. 185-220, p. 218.

3. AsD, H-S-A, Mappe Nr.6730, Zeller à Schmidt, 21 février 1979.

4. Waechter, *Helmut Schmidt und Valéry Giscard d'Estaing*, *op. cit.*, p. 95.

tergouvernementalité. Alors que les communistes et les gaullistes français reprochaient au président de vouloir créer une Europe supranationale sous la direction hégémonique de la République fédérale, Giscard invoquait[1] une « communauté de destin franco-allemande ». Dans le même temps, il veillait scrupuleusement à ne pas mettre en danger l'autonomie de la politique étrangère française. Schmidt gardait certes une certaine distance et refusait, en dépit de relations dégradées avec l'administration américaine, de répondre à l'injonction de Giscard de couper le cordon avec les États-Unis. « *America is our most important ally, France is our closest ally* », déclarait-il à la presse[2].

Inquiets des frictions croissantes au sein de la communauté atlantique et entre les grandes puissances suite à l'invasion soviétique en Afghanistan et à l'adoption de la double décision de l'OTAN début 1981, le chancelier et le président se virent contraints de resserrer la coopération, moins dans le domaine de la politique européenne que dans le cadre bilatéral. Alors que le ministre des Affaires étrangères Hans-Dietrich Genscher, au vu de l'« euro-sclérose » qui paralysait le projet d'union européenne, était à l'origine d'une nouvelle initiative de relance de l'union politique à l'aide d'une réforme du système de traités européens, le chancelier se concentra, en raison de son « abstinence institutionnelle[3] » sur une « relation franco-allemande comme noyau d'une Europe plus autonome[4] ».

En mai 1981, le « tandem » fut dissout car Giscard d'Estaing perdit les élections présidentielles face à son rival François Mitterrand. Schmidt et Giscard étaient entrés dans l'histoire du processus européen, non pas comme des visionnaires créatifs mais en tant

1. Cité par Helmut Schmidt, *Die Deutschen und ihre Nachbarn. Menschen und Mächte*, vol. II, Berlin 1990, p. 194.

2. Cité par Simonian, *Partnership, op. cit.*, p. 303.

3. Wilfried Loth, « Deutsche Europapolitik von Helmut Schmidt bis Helmut Kohl », Knipping. Schönwald (dir.), *Aufbruch, op. cit.*, p. 474-488, p. 480.

4. Werner Link, « Außen- und Deutschlandpolitik in der Ära Schmidt 1974-1982 », Wolfgang Jäger Werner Link, *Republik im Wandel 1974-1982. Die Ära Schmidt*, Stuttgart, Mannheim, Deutsche Verlags-Anstalt, 1987, p. 273-432, p. 426.

qu'administrateurs pragmatiques de l'unification européenne dans une période de perturbations de l'économie mondiale et de tensions internationales. Leur plus grand mérite est certainement d'avoir créé le système monétaire européen qui, sans leur coopération, n'aurait jamais vu le jour. À long terme, il ne faut pas non plus sous-estimer le fait que leur fidélité à l'objectif de l'union monétaire, déjà envisagée par Brandt et Pompidou, avait provoqué une «dynamique complexe» qui pouvait maintenant se déployer sous les gouvernements respectivement aux commandes à Bonn et à Paris[1].

«Le couple franco-allemand» 1982-1989

L'arrivée du premier socialiste à l'Élysée depuis 1954 provoqua des remous considérables dans la relation franco-allemande. Le nouveau président misa certes sur la continuité en matière de politique étrangère, sur l'indépendance nationale, l'équilibre des blocs militaires, l'unification de l'Europe. Seulement, Mitterrand refusait d'accorder à la République fédérale un rôle particulier dans son système comme l'avait fait Giscard d'Estaing; «une bonne entente», oui, mais pas d'«axe» Bonn-Paris[2]. Au bout de quelques mois, les difficultés internes des deux pays l'obligèrent à un timide changement de direction. Paris se retrouva dans un tourbillon financier dangereux qui ne put être maîtrisé que grâce à des mesures de soutien de la part de Bonn; et en République fédérale, suite au débat sur la double décision de l'OTAN, le consensus sur la politique de sécurité vola en éclats, ce qui, du point de vue français, fit ressurgir le danger d'un nationalisme neutraliste en Allemagne.

Conscient que la République fédérale avait autant besoin de l'aide française dans le domaine de la politique de sécurité que la France de celle des Allemands dans le domaine monétaire, Mitterrand et Schmidt s'assurèrent lors de leurs premières rencontres personnelles de leur «solidarité» réciproque[3]. Même si l'on

1. Hélène Miard-Delacroix, *Im Zeichen der europäischen Einigung, op. cit.*, p. 315.

2. François Mitterrand, *Politique*, vol. 2, Paris, Fayard, 1981, p. 279.

3. Jacques Attali, *Verbatim, vol. I, Chronique des années 1981-1986*, Paris,

ne pouvait pas parler d'amitié personnelle, et si le néologisme de « Schmitterand », créé par les caricaturistes, attribuait un caractère trop intime à leur relation, les deux hommes établirent les fondations d'un bon partenariat[1]. Le « couple » surmonta sa première épreuve lors des sommets du G7 à Ottawa et à Versailles en 1981 et 1982. Lorsque le président Reagan exigea un embargo économique des puissances occidentales contre l'Union soviétique, Mitterrand et Schmidt s'y opposèrent fermement[2]. Même si, au milieu des années 1970, ils avaient été parfois en désaccord en raison du rapprochement de Mitterrand avec les communistes, le chancelier devint pour le président un garant contre les « incertitudes allemandes ».

Peu après la chute de Schmidt le 1er octobre 1982, Mitterrand mit à profit les célébrations du 20e anniversaire du traité de l'Élysée au début de l'année 1983 pour soutenir le nouveau gouvernement dirigé par Helmut Kohl dans sa lutte contre l'opposition intra- et extraparlementaire. Même si socialement, personnellement et politiquement, tout un monde séparait le socialiste Mitterrand et le chrétien-démocrate Kohl, ils initièrent une nouvelle ère de prospérité dans les relations franco-allemandes et contribuèrent de manière déterminante à sortir la Communauté européenne de son ornière.

Dans le contexte d'une grogne croissante de l'opinion publique allemande face au fait que la République fédérale soit toujours en position de « contributeur net » de l'Europe, Genscher avait tenté, avec son initiative dite « Genscher-Colombo », de regrouper les acquis communautaires dans un traité et de communautariser de nouveaux champs de coopération[3]. À la différence de Schmidt,

---

Fayard, 1993, p. 25.

1. Artikel Robert Schmelzer, *Westfalenpost*, 14 juillet 1981.

2. Sur le sommet G7 d'Ottawa, voir Pierre Favier et Michel Martin-Roland, *La Décennie Mitterrand, vol. 1 : Les ruptures (1981-1984)*, Paris, Points, 1990, p. 291-294 ; sur le sommet G7 de Versailles, 5-6 juin 1982, voir *ibidem*, p. 307-311.

3. Ulrich Rosengarten, *Die Genscher-Colombo-Initiative. Bausteine für die Europäische Union*, Baden-Baden, Nomos, 2008 ; Ulrich Lappenküper, « Die deutsche Europapolitik zwischen der "Genscher-Colombo-Initiative" und der

Kohl s'appropria ce programme et contribua activement à ce que la mèche du premier étage de ce que Genscher appelait la « fusée à trois étages[1] » en direction de l'union économique et monétaire ne s'éteigne pas[2]. « Être le moteur de l'unification de l'Europe », affirmait le chancelier en public, « cela fait partie de la mission nationale, de la raison d'État de la République fédérale d'Allemagne depuis ses débuts[3]. »

Un tournant rapide de la politique européenne de la France fut décisif pour le succès du concept de « renaissance et intégration[4] » cher à Kohl. Fin 1982, Mitterrand avait acquis la conviction qu'il devait se préoccuper plus intensément de l'intégration européenne, et ce en accord étroit avec Kohl. En se référant aux origines médiévo-carolingiennes des jumeaux Allemagne et France, il érigea la relation bilatérale au rang de « pierre angulaire

---

Verabschiedung der Einheitlichen Europäischen Akte (1981-1986) », Günter Buchstab, Hans-Otto Kleinmann, Hanns Jürgen Küsters (dir.), *Die Ära Kohl im Gespräch. Eine Zwischenbilanz*, Cologne, Böhlau Verlag, 2010, p. 133-152 ; Ulrich Lappenküper, Hans-Dietrich Genscher, Emilio Colombo und der Kampf gegen die « Eurosklerose », Michael Gehler et Maddalena Guitto (dir.), *Italien, Österreich und die Bundesrepublik Deutschland in Europa. Ein Dreiecksverhältnis in seinen wechselseitigen Beziehungen und Wahrnehmungen von 1945-1949 bis zur Gegenwart*, Vienne, Cologne, Weimar, Böhlau Verlag, 2011, p. 225-242.

1. Hans-Dietrich Genscher, *Erinnerungen*, Berlin, Siedler, 1995, p. 368.

2. Hanns Jürgen Küsters, « Helmut Kohl : Architekt der europäischen Einigung? Betrachtungen zur Erforschung seiner Europapolitik », König et Schulz (dir.), *Bundesrepublik*, *op. cit.*, p. 221-237 ; Ulrich Lappenküper, « Die Europapolitik Helmut Kohls 1982-1992 », Sylvain Schirmann (éd.), *Quelles architectures pour quelle Europe ? Des projets d'une Europe unie à l'Union européenne (1945-1992)*. Actes des deuxième journées d'étude de la Maison de Robert Schuman Metz, 9, 10 et 11 mai 2010, Bruxelles, Peter Lang, 2011, p. 273-291 ; Hans Stark, *Helmut Kohl, l'Allemagne et l'Europe. La politique d'intégration européenne de la République fédérale 1982-1998*, Paris, L'Harmattan, 2004.

3. Rapport de Kohl sur la situation de l'Allemagne divisée, 15 mars 1984, Kohl, *Reden 1982-1984*, Bonn 1984, p. 344-364, p. 359.

4. Eckart Gaddum, *Die deutsche Europapolitik in den 80er Jahren. Interessen, Konflikte und Entscheidungen der Regierung Kohl*, Paderborn, F. Schoningh, 1994, p. 183.

de l'Europe[1] », parla de « communauté de destin[2] » et lui attribua le devoir historique de construire une union européenne. Mitterrand s'y employa dans l'espoir de redorer son image écornée par l'échec de la nationalisation de secteurs clés de l'économie, de faire face aux « incertitudes allemandes » suscitées par le débat sur le réarmement, et avant tout, de positionner l'Europe comme acteur puissant sur la scène internationale[3].

Début 1984, il convint avec Kohl d'approfondir la coopération politique au niveau de la communauté européenne et de reconstituer l'ancienne communauté des six comme « nouveau centre de pouvoir[4] ». Quelques semaines plus tard, lors d'une rencontre à Paris *intra muros*, le chancelier lança, comme en son temps Adenauer, l'idée d'une alliance franco-allemande[5] ! En dépit des divergences d'opinion qui, bien entendu, existaient, dans l'ensemble, les deux hommes d'État contribuèrent en grande partie au cours des mois suivants, dans le cadre d'une politique de « franc libéralisme[6] », à ce que les problèmes majeurs de la communauté européenne, à savoir la question de la contribution britannique, le conflit latent sur le budget, et les négociations sur l'élargissement au sud puissent être résolus et à ce qu'en outre une réforme institutionnelle puisse être achevée avec succès dans le cadre d'un Acte unique européen.

---

1. Entretien Mitterrand et le roi Khaled d'Arabie saoudite, 13 juin 1981, cité par Tilo Schabert, *Wie Weltgeschichte gemacht wird. Frankreich und die deutsche Einheit*, Stuttgart, Klett-Cotta Verlag, 2002, p. 92.

2. François Mitterrand, *Überlegungen zur französischen Außenpolitik*, Ingolstadt, DEFAP, 1987, p. 116.

3. Elisabeth du Réau, « L'engagement européen », Serge Berstein, Pierre Milza et Jean-Louis Bianco (dir.), *François Mitterrand. Les années du changement 1981-1984*, Paris, Perrin, 2001, p. 282-294.

4. Cité dans *Der Spiegel*, 1984, n° 13, p. 144.

5. Cité dans Stefan Fröhlich, *« Auf den Kanzler kommt es an » : Helmut Kohl und die deutsche Außenpolitik. Persönliches Regiment und Regierungshandeln vom Amtsantritt bis zur Wiedervereinigung*, Paderborn, Ferdinand Schoeningh, 2001, p. 224.

6. Ulrich Lappenküper, *Die Außenpolitik der Bundesrepublik Deutschland 1949-1990*, Munich, Oldenbourg, 2008, p. 109.

Après ce tour de force, l'élan sembla soudain se briser, ne serait-ce que parce que le coût exorbitant du fonds structurel européen, de même que la perspective de plus en plus concrète d'une union économique et monétaire, se heurtait en République fédérale à des critiques de plus en plus virulentes. Or, après que le Conseil européen eut trouvé, en février 1988, grâce à un « pas de deux » franco-allemand, une voie pour sortir de l'impasse agricole et financière, à Bonn le « motif de l'intégration politique prit le pas sur celui des intérêts nationaux[1] ». Soutenu par une proposition de Genscher visant à la création d'un espace monétaire européen doté d'une banque centrale européenne, Kohl accepta à la mi-juin, au Sommet européen de Hanovre, en dépit de réticences massives du ministre des Finances Gerhard Stoltenberg, de charger un groupe d'experts de renom, sous la direction du président de la Commission Jacques Delors, d'étudier des pistes pour finaliser l'union économique et monétaire.

« Constituer le noyau de l'Union européenne » 1990-1998

Les bouleversements politiques de l'année 1989-1990 furent une dure épreuve pour l'entente franco-allemande. Alors que la majorité du peuple français accueillait favorablement la chute du mur de Berlin, une partie de la classe politique parisienne se montra hésitante, voire réticente[2]. Mitterrand ne remettait pas en cause la légitimité de principe d'un État national allemand, mais souhaitait remettre son rétablissement aux calendes grecques. Déçus, amers, les Allemands prirent note de la froideur avec laquelle le président s'employa à défendre la raison d'État au moment où il imaginait que les « équilibres des forces en Europe » étaient mena-

1. Andreas Wirsching, *Abschied vom Provisorium. Geschichte der Bundesrepublik Deutschland 1982-1990*, Stuttgart, Deutsche Verlags-Anstalt, 2006, p. 536.

2. Marie-Noëlle Brand Crémieux, *Les Français face à la réunification allemande. Automne 1989– automne 1990*, Paris, L'Harmattan, 2004; Claudia Kübler, *Die Darstellung Deutschlands in der französischen Wochenpresse 1982-1990. Une enquête des magazines* L'Express, Le Nouvel Observateur, Le Point *et* Valeurs Actuelles, Francfort/M., Peter Lang, 1997.

cés par le processus de réunification[1]. Ce n'est que lorsque le train de l'unification allemande ne put plus être stoppé, après le vote de la Volkskammer de la RDA du 18 mars 1990, que Mitterrand en revint à la « politique du bilatéralisme ».

Kohl avait certes reconnu officiellement la nécessité de convoquer une conférence intergouvernementale sur l'union économique et monétaire après la chute du Mur de Berlin, mais il avait tenté de repousser la décision à fin 1990, et exigé par ailleurs une seconde conférence intergouvernementale sur les réformes constitutionnelles. Sans perdre de vue la réunification allemande, avec Mitterrand, il fit avancer énergiquement le débat sur l'unification européenne à partir de 1990, même si leurs objectifs n'étaient en aucun cas identiques. À la mi-septembre, ils insistèrent, dans une déclaration commune à la rhétorique singulière, sur la signification de la « communauté de destin » entre les deux peuples et leur volonté d'agir en « moteur du processus de l'unification européenne[2] ».

Alors que la France misait principalement sur la réalisation de l'union économique et monétaire, sur la réduction de l'importance de l'Alliance atlantique grâce à la création d'une structure européenne de sécurité, et sur une organisation plus efficace de la Communauté européenne, la République fédérale cherchait avant tout à faire la liaison entre l'union économique et monétaire et l'union politique, la construction d'une politique étrangère et de sécurité communes ainsi qu'à trouver une compensation pour la perte du contrôle national sur le D-Mark via un renforcement du parlement européen.

---

1. Schabert, *Weltgeschichte*, *op. cit.*, p. 13 ; pour la controverse sur la politique de Mitterrand envers l'Allemagne pendant la réunification en 1989-1990, voir Frédéric Bozo, *Mitterrand, la fin de la guerre froide et l'unification allemande. De Yalta à Maastricht*, Paris, Odile Jacob, 2005 ; Elke Bruck, *François Mitterrands Deutschlandbild. Perzeption und Politik im Spannungsfeld deutschland-, europa- und sicherheitspolitischer Entscheidungen 1989-1992*, Francfort/M, Peter Lang, 2003 ; Ulrich Lappenküper, *Mitterrand und Deutschland. Die enträtselte Sphinx*, Munich, Oldenbourg, 2011.

2. Déclaration commune, 18 septembre 1990, *Bulletin des Presse- und Informationsamtes der Bundesregierung 1990*, p. 1169f.

La réunification qui eut lieu en octobre 1990 donna un élan supplémentaire au moteur franco-allemand. Délivré des entraves de l'ancien traité général sur l'Allemagne, le peuple de 80 millions d'Allemands progressait vers la place de première puissance politico-économique du continent, ce qui soulevait automatiquement la question de savoir avec quel degré de responsabilité la République fédérale allait exercer sa puissance. Même s'il existait des différences concernant certaines questions matérielles, et si la guerre de Yougoslavie et le projet de confédération européenne de Mitterrand étaient des sujets de conflit, le « tandem » Kohl-Mitterrand se reprit en 1991 et parvint à maintenir à flot la « dynamique franco-allemande », bénéficiant également du soutien du président de la Commission, Jacques Delors, jusqu'à la conclusion des négociations sur l'union économique et monétaire en 1992. Le fait que le chancelier, suite à un avertissement de Mitterrand qui redoutait une « Europe allemande[1] », ait renoncé à son exigence d'augmenter le nombre de députés de l'Allemagne réunifiée au sein du Parlement européen de Strasbourg, ainsi qu'à la « force atomique » que représentait le DM[2], fut pour Mitterrand une preuve d'esprit européen d'autant plus remarquable que le chancelier avouait sans ambages avoir agi « à l'encontre des intérêts allemands[3] ». Il est certain que pour les deux gouvernements, outre leurs intérêts économiques propres, l'intention de renforcer « les appuis de la passerelle Amérique du Nord-Europe » a joué un rôle[4]. Sur le fond, il s'agissait pour eux d'un « *schéma d'interprétation* historiquement efficace » au centre duquel on trouvait

1. Archives Nationales Paris [AN], 5 AG 4.CDM 33, Entretien Mitterrand et Kohl, 14 novembre 1991.

2. Mitterrand en Conseil des ministres, 17 août 1988, cité dans Schabert, *Weltgeschichte*, *op. cit.*, p. 335.

3. Entretien Kohl et le secrétaire général américain James Baker, 12 décembre 1989, Hanns Jürgen Küsters. Daniel Hofmann (Bearb.), *Deutsche Einheit. Sonderedition aus den Akten des Bundeskanzleramtes 1989-1990*, Munich, Oldenbourg, 1998, p. 636-641, p. 638.

4. Discours de Kohl devant les officiers de la *Bundeswehr*, 15 février 1984, Kohl, *Reden 1982-1984*, *op. cit.*, p. 318-338, p. 324 ; Thomas Pedersen, *Germany, France and the Integration of Europe. A realist interpretation*, London, New York, Continuum International Publishing Group Ltd, 1998.

le mythe d'une Europe sauvée par ses propres moyens après la catastrophe de la Seconde Guerre mondiale[1].

Après la signature du traité de Maastricht, le moteur franco-allemand semblait largement à court de carburant[2], ce qui, du point de vue de Mitterrand était vraiment inquiétant, car le problème du pouvoir politique de l'Allemagne réunifiée prenait une nouvelle virulence dans le débat sur l'élargissement de l'Union européenne à l'Est. « Quant aux Allemands », avertissait le chef de l'État français sans détour « [...] ils ne pensent qu'à reconstituer une sorte d'Empire austro-hongrois en renforçant leur pré carré de la *Mitteleuropa*[3]. » Parallèlement, Mitterrand utilisait l'exigence exprimée par le Premier ministre Balladur en 1993 d'une « Europe à l'anglaise[4] » comme une occasion de se présenter, lui, comme le gardien de l'amitié franco-allemande. Lors du cinquantenaire de la capitulation allemande du 8 mai 1945, le président sortant loua la relation bilatérale dans un « Manifeste sur la [...] réconciliation[5] » comme l'« aventure unique, cruelle, belle et grandiose » de deux « peuples frères qui ont eu besoin de plus d'un millénaire, [...] pour se reconnaître, pour se réunir[6] ». Lorsqu'il quitta ses fonctions quelques jours plus tard, il ne pouvait y avoir aucun doute sur le fait que les progrès accomplis depuis 1984 sur la voie de l'union européenne étaient dus en grande partie au moteur franco-allemand.

---

1. Andreas Wirsching, *Abschied*, *op. cit.*, p. 541 ; sur ce point voir surtout Andreas Wirsching, *Der Preis der Freiheit. Geschichte Europas in unserer Zeit*, Munich, C. H. Beck, 2012.

2. Valérie Guérin-Sendelbach, *Frankreich und das vereinigte Deutschland. Interessen und Perzeptionen im Spannungsfeld*, Opladen, Leske & Budrich, 1999.

3. Cité dans Pierre Favier, Michel Martin-Roland, *La Décennie Mitterrand, Vol.4 Les déchirements (1991-1995)*, Paris, Points, 1999, p. 200.

4. Helmut Kohl, *Erinnerungen 1990-1994*, Munich, Droemer Knaur, 2007, p. 583.

5. François Mitterrand, *« Freiheit ist wie die Luft zum Atmen ». Erinnerungen, Gespräche mit Georges-Marc Benamou*, Francfort/M., Leipzig, Insel-Verlag, 1997, p. 160.

6. Discours de Mitterrand à Berlin, 8 mai 1995, François Mitterrand, *Über Deutschland*, édition de poche, Francfort/M., Insel Verlag, 1998, p. 194-200, p. 194.

Pas de « changement de paradigme » sur la voie d'une politique dictée par des intérêts communs, 1998-2005

Après la fin du mandat de Mitterrand, le moteur ralentit une fois de plus de manière dramatique. En dépit de l'exigence solennelle exprimée par Kohl sur le Rhin « de former le noyau de l'Union européenne[1] », jusqu'à la signature du traité d'Amsterdam en 1997, l'unité ne régna pratiquement plus que sur la question de l'élargissement des compétences du Parlement. Après la défaite électorale du chancelier en 1998, les relations franco-allemandes donnèrent bientôt l'impression d'un partenariat « sujet à des perturbations » et d'une « solidité » très relative[2]. Bien qu'ayant plaidé pour une refonte de ces relations, le président néogaulliste Jacques Chirac chercha de manière évidente, de même que le chancelier Gerhard Schröder, à se rapprocher de la Grande-Bretagne, comme l'illustra le sommet franco-britannique de Saint-Malo en décembre 1998 et le « papier Schröder-Blair » de 1999. Des conceptions différentes de l'élargissement de l'Union européenne à l'Est, l'exigence de Schröder d'une nouvelle pondération des voix au sein du Conseil des ministres de l'Union européenne lors du sommet de Nice fin 2000, ainsi que le débat sur le projet de constitution européenne provoquèrent de fortes turbulences[3]. Alors que les acteurs qui donnaient le ton à Berlin et à Paris tentaient, en lançant le « processus de Blaesheim » début 2001, de relancer la machine, la presse avait déjà composé un « requiem » pour l'« axe » franco-allemand[4].

1. Kohl, *Erinnerungen 1990-1994*, *op. cit.*, p. 614.

2. Susanne Pfeiffer, *Die deutsch-französische Partnerschaft : störanfällig, aber strapazierfähig ? Eine Analyse im Bereich der Außen-, Sicherheits- und Europapolitik (1990-2000)*, Francfort/M., Peter Lang, 2006.

3. Ulrike Guérot, « La France, l'Allemagne et les relations transatlantiques », *Allemagne d'aujourd'hui*, n° 162, 2002, p. 276-283 ; Christoph Neßhöver, « Deutsch-französische Beziehungen : Vier lange Jahre Lernen », Hanns W. Maull, Sebastian Harnisch, Constantin Grund (dir.), *Deutschland im Abseits ? Rot-grüne Außenpolitik 1998-2003*, Baden-Baden, Nomos, 2003, p. 91-106.

4. Joachim Fritz-Vannahme, « Requiem für eine Achse », *Die Zeit*, 18 juillet 2002 ; aussi Magazine thématique « France. Allemagne. La peur du divorce » du magazine *Le Monde des débats*, 23 mars 2001 ; Markus Jachtenfuchs, « Deutschland, Frankreich und die Zukunft der Europäischen Union », Michael

Sans entretenir de relation personnelle exclusive à l'instar de Giscard et Schmidt ou de Kohl et Mitterrand, Chirac et Schröder amorcèrent un tournant en amont du 40e anniversaire de la signature du traité de l'Élysée en faisant des concessions importantes dans le domaine de la politique agricole et de la sécurité. Le ministre des Affaires étrangères Fischer avait, en guise d'ouverture, célébré la coopération franco-allemande dans un grand discours au *Bundestag* début 2003 comme «le noyau et l'hélice du développement européen[1]». Dans leur déclaration commune du 22 janvier, les deux gouvernements appelèrent à une renaissance du dialogue. Sans unité entre la France et l'Allemagne, telle était leur devise, l'Europe était à l'arrêt[2].

Ce rapprochement fut principalement dû à la guerre entre les États-Unis et l'Irak. Mis au défi par des reproches violents du gouvernement américain envers les Alliés continentaux, Chirac et Schröder constituèrent une alliance anti-guerre élargie à la Russie et opposèrent à la vision unilatérale des États-Unis la vision d'un monde multipolaire. En dépit de relations intergouvernementales intenses, ni à Paris ni à Berlin, personne n'envisageait sérieusement un changement profond d'orientation, comme le montre la nouvelle insistance sur les relations avec la Grande-Bretagne et les États-Unis à l'issue de la guerre d'Irak. On ne pouvait pas non plus parler d'un «changement de paradigme» sur la voie d'une politique non plus nationale mais guidée par des intérêts communs[3], même si Chirac et Schröder, avec leur étreinte symbolique en juin 2004 lors des célébrations du débarquement en Normandie de 1944, répétèrent les grands gestes de la réconciliation franco-allemande

Meimeth, Joachim Schild (dir.), *Die Zukunft von Nationalstaaten in der europäischen Integration. Deutsche und französische Perspektiven*, Opladen, Leske & Budrich, 2002, p. 279-294.

1. Discours de Fischer au *Bundestag*, 16 janvier 2003, Bulletin des Presse- und Informationsamtes der Bundesregierung n° 04-1 du 16 janvier 2009.

2. Déclaration commune franco-allemande, *Internationale Politik*, n° 58, 2003, H.4, p. 67-74.

3. Frank Baasner, «Paradigmenwechsel in den deutsch-französischen Beziehungen?», *Dokumente*, n° 60, 2004, H.1, p. 60-65, p. 60.

et s'entendirent également sur le sujet brûlant de l'entrée de la Turquie dans l'Union européenne[1].

« Merkozy » 2005-2012

Le changement de gouvernement à Berlin en septembre 2005 fut accueilli à Paris avec des sentiments extrêmement mitigés. Bien que la nouvelle chancelière Angela Merkel ait, pendant la campagne, vanté la France comme le « partenaire européen le plus important » de l'Allemagne[2], on la soupçonna de vouloir diminuer le poids de la relation franco-allemande au bénéfice des relations avec les États-Unis. Même si cette crainte devait s'avérer en grande partie infondée, le partenariat, de plus en plus dépouillé des rituels de la réconciliation, peinait à faire ses preuves.

L'élection de Nicolas Sarkozy en 2007 ne laissa rien présager qui puisse améliorer la situation. Le fait que le nouveau chef d'État français ait, peu après son entrée à l'Élysée, vanté l'entente franco-allemande comme le principal moteur de l'Union européenne[3] rencontra à Berlin un écho favorable. Son style de gouvernement hyperactif provoqua, par contre, des réactions de mauvaise humeur. Le premier projet cher à Sarkozy, notamment, de créer une Union pour la Méditerranée causa des dissensions importantes.

Alors que le gouvernement fédéral envisageait le développement de la zone méditerranéenne conformément à l'esprit du « processus de Barcelone » entamé en 1995 comme mission communautaire de l'Union européenne, la France visait une union

1. Déclarations de Schröder et Chirac après le conseil des ministres franco-allemand, 26 octobre 2004, *Dokumente*, n° 60, 2004, H.6, p. 24 et p. 99 et suivantes ; Soli Özel, « Der lange Weg nach Europa. Die Saga von den Beziehungen der Türkei zur EU », *Internationale Politik*, n° 59, 2004, H.11-12, p. 115-124.

2. [http://www.cdu-neuhof.de.nl020510.htm], Angela Merkel à Jacques Chirac, 6 mai 2002 ; aussi Ulrich Lappenküper, « Die Partei der deutsch-französischen Freundschaft. Die CDU und Frankreich 1945-2005 », Günter Buchstab (dir.), *Brücke in eine neue Zeit. 60 Jahre CDU*, Wien, Freiburg, Basel, 2005, p. 265-287.

3. Discours de Sarkozy à la conférence des ambassadeurs français, 27 août 2007, extraits de *FrankfurterAllgemeineZeitung*, 31 août 2007.

régionale et n'avait en vue, de toute évidence, que son influence propre[1]. Sarkozy suscita des irritations supplémentaires lors d'une visite officielle en Grande Bretagne en mars 2008 où il plaida pour une « nouvelle entente franco-britannique » qui menaçait de relativiser la relation spéciale existant entre la France et l'Allemagne[2].

Certes, les deux gouvernements se ressaisirent dans le contexte de la crise financière européenne, tout en laissant cependant entrevoir sans trop s'en cacher que l'amitié entre les deux partenaires n'était plus grand chose de plus qu'une association d'intérêts. Alors que l'Élysée reprochait à la gestion de crise allemande le « mépris du destin européen commun[3] », la chancellerie qualifiait la proposition française – la création d'un gouvernement économique européen au sein de l'euro-groupe – de pomme de discorde européenne[4].

De nouvelles dissonances en matière de politique énergétique et africaine mirent de l'huile sur le feu. La sortie du nucléaire annoncée par Merkel suscita en France une inquiétude quant à la question de savoir si la chancelière avait bien pris en compte les risques de l'évolution des prix et de la protection du climat. L'abstention de l'Allemagne lors du vote de la résolution du Conseil de Sécurité de l'ONU sur la Libye fit, au vu des crimes du régime de Kadhafi, l'effet d'un coup porté à la solidarité occidentale. La réaction de Sarkozy à l'acceptation hésitante du gouvernement fédéral d'une aide à la Grèce suite à sa quasi-faillite au milieu de l'année 2011 révéla à quel point le terrain du partenariat franco-allemand était mouvant. « L'égoïsme allemand est criminel », le citait-on dans

1. [http://www.elysee.fr.president.les-actualites.discours.2007.discours-sur-le-theme-de-l-union-de-la.7946.html], Discours de Sarkozy à Tanger, 23 octobre 2007.

2. [http://www.elysee.fr.president.les-actualites.discours.2008.discours-devant-le-parlement-britannique.1937.html], discours de Sarkozy devant les deux chambres du parlement britannique, 26 mars 2008.

3. Article « Frankreich empört über deutschen "Alleingang" », *FrankfurterAllgemeine Zeitung*, 8 octobre 2008.

4. Article « Berlin : Sarkozy könnte die EU spalten », *Frankfurter Allgemeine Zeitung*, 25 octobre 2008.

la presse. «Il entretient la crise[1].» Rien d'étonnant donc à ce qu'il ait décliné toutes les invitations d'Angela Merkel à se rendre à son domicile privé[2].

Après des mois de fortes irritations, Merkel et Sarkozy parvinrent à faire redémarrer leur «moteur à deux cylindres[3]». Avouant que cela n'avait pas été «un jeu d'enfant», de «coopérer sur une base amicale[4]», ils contribuèrent à partir de l'été à résoudre la crise de l'euro à l'aide de propositions concrètes. Alors que la ministre des Finances Christine Lagarde avait vigoureusement critiqué la politique allemande de stabilité, Sarkozy fit l'éloge de l'Allemagne en tant que modèle économique pour l'Europe. Les deux voisins, affirma-t-il début décembre 2011 lors d'un grand discours à Toulon, avaient pris fait et cause pour la communauté afin de créer une zone de confiance au sein de l'Europe[5]. Merkel reprit volontiers ce thème à son compte et attribua à l'Europe, dans une déclaration gouvernementale, l'objectif d'une union en matière de stabilité financière et de fiscalité[6]. Contre la résistance intense de la Grande-Bretagne et en dépit de certaines remarques critiques de la part de la Commission européenne, le couple inégal baptisé «Merkozy» par les médias[7] réussit quelques jours plus tard à gagner, à une exception près, tous les États membres de l'Union européenne à des négociations sur un traité de stabilité. Mais le peuple français ne devait pas être reconnaissant au «couple

1. Cité par Michaela Wiegel, «Schweigen und taktische Rückzieher», *Frankfurter Allgemeine Zeitung,* 21 juillet 2011.

2. Johannes Wetzel, «Legendäre "Paare"», *Das Parlament,* 16 avril 2012.

3. Berthold Kohler, "Flucht nach vorne", *Frankfurter Allgemeine Zeitung,* 18 août 2011.

4. Cité par Michaela Wiegel, "Bedingungslose Unterstützung", *Frankfurter Allgemeine Zeitung,* 7 février 2012.

5. [http:www.elysee.fr.president.les-actualites.discours.2011.discours-du-president-de-la-republique-a-toulon.12553.html], dicours de Sarkozy à Toulon, 1er décembre 2011.

6. Discours de gouvernement de Merkel, 2 décembre 2011, *Bulletin des Presse- und Informationsamtes der Bundesregierung,* n° 131-1 du 2 décembre 2011.

7. Günther Nonnenmacher, «Ein seltsames Paar», *Frankfurter Allgemeine Zeitung,* 10 décembre 2011.

Merkel-Sarkozy» d'avoir su éviter le pire[1]. Avec l'élection de François Hollande comme nouveau président en mai 2012, l'avenir du pacte fiscal signé en mars semblait plus qu'incertain· Le socialiste ne s'était certes pas exprimé avant les élections de manière aussi critique que son ami du même bord politique Arnaud de Montebourg qui demandait à la France d'oser la confrontation avec la «politique à la Bismarck» de la chancelière[2]. Il ne cachait pas non plus son intention d'améliorer le pacte. Le fait que sa première visite à l'étranger, après sa prise de fonction le 15 mai, le conduise à Berlin et qu'il soit accueilli par la chancelière «à bras ouverts[3]» pouvait néanmoins être interprété comme un signe que Hollande ne voulait pas totalement revoir la coopération franco-allemande en Europe. De même, la désignation du chef du groupe socialiste à l'Assemblée nationale et ancien professeur d'allemand Jean-Marc Ayrault fut-elle interprétée comme un signal positif. Mais seule l'épreuve de force de la ratification du pacte fiscal sera en mesure de prouver si l'ancien «fils spirituel» de Mitterrand et la «fille de Kohl», emboîtent le pas des anciens sponsors. Une chose est sûre: il n'existe aucune alternative aux relations mutuelles entre l'Allemagne et la France. Un bras de fer conduirait la zone Euro au bord de l'abîme. Mais à la différence de Mitterrand et de Kohl, Merkel et Hollande ne doivent pas s'accorder deux ans de réflexion pour agir parce que les défis européens n'attendront pas.

Depuis le début de l'unification européenne, la France et l'Allemagne ont rarement défendu la même position de départ ou poursuivi les mêmes objectifs. Néanmoins, les deux pays ont joué un rôle déterminant à toutes les étapes du processus d'intégration, depuis la communauté des six, en passant par celle des neuf et des 12 de la Communauté économique et de la Communauté européenne, jusqu'au club des 27 de l'Union européenne. Au début du XXIe siècle non plus, aucune alternative réelle à leur entente n'existe. La «coopération franco-allemande», affirmait

1. Jean d'Ormesson, «L'injustice faite à Sarkozy», *Le Figaro Magazine*, 4 et 5 mai 2012, p. 28-31, p. 31.

2. Cité dans *Frankfurter Allgemeine Zeitung*, 2 décembre 2011.

3. Cité dans *Frankfurter Allgemeine Zeitung*, 8 mai 2012.

en 2003 le ministre fédéral Wolfgang Schäuble, « n'est pas tout, mais sans elle, peu de chose bougent dans le bon sens[1]. C'est la seule manière, ajoutait l'ex-ministre des Affaires étrangères de Mitterrand, Hubert Védrine, d'empêcher l'Europe, dans le monde multipolaire d'aujourd'hui, de se retrouver au rang d'un simple "protectorat[2]". Le couple doit cependant se garder de toute « prétention à l'exclusivité », car cela serait fatal à l'Europe[3] ».

1. Discours de Schäuble devant la Fondation Konrad Adenauer, 10 mars 2003, extraits dans *Internationale Politik*, n° 58, 2003, H.4, p. 110-116, p. 113.

2. Hubert Védrine, « Deutschland, Frankreich, Europa », *Frankfurter Allgemeine Zeitung*, 16 juillet 2010.

3. JosephJurt, « Le couple franco-allemand », *op. cit.*, p. 51-60, p. 58.

Bastien Irondelle et Ronja Kempin

CONVERGENCE CROISSANTE OU DIVERGENCE PERSISTANTE?

LA COOPÉRATION FRANCO-ALLEMANDE EN POLITIQUE DE SÉCURITÉ ET DE DÉFENSE

Le 22 janvier 1963, lors de la signature du traité de l'Élysée, le Général de Gaulle mettait la France et l'Allemagne en garde: «Tout ce que nous accomplirons en politique de défense, nous réunira et nous fera avancer. Si nous ne faisons rien dans ce domaine, politiquement nous allons très vite n'avoir plus rien à nous dire[1].»

Les deux pays ont-ils entendu cet avertissement? Bien évidemment, nous diront certains. En effet, les deux pays ont beaucoup progressé dans le domaine de la politique de sécurité et de défense. Non seulement, au terme des cinquante dernières années, la France et l'Allemagne ont mis en place un réseau de coopération militaire unique au monde, mais elles ont contribué de manière extraordinaire à l'intégration européenne des forces armées. Les résultats les plus connus de la coopération franco-allemande en politique de sécurité et de défense sont la Brigade Franco-Allemande, modèle d'intégration des armées de terre, ainsi que la formation conjointe des pilotes de l'hélicoptère d'attaque Tigre qui se fait à l'École Franco-Allemande. De plus, la compagnie EADS que les deux pays fondèrent en juillet 2000 est aujourd'hui le leader européen dans les domaines de l'aéros-

1. Horst Osterheld, *«Ich gehe nicht leichten Herzens…»: Adenauers letzte Kanzlerjahre,* Mainz, Grunewald, 1986, p. 225 [traduction française par les auteurs].

patial et de défense. En 2012 encore, Paris et Berlin ont manifesté leur volonté de coopération en adoptant une déclaration sur le renforcement des « moyens de la sécurité et de la défense européennes[1] », et en signant une « lettre d'intention » destinée à relancer la coopération en matière d'armement[2]. Finalement, la normalisation des relations entre la France et l'OTAN, puis la réintégration de la France dans les structures militaires intégrées en 2009, l'implication croissante de l'Allemagne dans la sécurité internationale et la gestion des crises, la disparition commune de la menace aux frontières comme donnée primordiale et structurante de la pensée stratégique et de la planification militaire, l'approfondissement de l'intégration européenne et le développement de la Politique de sécurité et de défense commune (PSDC), la diversification des menaces de plus en plus de nature non-militaire et provenant d'acteurs non-étatiques, la pression exercée par les alliés – et en particulier les États-Unis – pour moderniser les forces et assumer une plus large part du fardeau de la sécurité européenne et internationale, puis, enfin, les contraintes économiques et la réduction tendancielle des budgets de défense, constituent autant de facteurs favorisant la convergence des positions stratégiques et des politiques de défense de la France et de l'Allemagne. À l'instar de nombreux pays européens, les politiques militaires de la France et de l'Allemagne ont connu des transformations importantes depuis la fin de la guerre froide : ce sont la diminution des budgets consacrés à la défense, la contraction du format des armées, la suspension du principe de la conscription au profit d'armées de métier, le progrès technique des matériels, la relativisation de la place de la dissuasion nucléaire, l'insertion croissante des forces armées

1. Présidence de la République, 14e Conseil des ministres franco-allemands, « Renforcer les moyens de la sécurité et de la défense européennes », Paris, 6 février 2012 : [http://www. france-allemagne.fr/IMG/pdf/120206_Decla_BMVG-Defense_fr.pdf].

2. Alain Ruello, « Défense : Vers une relance de la coopération franco-allemande », *Les Échos*, 14 juin 2012 : [http://www.lesechos.fr/entreprises-secteurs/air-defense/actu/0202118966137-defense-vers-une-relance-de-la-cooperation-franco-allemande-334032.php].

dans des coalitions ou des structures multinationales, la priorité accordée à la prévention et la gestion des crises internationales.

Certes, il y a des avancées, mais elles restent néanmoins modestes, nous diront d'autres. Les critiques franco-allemandes mettent en relief le fait que les cultures stratégiques des deux pays restent trop éloignées et empêchent la France et l'Allemagne de faire de vrais progrès. Ils voient surtout que leur scepticisme se confirme depuis 2008. En effet, il est difficile de nier que depuis des années, la coopération franco-allemande en politique de sécurité et de défense est moribonde. Il semble que la France se tourne de plus en plus vers la Grande-Bretagne, tandis que l'Allemagne abandonne l'intégration européenne et ainsi la Politique de sécurité et de défense commune (PSDC).

Afin de pouvoir trancher sur la validité des deux positions opposées, il semble essentiel de tourner notre analyse vers deux différences qui structurent toute dynamique de collaboration franco-allemande en politique de sécurité et de défense : premièrement, la France et l'Allemagne diffèrent quant à leurs cultures stratégiques et au rôle qu'elles attribuent à leurs forces armées. Deuxièmement, les deux partenaires ont des perceptions quasi opposées de l'importance et de l'influence américaine sur la politique de sécurité et de défense en Europe ainsi que du projet de l'« Europe de la défense ».

La convergence des politiques de défense : un cadre analytique

La convergence des politiques des deux pays sous l'effet de contraintes endogènes et de contraintes extérieures est un processus dynamique par lequel des États – aux politiques contrastées dans un domaine – adoptent progressivement des politiques similaires en termes d'objectifs, de contenu, d'instruments, de configuration institutionnelle.

Il faut cependant tenir compte des variations en fonction des situations nationales. La plupart des travaux d'économie politique comparée mettent en évidence l'importance des institutions nationales dans le filtrage et la médiation des chocs exogènes similaires, notamment dans le cas des systèmes de protection sociale et des modes d'organisation économique[1]. Les travaux comparatifs sur l'adaptation des politiques de défense ou l'innovation militaire confirment ces résultats dans le domaine de la défense[2]. Comme le souligne Patrick Hassenteufel « réfléchir en termes de convergence, c'est donc aussi se poser la question de la divergence[3] ». Les variations peuvent dépendre du type d'acteurs impliqués, du moment choisi pour introduire les réformes ainsi que des enjeux et logiques dont elles découlent. Elles peuvent concerner l'étendue, le contenu ou la temporalité des réformes. Le poids des héritages historiques, les phénomènes d'inertie organisationnelle, le poids des contraintes financières, institutionnelles, les équilibres politiques internes constituent autant de facteurs qui rendent les trajectoires nationales en matière de politique de défense résistantes aux changements et donc à la convergence.

Deux approches dominent la littérature académique pour expliquer la tendance à la convergence des systèmes politiques et militaires. La première est la théorie néoréaliste de l'émulation militaire, c'est-à-dire de l'imitation volontaire par un État de certains éléments du système militaire d'un autre État, qui conduit à un degré de similitude entre les deux systèmes. La théorie réaliste de l'émulation est fondée sur une logique compétitive : dans un contexte anarchique, chaque État s'efforce d'adopter l'organisation militaire la plus efficace. La théorie réaliste de l'émulation militaire prédit que « c'est le système militaire sorti vainqueur de chaque grande guerre qui fixe les standards auxquels tous les

---

1. Patrick Le Galès, Bruno Palier, « L'économie politique en débat », *L'Année de la régulation*, n° 6, 2002-2003, p. 17-43.

2. Terry Terriff, Theo Farrell, Frans Osinga (éd.), *A Transformation Gap? American Innovations and European Military Change*, Stanford, Stanford Security Studies, 2010 ; Tom Dyson, « Convergence and Divergence in Post-Cold War British, French and German Military Reforms : Between International Structure and Executive Autonomy », *Security Studies*, vol. 17, n° 4, 2008, p. 725-774 ; Tom Dyson, *Neoclassical Realism and Defence Reform in Post-Cold War Europe*, Basingstoke, Palgrave Macmillan, 2010.

3. Patrick Hassenteufel, « Convergence », Laurie Boussaguet *et al.*, *Dictionnaire des politiques publiques*, Paris, Les Presses de Sciences Po, 2004, p. 131-137.

autres vont se mesurer et qui devient le modèle imité par tous[1] ». Dès lors, le changement intervient après les conflits majeurs qui ont prouvé l'efficacité des politiques alternatives. La rapidité de ce processus d'émulation est impérative pour un État qui entend rester une grande puissance[2]. Dans une perspective institutionnaliste, la convergence des organisations militaires s'explique essentiellement selon un processus d'isomorphisme, c'est-à-dire une harmonisation croissante des différents systèmes de défense nationaux. Ce processus repose sur une logique non concurrentielle d'ajustement et de diffusion de modèles[3]. Il peut prendre plusieurs formes : l'isomorphisme coercitif provient des pressions exercées sur les armées nationales par les organisations internationales auxquels elles appartiennent ; l'isomorphisme mimétique est manifeste lorsque les États membres apprennent d'un « modèle » européen ou d'un autre État membre, notamment lorsque les organisations font face à une forte incertitude ; l'isomorphisme normatif provient, lui, de la socialisation des élites et des réseaux professionnels.

Des cultures stratégiques qui demeurent difficilement compatibles

L'analyse comparée des positions stratégiques des États européens oppose d'un côté les pays qui ont une orientation inter-

1. João Resende-Santos, « Anarchy and Emulation of Military Systems : Military Organization and Technology in South America, 1870-1930 », *Security Studies*, vol. 5, n° 3, 1996, p. 193-260.

2. Barry R. Posen, « Nationalism, the Mass Army, and Military Power », *International Security*, vol. 18, n° 2, automne 1993, p. 80-124.

3. Walter Powell, Paul DiMaggio, « Institutional Isomorphism and Collective Rationality » Walter Powell, Paul Di Maggio (dir.), *The New Institutionalism in Organizational Analysis*, Chicago 1991 ; Colin Bennett, « What is Policy Convergence and What Causes It? », *British Journal of Political Science*, vol. 21, n° 2, 1991, p. 215-233 ; Emily O. Goldman, « The Spread of Western Military Models to Ottoman Turkey and Meiji Japan » Theo Farell, Terry Terriff (dir.), *The Sources of Military Change. Culture, Politics, Technology*, Boulder, Lynne Rienner Pub, 2002 ; p. 41-67 ; Terry Terriff, « US Ideas and Military Change in NATO, 1989-1994 », Theo Farell, Tierry Terriff (dir.), *The Sources of Military Change. Culture, Politics, Technology*, *op. cit.*

nationale et cherchent à projeter leur influence à l'extérieur. Les armées y sont considérées comme un instrument de la politique étrangère, et la France en est, avec le Royaume-Uni, le meilleur exemple. De l'autre, des pays ont une position stratégique davantage tournée vers l'intérieur, et l'Allemagne se situe plutôt dans cette catégorie[1]. À ce clivage se superpose un second qui distingue les puissances civiles dont l'Allemagne a longtemps été le modèle des puissances «traditionnelles» pour lesquelles l'usage de la force militaire demeure un instrument privilégié de leur politique internationale et qui fondent une part importante de leur puissance et de leur influence internationale sur leur puissance militaire ; les puissances nucléaires comme la France se situent *de facto* dans cette catégorie[2]. Même si la crise libyenne a rappelé ce fossé qui sépare les cultures stratégiques allemande et française, on observe cependant une convergence relative des cultures stratégiques.

La culture stratégique est une notion qui donne lieu à de nombreux débats. Dans le cadre de cet article, nous utilisons une définition adaptée de John Glenn et Christoph Meyer : «un ensemble de croyances, de normes, d'idées, de modes de comportement qui sont partagés parmi une large majorité des acteurs et des groupes sociaux d'une communauté de sécurité qui façonne l'identité collective et influence les objectifs et moyens appropriés choisis pour atteindre les objectifs stratégiques[3].» Si l'on observe un rapprochement – partiel – des cultures stratégiques nationales en raison du double mouvement de banalisation – relative – de la France et de normalisation progressive de l'Allemagne, il n'en est rien en matière de processus décisionnels et de contraintes insti-

1. Frédéric Mérand, Martial Foucault, Bastien Irondelle (dir.), *European Security since the Fall of the Berlin Wall*, Toronto, Institut québécois des hautes études internationales, 2010.

2. Bastian Giegerich, *European Security and Strategic Culture : National Responses to the EU's Security and Defence Policy*, Baden-Baden, Nomos, 2006 ; Christoph O. Meyer, *The Quest for a European Strategic Culture. Changing Norms on Security and Defence in the European Union*, Basingstoke, Palgrave Macmillan, 2006.

3. John Glenn, «Realism versus Strategic Culture : Competition and Collaboration?», *International Studies Review*, vol. 11, n° 3, 2009, p. 523-551.

tutionnelles pesant sur l'usage de la force par les gouvernements français et allemands.

«Banalisation» relative de la France?

La culture stratégique française contemporaine repose sur deux piliers: d'une part, une vocation universaliste qui se fonde sur l'héritage de la Révolution de 1789 et la Déclaration des Droits de l'Homme et du Citoyen, sur la perception de la France comme patrie des droits de l'Homme, sur la place cardinale des «responsabilités internationales» liées au statut de membre permanent du Conseil de sécurité des Nations Unies, et sur le statut d'État doté de l'arme nucléaire, et reconnu comme tel par le Traité de non-prolifération. D'autre part, la notion d'indépendance occupe une place centrale. Elle est héritée de la politique du général de Gaulle, incarnée par une politique de dissuasion nationale strictement nationale, le «sacro-saint» principe de l'autonomie stratégique en termes de décision et de capacités clés (nucléaire, renseignement, forces d'intervention), et traduite par la posture «ami, allié, pas aligné», selon la formulation d'Hubert Védrine, au sein de la relation transatlantique. Cette double inspiration produit une préoccupation constante pour la préservation, de plus en plus menacée, du rang de la France sur la scène internationale et la poursuite d'une politique qui recherche *La Grandeur*[1] et soutient «l'exception française» dans les affaires du monde et la singularité de la «voix de la France» dans la politique internationale. Ces orientations demeurent très présentes chez la grande majorité des élites politico-diplomatiques françaises et, dans une moindre mesure, chez les responsables militaires.

On observe cependant une «banalisation» de la posture stratégique et internationale de la France depuis la fin de la guerre froide, sous l'effet de plusieurs tendances: le décalage croissant entre les ambitions et les moyens; la montée en puissance du multilatéralisme et la dévalorisation de l'action unilatérale pour les

1. Maurice Vaïsse, *La Grandeur. Politique étrangère du Général de Gaulle*, Paris, Fayard, 1998.

puissances moyennes comme la France[1] ; l'imbrication croissante avec l'Union européenne[2] ; une tendance à la « civilianisation », manifeste dans les discours de politique étrangère français[3].

Si l'on se concentre sur les aspects centraux dans les deux cultures stratégiques françaises et allemandes (multilatéralisme vs indépendance ; processus de décision et autonomie de l'exécutif ; usage de la Force et place du militaire par rapport aux instruments civils), cette banalisation demeure cependant très relative.

Tout d'abord, les travaux comparatifs en matière de processus décisionnel dans le domaine de la défense et des affaires étrangères insistent sur la singularité de la France : elle apparaît comme le type idéal de l'État fort[4], d'un contrôle parlementaire proche de zéro[5] et d'un contrôle démocratique parmi les plus faibles[6]. Ce regard comparatif confirme la primauté du « domaine réservé », regroupant la défense et les affaires étrangères où le Président de la république bénéficie d'une extraordinaire marge de manœuvre au regard des standards des démocraties européennes. En dépit des avancées de la réforme constitutionnelle de 2008, qui impose

---

1. Sophie Meunier, « France and the World. From Chirac to Sarkozy », Alistair Cole, Patrick Le Galès, Jonah Levy (dir.), *Developments in French Politics 4*, New York, Palgrave Macmillan, 2008 ; Bastien Irondelle, Sophie Besancenot, « France : A Departure from Exceptionalism », Emile J. Kirchner, James Sperling (dir.), *National Security Cultures : Patterns of Global Governance*, New York, Routledge, 2010, p. 21-42.

2. Bastien Irondelle, « Europeanization without the European Union? French Military Reforms 1991-1996 », *Journal of European Public Policy*, vol. 10, n° 2, European University Institute, 2003, p. 208-226 ; Reuben Wong, *The Europeanization of French Foreign Policy. France and the European Union in East Asia*, Basingstoke, Palgrave Macmillan, 2006.

3. Ronja Kempin, *Frankreichs neue Sicherheitspolitik. Von der Militär- zur Zivilmacht*, Baden-Baden, 2008.

4. Thomas Risse-Kappen, « Public Opinion, Domestic Structure, and Foreign Policy in Liberal Democracies », *World Politics*, vol. 43, n° 3, 1991, p. 479-512.

5. Mathias Koenig-Archibugi, « International Governance as a New Raison d'État : the Case of the EU Common Foreign and Security Policy », *European Journal of International Relations*, vol. 10, n° 2, 2003, p. 147-188.

6. Anthony Forster, *Armed Forces and Society in Europe*, Basingstoke, Palgrave Macmillan, 2006.

une autorisation du Parlement après quatre mois de déploiement des troupes, le Parlement demeure très faible dans la décision de l'usage de la force. De façon significative, le système allemand de l'autorisation préalable pour l'envoi des troupes a été un modèle repoussoir lors de la réforme de 2008, y compris pour les parlementaires de la Commission de la défense[1].

Ensuite, l'obligation croissante du multilatéralisme (notamment dans le domaine stratégique où l'action de la France passe de plus en plus par des opérations militaires en coalitions ou par des actions multinationales sur les domaines clés de la lutte contre la prolifération) et le primat de l'indépendance créent une tension permanente dans la posture stratégique de la France[2]. Ainsi la France privilégie des capacités militaires, comme les forces spéciales, les moyens de commandement, le renseignement, qui lui permettent d'occuper une place de *leader* dans les opérations multinationales (nation-cadre) ou de «tenir son rang» dans une coalition, plutôt que de viser prioritairement l'efficacité opérationnelle. Ces moyens visent à assurer à la France une autonomie d'appréciation et de décision sur la conduite des opérations et la gestion du conflit. Sur le plan politique, la France cherche à participer à tous les «clubs» importants de la politique internationale (G20, OTAN, ONU, PSI...) et incline en faveur des forums multilatéraux qui reposent sur une hiérarchie claire entre les États et qui reconnaissent une place éminente à la France soit de façon statutaire (Conseil de sécurité, TNP) soit de manière informelle (couple franco-allemand au sein de l'UE, coopération franco-britannique au sein de la défense européenne, EU-3 pour la gestion du dossier nucléaire iranien...).

Enfin, même si le Livre Blanc de 2008 relègue l'intervention extérieure au 5e rang des missions stratégiques après le renseignement, la prévention, la dissuasion et la protection, alors que la projection de force formait avec la dissuasion le cœur du Livre blanc de 1994, la force militaire demeure un outil de prédilection

1. Bastien Irondelle *et al.* (dir.), *Évolution du contrôle parlementaire des forces armées en Europe*, Paris, IRSEM [à paraître 2012].

2. Sophie Meunier, «France and the World», *op. cit.*

de la France. Celle-ci reste l'un des pays qui utilisent le plus fréquemment ses forces militaires dans les relations internationales. Si l'opinion publique en général se montre plus favorable à l'usage des outils économiques (aide, sanctions) dans la gestion de la crise iranienne ou des révolutions arabes qu'au recours à la force, l'opinion publique française est systématiquement la plus favorable aux options militaires parmi les opinions européennes, révélant un militarisme certain aux fondements des attitudes publiques en politique étrangère, à l'instar de l'opinion britannique[1].

Normalisation contrariée de l'Allemagne?

Depuis la réunification, le débat sur la politique étrangère et la culture stratégique allemande se déroule pour une large part dans celui sur une normalisation de la politique internationale de l'Allemagne post-unification. Dans le domaine stratégique, la participation croissante de l'Allemagne aux opérations militaires internationales, l'extension géographique du champ d'action de la *Bundeswehr* jusqu'en Afrique ou en Afghanistan constitue ainsi le premier indicateur de cette normalisation de la politique militaire allemande. Le second est que l'Allemagne se trouve en Afghanistan engagée dans des opérations militaires guerrières, indiquant une plus grande robustesse en matière militaire de la part des autorités allemandes, comme le soulignent Sebastian Harnish et Raimund Wolf[2]. L'Allemagne redevient un pays « normal » et ne constitue plus véritablement une puissance civile[3].

---

1. Jason Reifler, Thomas Scotto, Clarke Harold, « Foreign Policy Beliefs in Contemporary Britain : Structure and Relevance », *International Studies Quarterly*, vol. 72, n° 1, 2011, p. 151-174.

2. Sebastian Harnish, Raimund Wolf, « Germany : The Continuity of Change », Emile J. Kirchner, James Sperling (dir.), *National Security Cultures. Patterns of Global Governance*, New York, Routledge, 2010, p. 43-65.

3. Rainer Baumann, Gunther Hellmann, « Germany and the Use of Military Force : "Total War", the "Culture of Restraint", and the Quest for Normality », *German Politics*, vol. 10, n° 1, 2001, p. 61-82 ; Martin Wagener, « Normalization in Security Policy? Deployments of *Bundeswehr* Forces Abroad in the Era Schröder, 1998-2004 », Hanns W. Maull (dir.), *German's Uncertain Power: Foreign Policy of the Berlin Republic*, New York, 2006, p. 79-92.

Selon certains, cette normalisation va plus loin et tendrait à aligner l'Allemagne sur le comportement habituel d'une grande puissance moyenne, dans son acception réaliste, poursuivant son intérêt national à travers des politiques maximisant son influence, sa puissance et son autonomie[1]. L'Allemagne post-unification redeviendrait une puissance hégémonique en Europe[2]. Sebastian Harnisch souligne que pour les partisans de cette thèse, la participation à la guerre du Kosovo a incarné cette normalisation de l'Allemagne comme grande puissance, puisque la mission était explicitement une mission de combat, brisant le tabou de la non-intervention de la *Bundeswehr* dans des zones d'action de la Wehrmacht pendant la Seconde Guerre mondiale, et sans mandat explicite des Nations Unies[3].

Toutefois, cette « normalisation » n'est que très relative, et sans doute moins marquée dans le domaine militaire que dans le domaine de l'Union européenne. Le comportement de l'Allemagne demeure assez éloigné de la logique de maximisation de sa puissance ou de son influence via son outil militaire[4]. Comme le soulignent Christopher Daase et Julian Junk, la notion même d'intérêt national demeure problématique en Allemagne, le terme étant connoté péjorativement, ce qui implique une « profonde réticence à engager un débat public sur la définition et la défense des intérêts nationaux allemands[5] ». Sur le plan opérationnel,

---

1. Regina Karp, « Germany : A "Normal" Global Actor ? », *German Politics*, vol. 18, n° 1, 2009, p. 12-35.

2. Simon Bulmer, William E. Paterson, « Germany and the European Union : from "tamed power" to normalized power ? », *International Affairs*, vol. 86, n° 5, 2010, p. 1051-1073 ; William E. Paterson, « The Reluctant Hegemon ? », *Journal of Common Market Studies*, vol. 49, n° 1, 2011, p. 57-75.

3. Sebastian Harnisch, « German Foreign Policy : Gulliver's Travails in 21st Century », Juliet Karboo (dir.), *Foreign Policy in Comparative Perspective*, Washington, CQ Press, 2012.

4. Sebastian Harnisch, Kerry Longhurst, « Understanding Germany : The Limits of 'Normalization'and the Prevalence of Strategic Culture », Stuart Taberner, Paul Cooke (dir.), *German Culture, Politics, and Literature into the 21st Century : Beyond Normalization*, Rochester, Camden House, 2006, p. 49-60.

5. Julian Junk, Christopher Daase, « German Strategic Culture », Bastian Giegerich, Heiko Biehl, *Compartaive European Strategic Culture* [à paraître].

l'importance des restrictions d'engagement de la *Bundeswehr* en Afghanistan, posées notamment par le *Bundestag*, atteste de la permanence de différences fortes avec la France dans la façon de concevoir l'emploi des forces armées[1].

Le processus de normalisation est souvent « imposé » par les partenaires de l'Allemagne qui ont des attentes fortes sur l'augmentation des dépenses de défense et des capacités militaires ainsi que sur le partage du fardeau et des risques dans les opérations. Ce processus est contraint par plusieurs facteurs[2] :

- le rôle croissant de l'opinion publique qui partage avec une grande majorité des élites une aversion au risque et une conception de l'Allemagne comme puissance civile,
- une primauté du Parlement en matière d'usage de la force avec un contrôle parlementaire très strict et puissant, car l'engagement des forces suppose l'approbation préalable du *Bundestag*,
- le rôle de la Cour constitutionnelle fédérale.

L'ensemble de ces contraintes impose une recherche du consensus comme condition à l'action militaire de l'Allemagne et, de façon plus profonde, forme ce que Sebastian Harnisch a appelé un processus de « domestication » : la limitation des prérogatives de l'exécutif en politique étrangère à travers des restrictions normatives et procédurales qui concourent à l'approfondissement des normes internes, de la séparation et de l'équilibre des pouvoirs[3].

De façon symptomatique, l'Allemagne était l'une des principales cibles de la critique du Secrétaire d'État à la Défense américain Robert Gates lorsqu'il dénonçait la « démilitarisation » de l'Europe. En comparaison avec la France, l'Allemagne continue à privilégier les instruments civils, à être une « puissance réticente » sur le plan militaire.

---

1. Stephen M. Saideman, David P. Auerswald, « Comparing Caveats : Understanding the Sources of National Restrictions upon NATO's Mission in Afghanistan », *International Studies Quarterly*, vol. 56, n° 1, 2012, p. 67-84.

2. Julian Junk, Christopher Daase, « German Strategic Culture », *op. cit.*

3. Sebastian Harnisch, *Internationale Politik und Verfassung : Zur Domestizierung des sicherheits- und europapolitischen Prozesses der Bundesrepublik Deutschland*, Baden-Baden, Nomos, 2006.

La culture stratégique allemande demeure dominée par les traits suivants[1] :

- une aversion pour l'unilatéralisme et un impératif de multilatéralisme, même s'il est parfois « sélectif[2] »,
- une réticence à l'égard de la puissance militaire et un sentiment anti-militariste largement répandu qui promeut une politique étrangère basée sur le principe *Nie wieder Krieg* (plus jamais la guerre[3]),
- l'importance de la coopération et de la recherche du consensus national sur les questions de sécurité,
- la prédilection pour les instruments civils. Seuls 14 % des Allemands soutiennent la participation militaire de l'Allemagne comme instrument dans les crises, 50 % soutenant les mesures économiques et 83 % la diplomatie[4].

Ensemble, ces éléments fondent une culture stratégique qui demeure, de façon prépondérante, une culture de la retenue.

Convergence des politiques de défense et poids des héritages

Anthony Forster souligne que la France constitue avec le Royaume-Uni le modèle de l'armée expéditionnaire (les armées sont tournées prioritairement vers la projection de forces pour des opérations interarmées de haute intensité, le plus souvent dans un cadre multinational), alors que l'Allemagne incarne le modèle

---

1. Kerry Longhurst, *Germany and the Use of Force – the Evolution of German Security Policy 1990-2003*, Manchester, Manchester University Press, 2004 ; Oliver Schmitt, « Strategic Users of Culture : German Decisions for Military Action », *Contemporary Security Policy*, vol. 33, n° 1, 2012, p. 59-81.

2. Hans Kundnani, « Germany as a Geo-economic Power », *Washington Quarterly*, vol. 34, n° 3, 2011, p. 31-45.

3. Anja Dalgaard-Nielsen, *Germany, Pacifism and Peace Enforcement*, Manchester, 2006 ; Harnisch, Longhurst, « Understanding Germany », *op. cit.*

4. Heiko Biehl, « Strategische Kulturen im Meinungsbild der europäischen Bevölkerungen », Heiko Biehl *et al* (dir.), *Strategische Kulturen in Europa. Die Bürger Europas und ihre Streitkräfte. Ergebnisse der Bevölkerungsbefragungen in acht europäischen Ländern 2010 des Sozialwissenschaftlichen Instituts der Bundeswehr*, Strausberg, Sozialwissenschaftliches Institut der *Bundeswehr*, 2011 (Forschungsbericht, 96), p. 27-58.

militaire moderne tardif (armées orientées conjointement sur la défense du territoire et la contribution à des missions de sécurité internationale, mais davantage pour des missions de maintien de la paix ou de stabilisation, pas pour des opérations de haute intensité[1]).

Professionnalisation des forces et suspension de la conscription

À partir de la fin de la guerre froide, la professionnalisation des armées devient une tendance structurelle de l'évolution des armées européennes. Elle accompagne le déclin de la conscription et répond aux exigences de missions tournées non plus vers la défense du territoire national mais vers la gestion des crises internationales. Dans les années 1990, la sociologie militaire a solidement établi le déclin des armées de masse dans les pays développés et la transition vers des armées « postmodernes[2] ». Elle a souligné l'obsolescence croissante de la conscription comme mode de recrutement des armées françaises. Plusieurs facteurs expliquent ce mouvement de professionnalisation des armées et la péremption de la conscription : modification du contexte stratégique, évolution des missions, technicité croissante du métier militaire, mutation des sociétés démocratiques qui affaiblit la norme du service militaire obligatoire, transformation de celui-ci en un service national dont les principes fondateurs (universalité et égalité) sont remis en cause.

L'analyse stratégique conclut, elle aussi, à la nécessité de la professionnalisation, qui serait la réponse la plus appropriée pour faire face aux missions qui incombent désormais aux armées,

1. Forster, *Armed Forces and Society in Europe, op. cit.* ; Forster, « The Transformation of European Armed Forces », Frédéric Mérand, Martial Foucault, Bastien Irondelle (dir.), *European Security since the Fall of the Berlin Wall*, Toronto, Institut québécois des hautes études internationales, 2010.

2. Charles Moskos, « The Postmodern Military », James Burk (dir.), *The Military in New Times*, Boulder, Westview Press Inc, 1994, p. 141-162 ; James Burk, « The Decline of Mass Armed Forces and Compulsory Military Service », *Defence Analysis*, vol. 8, n° 1, 1992, p. 45-59.

compte tenu de l'état du système international, avec la dissipation de la menace aux frontières et la priorité à la projection extérieure. À partir de 1991 et de la guerre du Golfe, la professionnalisation des forces est devenue une priorité. Le passage à l'armée professionnelle en France intervient en 1996 tandis que l'Allemagne ne suspend la conscription qu'en 2010, après une lente phase de déclin et une professionnalisation très progressive de la *Bundeswehr*[1].

Voulue par le président de la République, la suspension de la conscription pour doter la France d'une armée entièrement professionnelle a été décidée lors d'un Conseil de défense, le 22 février 1996. Cette décision constitue la clé de voûte d'une grande réforme des armées qui doit conduire à la mise en œuvre d'un modèle d'armée, Armées 2015, au format réduit tant en termes d'effectifs que d'équipements, et destiné à accroître significativement les capacités opérationnelles des armées, en particulier la capacité de projeter des forces pour des actions militaires hors du territoire national. La loi de programmation militaire 1997-2002 a permis la réalisation de la professionnalisation complète. Le succès de la très délicate phase de transition entre les deux modèles d'armée a permis d'anticiper la fin du service militaire obligatoire le 27 juin 2001 au lieu du 31 décembre 2002, comme prévu par la loi de programmation militaire.

Pour mesurer l'ampleur de la mutation opérée en une décennie, il convient de se remémorer le poids de la conscription au sein des armées en 1996. Les 201 498 appelés représentaient alors 35 % des effectifs de la défense, mais près de 50 % de ceux de l'armée de terre (132 319 appelés), 35 % de ceux de l'armée de l'air et 25 % de la marine pour un total de 573 081 personnels de la défense, dont 73 747 civils. De surcroît, le recours aux appelés permettait à la fois de disposer d'une main-d'œuvre très qualifiée, avec des spécialistes de haut niveau, et de pourvoir sans difficulté et pour un coût modique les emplois faiblement qualifiés et peu

1. Kerry Longhurst, « Why aren't the Germans Debating the Draft? Path Dependency and the Persistence of Conscription », *German Politics*, vol. 12, n° 2, 2003, p. 147-165.

motivants offerts par les armées. La professionnalisation se traduit par une redéfinition du format de chaque armée et par une réduction des effectifs, les appelés étant remplacés par des soldats de métier selon un taux de remplacement d'un pour trois environ. Les effectifs de l'armée de terre passent ainsi de 268 572 en 1996 à 127 248 en 2011, dont 122 328 militaires. L'armée de l'air compte désormais 56 333 personnels (dont 42 827 militaires) contre 93 552 en 1996 ; la marine 43 395 (dont 38 643 militaires) contre 69 878.

En Allemagne, la réforme des armées intervient véritablement au cours de l'année 2000. En effet, à la fin de la guerre froide, la *Bundeswehr* est une armée nombreuse, équipée essentiellement de matériels lourds, destinée aux missions de défense collective dans le cadre de l'Alliance atlantique au sein de laquelle elle est fortement intégrée[1]. Jusqu'à la fin des années 1990, l'adaptation de la *Bundeswehr* répond à un processus graduel. Trois raisons expliquent cette situation : les difficultés budgétaires, causées par la réunification, qui conduisent à une contraction très forte du budget de la défense ; la défense n'est pas la priorité de l'agenda gouvernemental ; toute réforme d'ampleur de la *Bundeswehr* poserait le problème du maintien de la conscription. Mais il est devenu évident que l'approche graduelle du changement n'était plus la mieux adaptée aux défis posés aux armées allemandes par la réforme des capacités militaires de l'OTAN d'un côté, et par la création d'une PESD renforcée de l'autre[2]. En 2000, la réforme Scharping, intitulée « La *Bundeswehr* : pour un passage au XXIe siècle en toute sécurité. Éléments fondamentaux pour une rénovation intégrale des forces armées » est adoptée par le Cabinet fédéral le 14 juin 2000. La défense nationale demeure la mission fondamentale des forces armées allemandes, conformément à l'article 87a de la Loi fondamentale (point 3) et justifie le recours à la conscription universelle. Dans le même temps, la modernisation

---

1. Rainer Baumann, « German Security Policy within NATO », Volker Rittberger (dir.), *German Foreign Policy since Unification. Theories and Case Studies*, Manchester, Manchester University Press, 2001 ; Tom Dyson, *Neoclassical Realism and Defence Reform*, *op. cit.*

2. Mary Elise Sarotte, *Germany Military Reform and European Security*, London, Routledge, 2001, p. 17.

de la *Bundeswehr* doit mener à une professionnalisation accrue des forces armées afin d'augmenter le volume des forces disponibles pour des interventions extérieures. La combinaison de ces deux orientations stratégiques – défense nationale et opérations extérieures avec les alliés – détermine l'évolution du format et des structures de la *Bundeswehr*.

Même si le nombre de conscrits est réduit de 40 %, le maintien de la conscription demeure cependant le fondement de la réforme. Le projet Scharping est nettement en retrait par rapport à la Commission von Weizsäcker qui préconisait la suppression du service militaire obligatoire et l'instauration d'une conscription. La transformation de la *Bundeswehr* est prise dans un décalage conceptuel entre les missions les plus probables et la mission essentielle qui dimensionne son format et justifie, sur le plan stratégique, le maintien de la conscription[1]. Ce décalage conceptuel, conjugué aux difficultés budgétaires récurrentes de la défense, conduit à la mise en œuvre d'une nouvelle réforme à partir de 2003, lorsque le ministre de la Défense, Peter Struck présente les nouvelles « Lignes directrices pour la politique de défense de l'Allemagne », qui remplacent celles de 1992 et le Livre blanc de 1994 pour orienter la transformation des missions et des structures des forces armées. L'analyse du contexte stratégique met l'accent sur la disparition de la menace conventionnelle contre le territoire national, qui ne constitue plus la clef de voûte de la politique de défense, au profit de menaces liées au terrorisme international, à la criminalité organisée, à la prolifération des armes de destruction massive, aux crises régionales, en particulier dans la périphérie sud et sud-est de l'Europe. Pour la première fois, ces nouvelles missions « sont les principaux déterminants des capacités requises pour les forces armées. Elles déterminent en fait la structure de la *Bundeswehr*. » Autrement dit, la mission de défense du territoire n'est plus la mission structurante dont découlent l'organisation, le format et les structures de la *Bundeswehr*. Sur le plan concep-

1. Franz-Josef Meiers, « A Change of Course? German Foreign and Security Policy after Unification », *GermanPolitics*, vol. 11, n° 3, décembre 2002, p. 195-216.

tuel, on a donc franchi le Rubicon d'une *Bundeswehr* destinée prioritairement à participer à des opérations extérieures dans un cadre multinational, sur le modèle des armées françaises et britanniques. Le mouvement de professionnalisation n'est complètement franchi qu'en 2011 avec la suspension de la conscription obligatoire.

Modèle d'armée: tendances communes, rythme et ampleur distincts

Selon Timothy Edmunds, l'évolution des rôles des armées dans les démocraties occidentales, les impératifs de gestion de crises internationales et l'émulation de l'armée américaine conduiraient à imposer progressivement le modèle expéditionnaire, avec des rythmes différents selon les pays[1]. Forster insiste sur le maintien d'une divergence certaine entre la France et l'Allemagne[2]. L'étude la plus approfondie de Tom Dyson met en évidence la convergence des modèles d'armées, mais aussi la différence de temporalité et l'ampleur moindre des changements en Allemagne. Si elle est engagée sur la voie d'une «force de réaction rapide professionnelle», la réforme demeure partielle et obère les ambitions de la *Bundeswehr* en termes de capacités expéditionnaires de haute intensité[3].

En France, le processus permanent de réforme des armées – scandé par les deux charnières que sont la réforme de 1996 et le Livre blanc de 2008 – entraîna de profondes réorganisations dans les structures des armées et du ministère, dominées dans le premier cas par le processus d'interopérabilité et dans l'autre, par la montée en puissance des structures transversales. Pour les armées proprement dites, cela a impliqué la dissolution de 51 régiments de l'armée de Terre, la réduction de neuf à cinq des «régions

---

1. Timothy Edmunds, «What Are Armed Forces For? The Changing Nature of Military Roles in Europe», International Affairs, vol. 82, n° 6, 2006, p. 1059-1075.

2. Anthony Forster, «The Transformation of European Armed Forces», *op. cit.*

3. Tom Dyson, *Neoclassical Realism and Defence Reform, op. cit.*, p. 55.

Terre» et la fermeture de 10 bases aériennes. Soulignant l'ampleur des réformes, l'état-major de l'armée de terre désigna le processus de transformation par la notion de «refondation» de l'armée de terre, qui subit 72 % des restructurations pendant la phase de transition (1996-2002). Parallèlement à la refonte des structures territoriales, les structures de commandement des armées ont connu de profondes réformes, engagées dès 1991. Cela conduit notamment au développement de structures interarmées, comme le service interarmées de la maintenance aéronautique. Parallèlement, chaque armée connaît, de façon continue depuis une décennie, de profondes réformes de ses structures organisationnelles et de commandement. L'organisation du ministère de la Défense, produit de l'histoire, était traditionnellement fondée sur une structure verticale où chaque état-major disposait d'une forte autonomie. Le processus de réforme conduit à accroître le rôle et à affirmer la place centrale des organismes transversaux: Secrétariat général pour l'administration (SGA), Direction des affaires stratégiques (DAS). Mais le changement le plus important réside dans la montée en puissance de l'état-major des armées depuis la création de la Direction du renseignement militaire et du Centre opération interarmées (COIA) au début des années 1990, jusqu'au très important décret n° 2005-520 du 21 mai 2005 fixant les attributions des chefs d'état-major. Ce décret accroît considérablement les pouvoirs du chef d'état-major des armées dans le domaine de la planification des forces et de la programmation budgétaire.

Avec la réforme Scharping, les divisions classiques de 18000 hommes sont remplacées par cinq divisions modulaires de 10000. Une division des opérations spéciales (DSO) est créée. En termes d'organisation, la réforme prévoit un renforcement des structures de commandement avec la création d'un Commandement opérationnel interarmées à Potsdam-Geltow qui donne à la *Bundeswehr*, pour la première fois de son histoire, la capacité de planifier, préparer et conduire des opérations de façon autonome. Cela devra permettre à l'Allemagne de fournir un quartier général opérationnel pour la réalisation des missions de l'Union européenne. Il est précisé que l'Initiative sur les capacités de défense de l'OTAN et le Headline goal fixent les priorités en matière d'équipement et de politique d'acquisition (point 47), à savoir les moyens de transport stratégique, aérien et maritime, les moyens spatiaux, les moyens de commandement et de conduite des opérations, les armes de précision. Dans le cadre de la réforme de 2003, les priorités en termes de capacités – commandement, conduite des opérations interarmées, mobilité stratégique, renseignement spatial – définies par les Directives correspondent ainsi aux – et dans une large mesure sont dictées par les – impératifs dégagés dans le cadre de l'OTAN et de l'UE. Le 13 janvier 2006, le plan de restructuration de la *Bundeswehr* sur la base de ses Directives et du maintien du principe de la conscription accentue la distinction entre les forces d'intervention et les forces organiques qui concernent les conscrits. Le format des armées est ramené à 250000 soldats en 2010, dont 195000 militaires de carrière et 55000 appelés du contingent (30000 pour un service de neuf mois et 25000 volontaires pour un service de vingt et un mois), répartis en trois catégories : des forces d'intervention pour les opérations de haute intensité (35000 soldats), des forces de stabilisation pour les opérations de moyenne intensité (70000 soldats) et des forces du soutien logistique et organique (147500 hommes). La réduction du service militaire à neuf mois est confirmée. Au terme de la réforme actuelle, suspendant la conscription et préservant la possibilité d'un service national volontaire pour un ou deux ans, les effectifs de la *Bundeswehr* seront de 185000 dont 170000 professionnels. L'armée de terre comptera 57570 membres, l'armée de l'Air 22550, la Marine 13050 ; 37750 personnes ont été affectées aux fonctions de soutien.

Visions différentes de l'OTAN et de la politique européenne de sécurité et de défense

Lorsque les réformes des armées des deux pays vont dans la même direction – bien qu'on soit encore loin d'une synchronisation franco-allemande des refontes des structures militaires – les cultures stratégiques restent aussi éloignées que lors de la signature du traité de l'Élysée. Quant au deuxième aspect qui longtemps freina la dynamique de la coopération franco-allemande en politique de sécurité et de défense – l'impact des États-Unis sur la défense en Europe ainsi que le développement d'une politique européenne de sécurité et de défense – force est de constater que malgré le changement de cap que la France a entrepris à l'égard de l'OTAN, Paris et Berlin montrent peu d'aptitude à faire avancer l'intégration européenne en la matière.

Le fardeau de l'histoire

Dès les premiers jours de l'existence de l'Organisation du traité de l'Atlantique Nord, la France fit preuve d'une attitude ambivalente vis-à-vis de cet organe international. D'un côté, Paris considérait l'assurance de la protection militaire de l'Alliance en Europe de l'Ouest comme le contrepoids nécessaire à la menace de l'URSS et du Pacte de Varsovie. De même, la présence des troupes américaines sur le sol allemand garantissait l'intégration du voisin, chère à la France[1]. De l'autre côté, Paris critiquait vivement la domination américaine dans l'Alliance. Non seulement la France revendiquait une marche de manœuvre militaire plus importante pour les membres européens de l'OTAN et une présence européenne accrue dans l'Alliance, mais elle cherchait aussi à prévenir une politisation trop poussée de cette organisation. Pour Paris, une Alliance politique équivalait à l'établissement d'un ordre international américain[2]. Mais, au cours des années 1950 et 1960, Paris n'a pas été en mesure d'imposer sa vision d'une Alliance atlantique. Le général de Gaulle conclut alors que seule une défense indépendante pouvait garantir et la survie et l'indépendance politique de la France[3]. De plus, il extrapolait que seul un champ d'action ouest-européen, bientôt appelé l'« Europe puissance », pouvait

1. Charles G. Cogan, *Oldest Allies, Guarded Friends. The United States and France since 1940*, Westport, London, Praeger, 1994.

2. Frédéric Bozo, « Alliance Atlantique : La fin de l'exception française ? », Paris, Fondation pour l'innovation politique, Document de travail, 2008.

3. Peter Schmidt, « Frankreichs Ambitionen in der Sicherheitspolitik », *Außenpolitik*, vol. 44, n° 4, 1993, p. 335-343.

contrebalancer la suprématie américaine en politique de sécurité et de défense[1].

Par contre, pour l'Allemagne, sa situation géostratégique précaire alimentait sa volonté ferme de faire partie de la communauté de sécurité transatlantique. À partir de 1955, l'affiliation à l'OTAN mit Bonn en état d'acquérir une défense propre, de contribuer à la sécurité de l'Occident et de se présenter comme partenaire fiable et crédible[2]. L'adhésion à l'OTAN marqua ainsi pour la jeune République fédérale allemande l'apothéose de son ancrage en Europe de l'Ouest. De plus, elle signifia que l'Allemagne se voyait accorder une souveraineté nationale, au moins limitée. La politique de sécurité et de défense allemande n'aurait alors jamais pu se concevoir sans le cadre de référence de l'Alliance atlantique[3]. De ce fait, il n'est pas surprenant que la politique de sécurité et de défense de Bonn, puis de Berlin, n'ait jamais été le résultat d'une définition des intérêts vitaux. Elle émanait plutôt de celle de l'Alliance atlantique et concordait alors largement avec les buts politiques et la stratégie de défense de l'OTAN[4]. Cet historique de la politique de sécurité et de défense allemande explique également pourquoi Bonn, puis Berlin, n'ont vu guère de nécessité à construire une défense européenne autonome. Le fait qu'en 1988, lors du 25e anniversaire du traité de l'Élysée, France et Allemagne établirent le Conseil franco-allemand de défense et de sécurité –

1. Jolyon Howorth, « La France, l'OTAN et la sécurité européenne : *statu quo* ingérable, renouveau introuvable », *Politique étrangère*, vol. 67, n° 4, 2002, p. 1001-1016.

2. Markus Kaim, « Die deutsche Nato-Politik », Thomas Jäger, Alexander Höse, Kai Oppermann (dir.), *Deutsche Außenpolitik. Sicherheit, Wohlfahrt, Institutionen und Normen*, Wiesbaden, 2007, p. 87-106.

3. Johannes Varwick, « Deutsche Sicherheits- und Verteidigungspolitik in der Nordaltantischen Allianz : Die Politik der rot-grünen Bundesregierung 1998-2003 », Sebastian Harnisch, Christos Katsioulis, Marco Overhaus (dir.), *Deutsche Sicherheitspolitik. Eine Bilanz der Regierung Schöder*, Baden-Baden, Nomos, 2004, p. 15-37.

4. Michael Meimeth, « Sicherheitspolitik zwischen Nation und Europa. Deutsche und französische Perspektiven », Michael Meimeth, Joachim Schild (dir.) *Die Zukunft von Nationalstaaten in der europäischen Integration*, Opladen, Leske & Budrich, Verlag 2002, p. 231-249.

un organe censé coordonner la coopération bilatérale – a pu être attribué aux festivités historiques. Le Conseil n'a malheureusement jamais su faire avancer la coopération militaire et industrielle entre les deux pays.

Ce sont plutôt la fin de la guerre froide et la transformation du contexte stratégique qui changèrent la donne dans les relations franco-allemandes. Elles produisirent une modification du consensus gaullien d'appartenance à l'OTAN et facilitèrent le début de la coopération franco-allemande en politique de sécurité et de défense. Le changement de l'approche française vis-à-vis de l'OTAN intervint avec la dissolution de la Yougoslavie au début des années 1990. Tandis que les membres de l'UE n'arrivaient pas à formuler une réponse commune à la brutalité de la guerre, l'OTAN se montrait capable d'agir et de mettre fin au retour du génocide sur le sol européen. Suite à cela, François Mitterrand rapprocha la France de l'OTAN. Paris réapparaissait dans le Comité militaire de l'OTAN[1], prenait de nouveau part aux engagements militaires de l'Alliance[2], donnait son accord à l'élargissement du champ d'action géographique de l'Alliance ainsi qu'à l'adhésion des pays d'Europe de l'Est. Son successeur, Jacques Chirac, pilota la France complètement dans le Comité militaire; il fit de la France l'un des plus grands contributeurs de troupes aux engagements militaires de l'Alliance[3]; et il consentit que la France finance 11 % du budget militaire de l'OTAN. Par ailleurs, il était hors de question que la France fasse partie de la Force de réaction de l'OTAN (NRF), lancée suite au sommet de Prague en 2002, et soutint

1. Ronja Kempin, «France's Discourses on Nato since the Kosovo-War», COPRI Working Paper, Copenhague, Copenhagen Peace Research Institut, 2001, n° 27: [http://www. diis.dk/graphics/COPRI_publications/COPRI_publications/publications/workingpapers.htm].

2. Kai Burmester, «Atlantische Annäherung – Frankreichs Politik gegenüber der NATO und den USA», Hanns W. Maull, Michael Meimeth (dir.), *Die verhinderte Großmacht. Frankreichs Sicherheitspolitik nach dem Ende des Ost-West Konflikts*, Opladen, Leske & Budrich, 1997, p. 99-112.

3. L'historique de la prise de participation des forces armées françaises dans les opérations extérieures de l'OTAN se trouve sur le site Web du ministère de la Défense: [http://www.defense.gouv.fr/otan/otan_et_operations/la_contribution_francaise/la_contribution_francaise].

le Commandement Allié Transformation (ACT), mis en place en 2004 aux États-Unis. En 2004, la France décida finalement d'envoyer une centaine de militaires dans les structures de commandement intégrées à Mons/Belgique et à Norfolk/États-Unis, qu'elle avait quittées en 1966[1].

Ces rapprochements ont contribué à une nette amélioration de la coopération franco-allemande. Au moment où Paris changeait son approche politique à l'égard de l'OTAN, Bonn devenait plus souple à l'égard d'une politique européenne de sécurité et de défense. Le gouvernement allemand commençait ainsi à percevoir l'établissement d'une composante européenne de sécurité et de défense comme un lien important entre le processus d'intégration européenne d'un côté, et la coopération transatlantique dans ce champ politique de l'autre. Le moteur franco-allemand produisit des résultats : la mise en œuvre de la Brigade Franco-Allemande, un modèle de la coopération bi- et multinationale en Europe ainsi que la ratification du traité de Maastricht, qui pour la première fois dans l'histoire de l'intégration européenne, contient une référence à une Politique Étrangère et de Sécurité Commune (PESC). En juin 1999, l'Allemagne faisait sien l'appel franco-britannique de Saint-Malo : Lors du Conseil Européen de Cologne, le gouvernement allemand réussit à convaincre ses partenaires européens d'adopter une déclaration commune soulignant la nécessité pour l'UE d'un bras armé, à développer aussi vite que possible. La déclaration de Cologne a pu ainsi être qualifiée d'acte de naissance de la Politique de Sécurité et de Défense Commune (PSDC). Au moment où l'Allemagne soutenait la politique de la France, le nouvel outil politique de l'UE commençait à prospérer : EADS (European Aero-

---

1. L'envoi des militaires français dans les structures de commandement de l'OTAN fut réglé le 18 mars 2004. À cette date, les chefs d'état-major des Armées françaises et le Commandant suprême des forces alliées en Europe (SACEUR) signaient l'accord appelé *« Flag to posts »* qui donnait le droit à la France d'occuper 110 postes militaires dans des structures intégrées de l'Alliance. Jean-François Poncet, Jean-Guy Branger, André Rouvière, *Les Enjeux de l'évolution de l'OTAN*, Rapport d'information n° 405, fait au nom de la Commission des Affaires étrangères, de la Défense et des Forces armées, Sénat, Session extraordinaire de 2006-2007, [http://senat.fr/rap/r06-405/r06-405.html], p. 56-61.

nautic Defence and Space Company) était fondé afin de faciliter la coopération européenne en matière d'armement ; les groupements tactiques, forme spécifique des éléments de réaction rapide de l'UE ont été mis en œuvre ; enfin, dans les années 2003 à 2008, les 27 États membres ont déployé 23 opérations militaires, civiles et civilo-militaires dans des endroits aussi divers que l'Indonésie, la République démocratique du Congo et la Bosnie-Herzégovine. Malgré ces progrès, l'Allemagne resta soupçonneuse à l'égard de toute avancée en matière de défense européenne qui pourrait être interprétée comme contraire aux intérêts de l'Alliance atlantique. Pour Berlin, toute initiative pour renforcer la politique européenne de sécurité et de défense devait essentiellement donner à l'Europe les moyens d'agir là où l'Alliance atlantique ne se sentait pas concernée[1].

Le retour de la France dans les structures intégrées de l'OTAN

Le retour de la France dans les structures intégrées de l'OTAN, annoncé par Nicolas Sarkozy le 4 avril 2009 au sommet de l'OTAN de Strasbourg/Kehl, était censé faciliter la coopération franco-allemande en politique de sécurité et de défense et développer la PSDC encore plus rapidement. La nouvelle chancelière allemande, Angela Merkel, avait dès les premiers jours de son mandat mis fin aux « escapades » anti-américaines du gouvernement de Gerhard Schröder. Merkel jugeait que le « non » de la coalition sociaux-démocrates/verts à l'intervention américaine en Iraq avait été « hors de la ligne de la politique de sécurité et de défense allemande[2] ». Il était donc peu surprenant que le Livre blanc de sécurité allemand, publié en 2006, affirme sans aucune ambiguïté que l'Alliance atlantique constitue l'ancrage le plus fort de la politique

1. Marco Overhaus, « Deutschland und die Europäische Sicherheits- und Verteidigungspolitik 1998-2003 : Gewollte Ambivalenz oder fehlende Strategie ? », Sebastian Harnisch, Christos Katsioulis, Marco Overhaus (dir.), *Deutsche Sicherheitspolitik. Eine Bilanz der Regierung Schöder*, Baden-Baden, 2004, p. 37-59.

2. Johannes Varwick, « Deutsche Sicherheits- und Verteidigungspolitik in der Nordatlantischen Allianz », *op. cit.*, p. 15-37.

de sécurité allemande. Par ailleurs, la nouvelle doctrine de sécurité du gouvernement Merkel perçoit l'OTAN comme « instrument politique et militaire unique de préservation et de restauration de la paix[1] ».

En France, trois motifs semblent avoir motivé la rupture avec le « consensus gaullo-mitterrano-chiraquien[2] » d'appartenance à l'OTAN : tout d'abord, l'équation personnelle de Nicolas Sarkozy, qui s'est très ouvertement déclaré « atlantiste[3] » et qui promettait de réactiver le pacte d'amitié et d'alliance qui lie la France et les États-Unis depuis plus de 200 ans[4]. L'aval des forces armées, de l'industrie de défense et de la Commission du Livre Blanc a été le deuxième point fort en faveur d'un retour dans les structures intégrées de l'Alliance atlantique. Les militaires français, surtout dans l'armée de l'air et de la marine, plaidaient depuis plusieurs années pour une présence française renforcée dans les structures intégrées de l'OTAN. Pour eux, deux raisons justifiaient un tel mouvement : tout problème d'interopérabilité entre les forces armées françaises et alliées disparaîtra une fois que la France aurait décidé d'appliquer les procédures otaniennes. De plus, les prochaines opérations de combat ne pourraient être faites que dans le cadre de l'OTAN car l'UE prendra encore des décennies avant de vraiment être en mesure de conduire des opérations de haute intensité[5]. Outre les militaires, c'était aussi l'industrie de défense française qui plaidait pour un retour de la France

---

1. Bundesministerium der Verteidigung, *Weißbuch 2006 zur Sicherheitspolitik Deutschlands und zur Zukunft der Bundeswehr*, [www.weissbuch.de].

2. Frédéric Bozo, « Alliance Atlantique : La fin de l'exception française ? », *op. cit.*

3. Nicolas Sarkozy, *Bekenntnisse : Frankreich, Europa und die Welt im 21. Jahrhundert*, München, Bertelsmann Verlag, 2007, p. 258, ainsi que Nicolas Sarkozy, « J'aime l'énergie et la fluidité de l'Amérique », *Le Monde*, 10 septembre 2006.

4. Nicolas Sarkozy, *Discours de Monsieur Nicolas Sarkozy, Président de la République Française devant la Congrès des États-Unis d'Amérique*, Washington, 7 novembre 2007.

5. Dominique David, « Überfällig oder unnötig? Anmerkungen zur Annäherung Frankreichs an die NATO », Berlin, *DGAP analyse Frankreich*, février 2008.

dans l'intégration militaire de l'Alliance atlantique. Pour les industriels, un retour dans le comité des plans de défense comportait des avantages technologiques en matière d'armement[1]. Enfin, la commission du Livre blanc, instaurée par le président Sarkozy lui-même, se déclara en faveur d'un retour français dans les structures intégrées de l'OTAN. Pour les membres de la commission, un engagement français plus prononcé ne diminuerait nullement l'autonomie décisionnelle de la France. Dans toutes les instances de coopérations de l'OTAN, les décisions sont prises d'une manière consensuelle. De ce fait, un retour français dans l'intégration militaire ne signifierait pas que Paris devait impérativement prendre part à toutes les opérations militaires de l'Alliance. Le pays garderait ainsi le pouvoir de décider lui-même de l'emploi de ses forces militaires[2]. Ce choix va de pair avec un jugement clair et net, que tout maintien du *statu quo* de la France dans l'OTAN limite l'influence de la France dans les relations transatlantiques. Nicolas Sarkozy et son entourage ont très clairement compris qu'en continuant l'«exception française», ils n'allaient ni pouvoir influencer la conduite des opérations de l'Alliance, ni peser d'un poids politique équivalent à l'engagement militaire français[3]. Le troisième motif de retour, enfin, a été la politique européenne de la France. Une défense européenne indépendante de l'OTAN a depuis toujours constitué une fin en soi de la politique internationale de la France. Nicolas Sarkozy était lui aussi attaché à ce but. À plusieurs reprises, il a constaté que l'UE ne devait pas se transformer en une «agence civile de l'OTAN», ni devenir une organisation dont la seule tâche consisterait à assurer la défense collective de ses membres[4]. L'Union Européenne aurait plutôt

1. *Table ronde conjointe avec la commission des affaires étrangères, sur la place de la France dans l'OTAN*, Assemblée nationale, XIII législature, compte rendu n° 31, Commission de la défense et des forces armées, 3 juin 2008.

2. Commission du Livre Blanc (dir.), *Défense et Sécurité nationale. Le Livre Blanc*, Paris, 2008.

3. Nicolas Sarkozy, *Allocution de M. Nicolas Sarkozy, Président de la République, à l'occasion de l'installation de la commission chargée d'élaborer un nouveau Livre Blanc sur la défense et la sécurité nationale*, 23 août 2007.

4. Commission du Livre Blanc (dir.), *Défense et Sécurité nationale*, *op. cit.*

une mission politique globale. Cette vocation implique qu'elle possède une multitude d'outils, politiques, économiques, civils et militaires. En même temps, Nicolas Sarkozy fut le premier président de la République française à reconnaître que la France n'arrivera pas à établir une Europe de la défense si elle continue à garder sa position particulière dans l'OTAN[1]. Néanmoins, les États membres de l'Union ne disposent toutefois pas des capacités militaires et des moyens de commandement adéquats pour planifier et conduire des opérations militaires de moyenne ou grande envergure. La disposition des 27 chefs d'État et de gouvernement de l'UE à contribuer d'une manière significative à des opérations européennes reste limitée. Les initiatives françaises pour doter la PSDC de moyens de planification et de conduite des opérations autonomes n'ont pas été couronnées de succès. Paris ne fut pas suivi par ses partenaires européens, car en Europe, mais à Washington aussi, les partenaires craignaient que la France veuille créer une PSDC dirigée contre l'OTAN. Par ailleurs, Paris n'arriva pas à convaincre ses partenaires de mettre en place des moyens militaires que l'Alliance possédait déjà et qui sont – dans le cadre des accords dits de Berlin Plus – mis à la disposition de l'UE[2]. C'est sans doute cette prise de conscience qui amena le président à briser un « tabou » de politique étrangère française et de reconnaître que l'OTAN et la PSDC sont deux organes de sécurité et de défense complémentaires[3].

Depuis la fin de la guerre froide, les responsables politiques français se sont trouvés face au dilemme de faire participer leur pays aux tâches (avant tout militaires) de l'OTAN sans devoir renoncer à l'« exception atlantiste » de la France, qui lui avait été bénéfique pendant plus d'un quart de siècle. Par ailleurs, la France n'a jamais su faciliter la relance de la politique européenne de

1. Hervé Morin, *Discours de M. Hervé Morin, ministre de la Défense, Université de la Défense*, Toulouse, 11 septembre 2007.

2. Ronja Kempin, « Frankreich und die Annäherung von Nato und EU. Optionen der französischen EU-Ratspräsidentschaft », *SWP-Aktuell*, Berlin, Deutsches Institut für Internationale Politik und Sicherheit, A34, 2008.

3. Nicolas Sarkozy, *Discours du Président de la République. Conférence des Ambassadeurs*, Paris, 27 août 2007.

sécurité et de défense[1]. En ramenant la France dans l'intégration militaire de l'OTAN, le président français Nicolas Sarkozy espéra enfin mettre fin à cette impasse de la politique étrangère de la France. Ce mouvement a été jugé nécessaire afin de pouvoir conserver et la valeur et la marge de manœuvre internationale chère à la France.

Après le retour dans l'intégration militaire de l'OTAN: vers un rapprochement franco-allemand?

Disons le plus important d'abord: la coopération franco-allemande en politique de sécurité et de défense n'a pas bénéficié du retour de la France dans les structures militaires intégrées de l'OTAN! Plusieurs raisons n'ont pas mené le couple vers une meilleure entente et une collaboration fertile. La première d'entre elles est une dissension qui date de 2008. Un beau jour de l'été 2008, le tocsin sonna à la représentation allemande auprès de l'OTAN à Bruxelles: des dignitaires militaires et politiques français, britanniques et américains se rencontraient à Londres, avec pour mission de négocier le retour français dans les structures intégrées de l'OTAN – sans Berlin! Pour comble du malheur de l'Allemagne, non seulement Paris jugeait le partenaire d'importance secondaire, mais la chancellerie apprenait par téléphone que celle-ci entendait célébrer le 60e anniversaire de l'OTAN à domicile. Depuis quelques mois déjà, il semblait acquis que les festivités se dérouleraient à Berlin, ville symbole de l'Alliance. Le compromis qu'on trouva finalement en organisant la fête dans les villes frontalières franco-allemandes Strasbourg et Kehl ne put atténuer le désenchantement allemand. La deuxième raison, c'est une hésitation grandissante de l'Allemagne quant à l'évolution de la PSDC. En 2008 déjà, Berlin n'a pas pu soutenir l'Agenda de la Présidence française de l'Union Européenne. Créer « une Union qui agit pour répondre aux défis d'aujourd'hui », telle était l'ambition que la France affichait pour sa présidence européenne,

---

1. Frédéric Bozo, « Alliance Atlantique: La fin de l'exception française? », *op. cit.*

au deuxième semestre 2008[1]. Parmi les quatre priorités de son programme de travail figurait la relance de la PSDC. L'orientation centrale de la présidence française en matière de défense était le renforcement des capacités militaires disponibles en Europe. Tandis que les trois autres sujets prépondérants de la présidence française – l'immigration, le pacte énergie-climat et la politique agricole commune – s'inscrivaient dans la continuité des présidences précédentes et que leur mise à l'agenda faisait consensus, le sujet de la PSDC était la seule initiative proprement française. Paris voulait faire de l'UE un acteur mondial de premier plan[2]. Quatre objectifs avaient été formulés : développer l'Europe de l'armement avec de nouveaux programmes et rationaliser ceux qui existent ; assurer l'interopérabilité des forces ; créer une flotte de transport européenne autour de l'A400M ; élaborer une nouvelle « stratégie européenne de sécurité[3] ». Aucun de ces projets n'avait reçu l'aval allemand.

Par la suite, la PSDC a commencé à s'éroder. Par exemple, depuis 2008, l'UE n'a pratiquement plus été en mesure de lancer une opération militaire ou une mission civile conjointe. Tandis que pour la période 2003-2008 trois à quatre opérations ou missions ont chaque année pu être déployées, 2009 et 2011 ne virent aucun engagement extérieur de l'UE. En 2010, seule une petite mission d'entraînement de forces de sécurité somaliennes a commencé[4].

---

1. Présidence française du conseil de l'Union Européenne, Programme de Travail, 1er juillet – 31 décembre 2008, Une Union qui agit pour répondre aux défis d'aujourd'hui.

2. Bastien Irondelle, Ronja Kempin, « La coopération franco-allemande à l'épreuve », *Défense nationale et Sécurité collective*, n° 8, août-septembre 2008, p. 29-39.

3. Ronja Kempin, Daniela Schwarzer, « Enfin un rendez-vous européen convainquant, s'il vous plaît ! », *La Revue Internationale et Stratégique*, printemps 2008, p. 89-97.

4. Ronja Kempin, Nicolai von Ondarza, Marco Overhaus, « Overcoming Strategic Ambivalence : Options for the Future Development of the Common Security and Defense Policy », Annegret Bendiek, Barbara Lippert, Daniela Schwarzer (dir.), *State of Play in European Integration, Challenges and Opportunities for German Policy*, SWP Research Paper, Berlin, Stiftung Wissenschaft und Politik, German Institute for International and Security Affairs, décembre 2011, p 21-25.

Une cinquantaine de personnes est maintenant déployée en 2012 dans trois nouvelles missions de l'UE en Afrique. En même temps, les 27 États membres ont décidé de terminer l'un des plus grands engagements de l'UE en Europe, la mission de police en Bosnie-Herzégovine[1]. La raison de cette désaffection de la PSDC est bien le résultat de différences franco-allemandes dans la vision de la valeur ajoutée de cet outil politique. Tandis que la France garde l'ambition d'une Europe de la défense apte à intervenir aussi dans des crises de haute intensité militaire, l'Allemagne se contente d'une PSDC chargée de missions dites de «l'après-conflit» où la stabilisation de la situation et la formation des forces de sécurité locales sont les qualités requises. En février 2012, le ministre allemand de la Défense, Thomas de Maizière, le soulignait encore lors de la Conférence de sécurité de Munich: «L'Europe doit être en mesure de prendre – notamment par des moyens militaires – la responsabilité pour sa propre sécurité comme pour celle de ses voisins. Et ceci dans l'OTAN. Je suis persuadé qu'il est plus efficace de renforcer la voix de l'Europe dans l'OTAN que de former une alliance européenne de sécurité[2].» L'ambition restreinte de Berlin quant à la PCSD s'est fait aussi sentir dans sa propre initiative intitulé «*Pooling and Sharing*». En décembre 2010, l'Allemagne et la Suède avaient proposé à leurs partenaires européens d'étudier quelles capacités militaires pourraient éventuellement être mises en commun dans l'UE. Seulement, Berlin limitait cet exercice aux domaines de la logistique et de la formation des soldats et ne touchait pas aux capacités militaires de moyenne à haute intensité. La France réagit à cette abstinence allemande en se tournant de plus en plus vers la Grande-Bretagne. En novembre 2010, Paris et Londres signèrent deux traités de défense, dont le contenu va plus loin que tout ce que la France et l'Allemagne n'ont jamais pu réaliser au cours des cinquante dernières années.

---

1. Union Européenne, Action extérieure, *Aperçu des missions et opérations de l'Union Européenne*, août 2012: [http://www.consilium.europa.eu/eeas/security-defence/eu-operations?lang=fr].

2. Dr Thomas de Mazière, *Statement auf der 48. Münchner Sicherheitskonferenz*, Munich, 3 février 2012: [http://www.securityconference.de/Dr-Thomas-de-Meiziere.809.0.html].

Conclusions

En janvier 1963, lors des cérémonies de signature du traité de l'Élysée, dominait l'espoir que France et Allemagne puissent devenir aussi le moteur européen dans le domaine de la politique de sécurité et de défense. Cinquante ans après, il faut constater que malgré des progrès notables, Paris et Berlin restent des partenaires trop distants. Depuis les premiers jours de la coopération bilatérale, les deux pays diffèrent dans leur culture stratégique et dans le rôle qu'ils attribuent aux forces armées dans leur politique étrangère, ainsi que dans les perceptions de ce que doit être une Europe de la défense.

Selon la littérature académique, des systèmes politiques et militaires différents tendent à converger soit parce qu'un État imite certains éléments du système militaire d'un autre, soit par un processus d'isomorphisme mimétique ou de diffusion de modèles. L'application des deux modèles explicatifs à la coopération franco-allemande en politique de sécurité et de défense montre qu'aucune des deux parties n'a copié ni les structures ni les orientations du système militaire du partenaire. Deux illustrations : la fin de la guerre froide et le retour de l'interventionnisme libéral a enclenché une « normalisation » de la politique de sécurité allemande. Néanmoins, Berlin n'a jamais converti la *Bundeswehr* à la conception des forces armées françaises, interventionnistes tout au long de la période de l'antagonisme Est-Ouest. De l'autre côté, la France, revenue dans la structure militaire intégrée de l'OTAN, n'a adopté la conception allemande d'une PSDC nécessaire seulement quand l'Alliance atlantique ne se sent pas concernée. Par contre, c'est bien l'isomorphisme coercitif qui a guidé les réformes des armées française et allemande des vingt dernières années. Au moment où l'emploi des forces militaires n'est plus possible que dans des opérations dites multilatérales, le modèle d'armée américain et les processus de réformes militaires de l'OTAN (seule organisation capable d'agir dans les crises des Balkans et en Afghanistan) sont devenus la ligne directrice aussi bien de l'armée française que de la *Bundeswehr*. L'appartenance française à l'intégration militaire de l'OTAN pourrait ainsi dans l'avenir faciliter une homologie des réformes françaises et allemandes. Mais afin de mettre réellement France et Allemagne sur la même longueur d'onde, il faudrait ajouter une bonne dose d'isomorphisme normatif. L'insuffisance de socialisation et de réseaux professionnels franco-allemands – il n'existe toujours que peu de structures bilatérales de formation et de coopération – fait que le rythme des restructurations des deux forces armées diffère aussi grandement que les processus de réflexion stratégique des deux pays. Si France et Allemagne parvenaient à utiliser les cinquante prochaines années du traité de l'Élysée pour établir des structures franco-allemandes intégrées, elles seraient en mesure d'arrêter la dégradation de l'Europe de la défense. Plus encore, les deux ne laisseraient jamais se réaliser la prédiction du général de Gaulle – si les deux côtés n'ont plus rien à se dire en politique de défense, ils n'auront plus rien à échanger.

René Lasserre

LES RELATIONS ÉCONOMIQUES FRANCO-ALLEMANDES : UNE INTERDÉPENDANCE ASYMÉTRIQUE

Par bien des aspects, les relations économiques franco-allemandes constituent un cas unique dans le monde industrialisé et présentent une configuration spécifique au sein de l'Union européenne. Il n'existe pas d'autre exemple de deux grands pays de taille sensiblement comparable entretenant des rapports commerciaux aussi étroits que la République fédérale d'Allemagne et la France, dont l'interpénétration économique soit aussi poussée et qui aient atteint un tel degré d'interdépendance dans le pilotage de leur économie.

Les échanges économiques franco-allemands ont en effet un poids considérable au sein des flux commerciaux communautaires et constituent l'axe majeur du marché intérieur européen. Et, au fur et à mesure que ce dernier s'est construit et s'est élargi, ces échanges, loin de se diluer, ont continué de se diversifier et de s'approfondir. Ils vont au-delà de la simple relation commerciale de clients à fournisseurs et donnent lieu à une intégration croissante des deux économies au travers d'une coopération de plus en plus étroite et multiforme entre les entreprises, les établissements financiers et les organismes professionnels de toutes sortes. En outre, au-delà de l'économie réelle, la coopération des deux États en matière économique est des plus étroites : elle fait l'objet d'une concertation permanente et de consultations régulières entre les gouvernements, tant au niveau bilatéral qu'au sein des instances de décision européennes. Sur la base de cette imbrication croissante des intérêts et de cette interaction des politiques, s'est constitué, depuis les années 1980, un tandem économique franco-allemand qui n'a cessé de jouer un rôle clé dans le processus d'unification économique et monétaire européenne, mais qui n'en est pas moins ambivalent, tant il est à la fois incontournable et difficile. Incontournable, du fait de leur poids respectif, l'accord entre les deux partenaires conditionne et impulse les avancées de l'intégration communautaire. Difficile, parce que leurs différences de structures, d'intérêts et d'approches économiques tendent à s'accentuer en période de crise, et donnent lieu à des divergences récurrentes, génératrices de frictions et d'attentisme.

Une évolution contrastée au fil du temps

Pour être aujourd'hui intenses et privilégiées, ces relations économiques n'en présentent pas moins une évolution contrastée au fil du temps. Après un démarrage progressif au début des années 1950 sous le signe de la libéralisation des échanges, elles ont connu, après la signature du traité de Rome et avec la mise en place du Marché commun, une spectaculaire montée en puissance dans les années 1960. Par la suite, tiré par la croissance et facilité par la proximité géographique des deux pays, le commerce franco-allemand n'a cessé de s'intensifier, mais de façon déséquilibrée. Du fait d'une puissance industrielle et d'une capacité exportatrice plus faibles, d'un profil économique plus directement orienté vers les biens de consommation et la satisfaction de son marché intérieur, ainsi que sous l'effet de la détérioration de la parité Franc/Mark, la France a vu son déficit commercial vis-à-vis de l'Allemagne se creuser irrésistiblement tout au long des années 1970 et 1980. Bien que générateurs de tensions passagères et de méfiances sous-jacentes, ces déséquilibres chroniques n'ont cependant pas hypothéqué la volonté commune des deux pays de poursuivre l'intégration européenne en renforçant leurs relations économiques réciproques et en assurant un pilotage concerté de leur économie. La fonction motrice et intégratrice du partenariat économique franco-allemand s'est non seulement affirmée à travers les avancées européennes décisives – que furent la création du Système monétaire européen, l'Acte Unique et la réalisation du grand marché, puis la conclusion du Traité de Maastricht, lesquels conduisirent finalement à la mise en place de l'Union économique et monétaire et la création de l'Euro en 2001-, cette volonté commune s'est également appuyée sur des choix de politique économique solidaires et partagés qui ont entretenu la dynamique de l'intégration. La politique de stabilité monétaire et de désinflation compétitive engagée à partir de 1983 en France, puis la gestion concertée de l'unification allemande au tournant des années 1990, ont ainsi contribué un rééquilibrage des performances économiques et des échanges économiques et commerciaux des deux pays. Parallèlement, la mise en place du marché unique a stimulé la coopération et les rapprochements entre les entreprises de part et d'autre du Rhin, tandis que le projet d'union monétaire porté conjointement par les deux gouvernements a permis de promouvoir un degré élevé de convergence des politiques économiques entre la France et l'Allemagne qui a garanti le succès de la création de l'Euro.

Mais cette conjonction exceptionnelle, qui a présidé à la création de la monnaie unique au tournant du millénaire, n'a été que de courte durée, et dans la décennie 2000 les relations économiques franco-allemandes ont cédé à l'unilatéralité et à la logique du chacun pour soi, d'abord sous l'effet des contraintes que la globalisation a fait peser sur les deux économies, puis sous le choc de la crise mondiale de 2008. À ce double défi, l'Allemagne et la France ont, ces dernières années, apporté des réponses divergentes qui ont conduit à une différenciation accrue de leurs modèles économiques de développement, et qui s'expriment, dans l'articulation de leurs politiques économiques respectives, par des choix et des stratégies de croissance difficilement conciliables[1].

Des relations économiques privilégiées

Il n'en demeure pas moins qu'en dépit des secousses générées par la globalisation et par la crise de 2008, puis celle de la dette

1. Voir principalement, sur ce point qui dépasse largement le cadre d'analyse de cette contribution : Henrik Uterwedde, « La France et l'Allemagne face à la globalisation, entre le chacun pour soi et l'action concertée », Hans Stark *et al.* (dir), *Les Relations franco-allemandes dans une Europe unifiée. Réalisation et défis*, Bordeaux, Cerfa, 2011.

souveraine, la République fédérale d'Allemagne et la France restent respectivement le premier partenaire commercial de l'autre. Dans un marché mondial de plus en plus diversifié et dans lequel ont émergé de nouveaux acteurs d'importance majeure, chacun des deux pays continue à réaliser avec son voisin immédiat une part essentielle de son commerce extérieur. Même si sa part relative sur le marché allemand a sensiblement reculé, la France effectue en 2011 16,5 % de ses exportations et 16,9 % de ses importations avec la République fédérale, tandis que celle-ci achète en France 7,4 % de ses biens et services importés et y écoule 9,6 % de ses exportations (contre respectivement 11 % et 12 % en 1995[1]).

Le fait que la République fédérale réalise environ un dixième de ses exportations de l'autre côté du Rhin peut paraître modeste à première vue. Néanmoins, pour la puissance exportatrice mondiale de premier plan qu'est la République fédérale (7,5 % du marché mondial), la France n'en constitue pas moins un marché privilégié, puisqu'avec un volume de 101,5 milliards d'euros en 2011, les exportations allemandes vers la France représentent presque le quart du volume réalisé au sein de la zone Euro (420,8 milliards d'euros) et restent nettement plus importantes que celles à destination d'autres grands pays tels que les États-Unis (73,7 milliards d'euros) ou la Chine (64,8 milliards d'euros)[2].

L'intensité des relations commerciales entre les deux pays résulte de plusieurs facteurs. À l'intérieur de l'espace économique ouest-européen, la France et l'Allemagne disposent du potentiel économique le plus important et constituent en même temps les deux plus grands marchés, tant par la population que par le pouvoir d'achat. En outre, de par leur proximité géographique et la multiplicité des liens qui les unissent, les deux pays sont

1. Direction Générale du Trésor, *Les Relations commerciales France/Allemagne en 2011*, 16 février 2012 ; *Le Commerce extérieur allemand en 2011 et les quatre premiers mois de 2012*, 5 juillet 2012, [http://www.tresor.economie.gouv.fr].

2. Destatis, *Aussenhandel.* Zusammenfassende Übersichten für den Außenhandel, décembre 2011, Statistisches Bundesamt Fachserie, Reihe 1, décembre 2011, Wiesbaden, 2012.

économiquement fortement imbriqués. Entre eux n'existe plus guère d'autre frontière « naturelle » que celle de la langue, depuis que la réconciliation franco-allemande et le développement des échanges de toutes sortes assurent une intense fluidité de la circulation des hommes de part et d'autre du Rhin.

Après un démarrage assez lent dans les années 1950 – dû à une normalisation hésitante des échanges bilatéraux –, le commerce franco-allemand ne prit réellement son essor qu'après la signature du traité de Rome en 1957 et la décolonisation française. L'une et l'autre marquèrent un changement de cap majeur dans l'évolution de la politique et de l'économie françaises qui se tournèrent désormais de façon irréversible vers l'Europe. En instaurant la liberté des échanges, la mise en place de la Communauté économique européenne et du marché commun donna un coup de fouet considérable au développement du commerce franco-allemand. Celui-ci tira pleinement profit aussi bien du « miracle économique » et de la reprise très largement amorcée de l'activité exportatrice de la République fédérale dans le commerce international que de la croissance et de la modernisation industrielles françaises des « Trente glorieuses ». Les échanges commerciaux entre les deux pays connurent dès lors une croissance spectaculaire puisqu'ils furent multipliés par cinq entre 1960 et 1970. La crise pétrolière de 1973, qui amena les deux pays à diversifier et à réorienter leur commerce extérieur en direction des pays de l'OPEC, n'interrompit cependant pas la croissance et l'intensification des échanges bilatéraux. Même si ceux-ci reculèrent momentanément de quelques points en part relative dans le commerce extérieur global des deux pays, leur volume doubla encore entre 1975 et 1980. La tendance se poursuivit ensuite tout au long de la décennie suivante, qui vit encore le volume du commerce franco-allemand multiplié par 2,5.

Avec la mise en place du marché unique européen et la mondialisation des échanges, et en dépit du ralentissement de la croissance en Europe, le commerce entre la France et l'Allemagne a continué, depuis les années 1990, à un rythme soutenu jusqu'au ralentissement transitoire lié à la crise en 2008-2010 (voir tableau 1).

Tableau 1 : Évolution du commerce franco-allemand

a) Évolution du commerce France-RFA de 1970 à 1990 (en milliards de francs)

	Importations françaises en provenance de la RFA	Exportations françaises à destination de la RFA
1970	23,4	20,5
1975	43,5	36,9
1980	92,2	75,4
1981	104,6	81,4
1982	127,7	89,6
1983	135,5	108,1
1984	147,4	119,4
1985	160,0	131,0
1986	172,3	133,1
1987	186,7	142,7
1988	207,9	157,6
1989	235,1	176,5
1990	238,6	196,8

Source : CFCE / Direction des douanes

b) Évolution du commerce France-Allemagne de 1991 à 2011 (chiffres CAF/FOB, en milliards d'euros)*

	France		Allemagne	
	Importations en provenance de l'Allemagne	Exportations à destination de l'Allemagne	Importations en provenance de la France	Exportations à destination de la France
1991	41,8	38,1	38,5	42,5
1992	42,2	36,8	37,9	42,9
1993	38,2	35,2	34,2	39,9
1994	42,1	37,3	36,3	43,2
1995	45,1	41,0	40,4	46,9
1996	44,5	41,2	40,0	45,7
1997	45,6	42,3	43,3	48,1
1998	52,5	47,0	47,3	53,8
1999	56,5	48,5	46,6	58,6
2000	68,2	55,2	51,8	67,4
2001	68,8	53,7	50,9	69,6
2002	67,5	52,7	48,8	68,7
2003	69,1	53,2	49,4	69,0
2004	72,7	54,7	52,1	74,4
2005	76,6	54,8	53,6	78,4
2006	81,6	61,4	62,1	84,6
2007	88,8	62,4	64,6	91,6
2008	93,3	65,8	64,8	93,7
2009	78,1	55,3	54,9	81,2
2010	86,8	63,2	62,6	89,6

* La différence de valeur entre les deux parties du tableau tient à l'imputation des coûts d'assurance et de transport des marchandises (CAF = coût assurance fret) à la charge de l'exportateur pour le calcul de la valeur des exportations, tandis que la valeur des importations est calculée FOB, *Free on the Board*, nette des coûts d'acheminement.

Par l'intermédiaire des échanges commerciaux s'est ainsi développé un processus d'interpénétration qui a conduit à une interdépendance sans cesse plus étroite entre les deux pays. Depuis maintenant près d'une quarantaine d'années, Français et Allemands partagent le même destin économique. L'évolution conjoncturelle de chacune des deux économies se répercute immédiatement sur celle de l'autre : la reprise ou le recul de l'activité chez l'un affecte directement les carnets de commandes, l'utilisation des capacités de production et le volume de l'emploi chez le voisin. Mais ce partenariat privilégié n'est pas allé sans problèmes, d'autant qu'au fil des années il devint progressivement et, à bien des égards, structurellement inégal et qu'au sein de la zone Euro la convergence des économies a cédé la place à une différenciation marquée de leurs performances.

Des relations commerciales asymétriques

Pour être devenues de plus en plus étroites au cours des deux premières décennies de l'après-guerre, les relations commerciales franco-allemandes ont été marquées, par la suite et jusqu'au tournant des années 1990, puis à nouveau depuis le début du millénaire, par un déséquilibre persistant au détriment de la France. Amorcé en 1970, le déficit commercial français n'a en effet cessé de s'aggraver tout au long des années 1980. De 16,8 milliards de francs en 1980, il a atteint, en 1989, un niveau record avec 58,6 milliards de francs. Le déficit avec la seule Allemagne était alors supérieur de près de 25 % au déficit global du commerce extérieur français (43,9 milliards de francs) et pratiquement aussi important que la somme des excédents réalisés par la France avec ses 10 meilleurs clients mondiaux.

La détérioration continue des échanges commerciaux franco-allemands au cours des années 1980 mérite cependant, avec le recul, d'être relativisée dans sa portée économique réelle. Tout d'abord parce qu'elle était amplifiée en valeur par les variables monétaires nationales que constituaient le différentiel d'inflation et l'évolution des parités monétaires entre les deux pays, lesquels ont connu de fortes fluctuations dans la première moitié de la décennie, ensuite parce que le déficit commercial franco-allemand reposait en grande partie sur l'importation de bien d'équipements à haute valeur ajoutée dont le prix, du fait d'une parité Franc-Mark défavorable, était certes très élevé, mais dont l'acquisition traduisait alors un effort d'investissement et de modernisation soutenu des entreprises françaises.

Rééquilibrage transitoire des échanges depuis l'unification

Grâce à l'assainissement et aux efforts de compétitivité réalisés au cours des années 1980, l'économie française réussit à tirer pleinement profit de l'unification de l'Allemagne pour améliorer sa pénétration sur le marché allemand et rééquilibrer ses échanges, conjurant ainsi en partie, au lendemain de la chute du Mur, le spectre d'une nouvelle hégémonie économique allemande. La demande en provenance des nouveaux *Länder* et le surcroît d'activité qu'elle a induit dans ceux de l'Ouest ont provoqué un gonflement des importations allemandes dont les entreprises surent largement tirer parti. Les exportations françaises vers l'Allemagne ont connu de ce fait une spectaculaire progression puisqu'elles se sont accrues de plus de 25 % entre 1990 et 1994. Ce mouvement a profité à pratiquement tous les secteurs de l'industrie française, en particulier à l'industrie automobile qui a réalisé une remarquable percée sur le marché des nouveaux *Länder* et globalement accru ses parts sur le marché allemand.

Cela s'est traduit au niveau de la balance globale par une réduction substantielle du déficit commercial français qui a été divisé par huit entre 1989 et 1991 pour revenir de 58,6 à 7,4 milliards de francs. Par la suite, le déficit a évolué en dents de scie sous l'effet de la conjoncture mais s'est progressivement résorbé pour s'établir à 6 milliards de francs (soit 0,9 milliard d'euros) en 1995. En 1996 et 1997, du fait d'un tassement des exportations allemandes en France, le solde est même devenu positif à 0,4 milliard d'euros pour se dégrader ensuite et repasser au rouge à -1,6 milliard d'euros à partir de 1998[1].

1. Voir : « Les relations commerciales entre la France et l'Allemagne », Am-

Sous le signe de la globalisation et de la crise : les échanges économiques franco-allemands des années 2000

Le rétablissement de l'équilibre de la balance française restait néanmoins globalement fragile dans la structure sectorielle qui affichait alors un gonflement temporaire des biens de consommation à l'export et la persistance d'une forte dépendance dans le secteur névralgique des biens d'équipement à l'import. Cette fragilité allait progressivement s'illustrer dans le contexte de compétition internationale exacerbée, lié à l'émergence de nouveaux compétiteurs industriels et à la globalisation des échanges qui s'imposa au tournant du millénaire.

Confrontée de plein fouet à la concurrence des pays à bas coûts – principalement dans le secteur des biens de consommation courante et de moyenne gamme , la France perdit progressivement les positions qu'elle avait acquises en Allemagne, premier marché européen d'importation du secteur. Tandis que son industrie ne parvenait plus à contenir la progression de ses concurrents allemands sur le marché intérieur des biens d'investissement, la France vit à nouveau le déficit de sa balance commerciale avec l'Allemagne se détériorer régulièrement à compter de l'an 2000 (-2,3 milliards d'euros) et surtout de 2001 où il frôla les 10 milliards d'euros, pour ensuite quasiment doubler et atteindre le niveau record de 19,9 milliards d'euros en 2008. Depuis lors, dans le contexte de la crise, le solde négatif des échanges avec l'Allemagne plafonne à un niveau très élevé qui a oscillé entre 16,3 et 16,8 milliards d'euros entre 2009 et 2011, ce qui représente environ 25 % du déficit commercial global de la France qui atteint alors le niveau record de 69,9 milliards d'euros. Cela donne la mesure du déséquilibre franco-allemand, si l'on met ce chiffre en rapport avec le fait que l'Allemagne n'entre que pour environ 10 % dans le commerce extérieur de la France[1].

---

bassade de France en Allemagne, Mission économique de Berlin, *Bulletin d'informations économiques et financières*, n° 333, avril 2006, p. E1-4.

1. Direction générale du Trésor, *Les Relations commerciales France/Allemagne en 2011*, *op. cit.*

De son côté, l'Allemagne n'a cessé d'accroître son excédent commercial vis-à-vis de la France : il est remonté de 6,8 en 1997 à 25,3 milliards d'euros en 2005 et a encore accéléré sa progression pendant la crise, passant de 28 à 35,3 milliards d'euros de 2009 à 2011[1].

Graphique 1 : Évolution du déficit commercial France-RFA

a) Évolution du déficit commercial France-RFA de 1970 à 1990 (en milliards de francs)

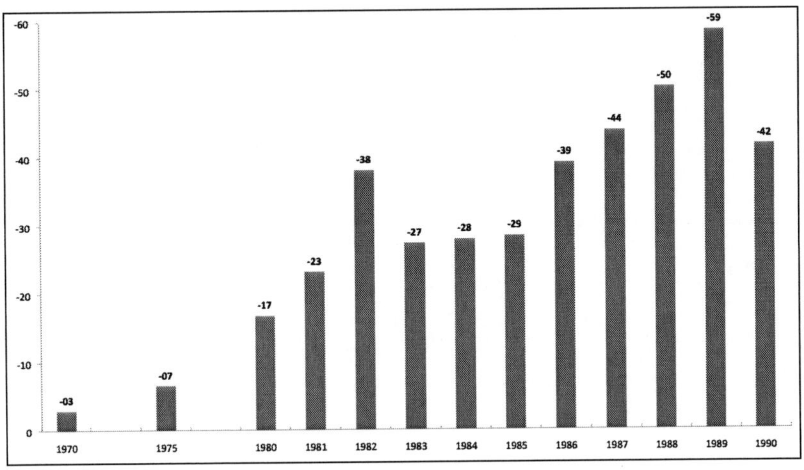

Source : CFCE / Direction des douanes

1. Destatis, *Außenhandel*. Rangfolge der Handelspartner im Außenhandel der Bundesrepublik Deutschland (mit Umsatz und Saldo), Statistisches Bundesamt, 2012.

b) Évolution du déficit commercial France-Allemagne de 2000 à 2011 (en milliards d'euros)

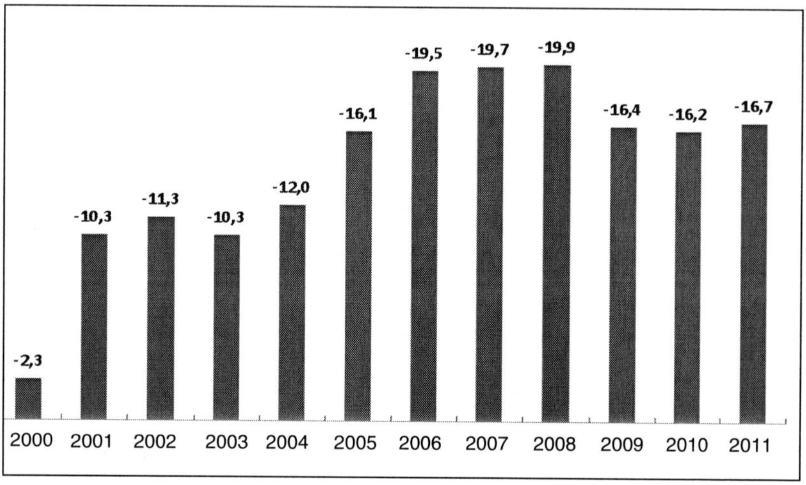

Source : INSEE

Un décrochage de compétitivité préoccupant

L'ampleur et la gravité du déséquilibre actuel sont inquiétantes si on les compare à celles qu'avait prises le déficit commercial français dans les années 1980. À l'époque, le déficit français vis-à-vis de l'Allemagne ne tenait que très partiellement à un handicap de compétitivité globale de l'économie française, puisqu'au cours de la décennie la France avait spectaculairement réduit son différentiel d'inflation avec l'Allemagne, le ramenant de 8 % en 1980 à 0,5 % en 1989. Elle avait réussi, à partir de 1983, à contenir avec une grande rigueur la progression de ses coûts salariaux. Mais alors que le déséquilibre des années 1980 s'inscrivait dans une logique d'adaptation dynamique de l'économie française au processus d'internationalisation enclenché à la suite des chocs pétroliers, le déficit franco-allemand d'aujourd'hui procède au contraire d'un décrochage général de compétitivité à travers lequel l'économie française recule vis-à-vis de l'Allemagne sur deux tableaux.

Le recul est manifeste sur le marché allemand d'abord. Ce marché de proximité est à haut pouvoir d'achat et très ouvert aux importations, à la fois pour ses besoins de consommation et pour l'approvisionnement de son industrie manufacturière fortement exportatrice. Or la France ne parvient ni à y maintenir ses positions par rapport à ses principaux concurrents, ni à tirer parti de la dynamique nouvelle de celui-ci. La part des entreprises françaises dans les importations allemandes qui était encore de 10,6 % en 1996 a régressé depuis lors de près d'un tiers : ramenée à 8,6 % en 2005, elle n'est plus que de 7,4 % en 2011. Les produits importés par l'Allemagne en provenance de France perdent régulièrement du terrain, cédant la place à ceux achetés en provenance de nos voisins immédiats (Pays-Bas, Italie, Grande-Bretagne) mais aussi des pays à coûts moins élevés, notamment les pays d'Europe centrale et la Chine. Sur la période, la part de cette dernière sur le marché allemand a presque été multipliée par quatre, passant de 2,2 à 8,8 %, tandis que celle des PECO doublait, progressant de 6,1 à 13 %[1].

Plus décevant encore est le fait que dans la dernière période, depuis 2007, les entreprises françaises n'ont pas réussi à tirer réellement profit de la dynamique retrouvée qui, par-delà le choc récessif de 2008-2009, a caractérisé le marché intérieur allemand depuis la politique de restauration de sa compétitivité engagée avec les réformes de l'Agenda 2010[2]. Les performances renforcées de l'économie allemande à l'exportation, ont doublement stimulé la demande intérieure allemande ; elles ont induit une activité importatrice soutenue à la fois par l'investissement, la croissance notable de l'emploi et de la demande finale. À défaut de tirer pleinement parti de ce contexte économique intérieur plus favorable dans le pays voisin, les entreprises françaises ont vu leur pénétration du marché allemand continuer de s'éroder.

La performance des entreprises françaises se dégrade également sur leur propre marché domestique, où la concurrence des produits allemands importés est de plus en plus redoutable : sous l'effet du regain de compétitivité globale de leur site de production,

1. Destatis, *Außenhandel, op. cit.*

2. René Lasserre, « Le redressement économique de l'Allemagne », *Politique étrangère*, mars 2007, p. 803-815.

les entreprises allemandes ont très sensiblement amélioré le rapport qualité-prix et l'attractivité de leurs produits sur tous les marchés, et en premier lieu sur le marché français où elles ont nettement renforcé leur pénétration. Elles y renforcent ainsi leur suprématie incontestée dans le secteur des biens d'équipement et de consommation durable où, à défaut d'un tissu d'entreprises moyennes performantes, l'offre domestique est fragile ou a complètement disparu de certains segments. Et surtout elles parviennent à battre en brèche leurs concurrents français sur leur propre marché dans nombre de secteurs de prédilection de l'industrie de consommation : ainsi dans l'agro-alimentaire, la confection, les parfums et cosmétiques, ou encore le tourisme ou les services, notamment la logistique et les transports, sans parler de la distribution et de l'assurance.

Ce constat tend à montrer qu'en dépit des efforts importants de promotion des exportations françaises entrepris ces dernières années sur le marché allemand, en particulier sous l'égide d'Ubifrance, mais également par les régions et les organismes professionnels français, la capacité des entreprises françaises à exporter sur le marché de leur principal voisin et partenaire régresse. On invoque souvent la persistance de handicaps d'ordre culturel, tels que la méconnaissance de la langue et de la culture du pays partenaire, ou encore structurels, tels que la faiblesse du tissu des PME françaises. Ces éléments sont incontestables et nécessitent la poursuite d'efforts en profondeur et de longue haleine sur le registre de la compétitivité hors prix. Il ne faut cependant pas se leurrer, la détérioration du commerce extérieur français et le déséquilibre inquiétant par lequel il se manifeste sur le champ névralgique des échanges franco-allemands traduisent un problème économique de fond : la perte de compétitivité flagrante qui, depuis plus d'une décennie, affecte les entreprises françaises de toutes tailles, mais plus encore des PME, sous l'effet conjugué de l'accroissement de leurs coûts de production – notamment de leurs coûts salariaux et de la rigidité des conditions d'emploi de la main-d'œuvre. Au vu de divers constats concordants dressés ces derniers mois par diverses instances officielles ou professionnelles, on estime que le seul différentiel de compétitivité-coût lié à l'ensemble des charges sociales et fiscales pesant sur l'activité des entreprises de part et d'autre du Rhin s'est détérioré d'environ 10 points de pourcentage au détriment des entreprises françaises[1]. Handicap auquel il convient d'ajouter des disparités de compétitivité hors prix peut-être plus déterminantes encore, telles que la fiabilité des produits, la qualité de leur service après-vente, la portée de leur contenu innovant ou la crédibilité de leur image. Sans oublier non plus d'autres éléments relevant de ce qu'il convient d'appeler une compétitivité-système[2] et qui conditionnent durablement le développement d'un appareil de production performant, tels que la promotion de l'innovation, la qualité de la formation professionnelle ou encore la régulation des conditions de rémunération, d'emploi et de travail. Autant de domaines où la société française affiche depuis plus d'une décennie, sous l'effet conjugué de la résistance des corporatismes et de la pusillanimité de la classe politique, son incapacité à se moderniser.

Des déséquilibres sectoriels persistants, et qui tendent à se généraliser

Alors que l'interpénétration croissante des deux économies au sein du marché intérieur européen aurait pu contribuer à réduire les disparités anciennes qui caractérisent la structure sectorielle des échanges commerciaux entre la France et l'Allemagne, ce différentiel de performance globale tend plutôt à les consolider et à les élargir, risquant ainsi de générer une relation de dépendance accentuée.

Tandis que la France continue de disposer d'un potentiel agricole important, qui lui a longtemps assuré une suprématie dans le secteur agroalimentaire, son industrie reste relativement faible

1. Voir principalement Michel Didier, Gilles Koléda (dir), *Compétitivité France-Allemagne. Le grand écart,* Paris, Economica, 2011 ; Patrick Artus (dir.), *L'Allemagne, un modèle pour la France?* Paris, PUF, 2009 ; Bernard de Montferrand, Jean-Louis Thériot, *France-Allemagne. L'heure de vérité*, Paris, Tallandier, 2011.

2. Voir Isabelle Bourgeois, René Lasserre, *Les Facteurs systémiques de la compétitivité allemande*, Communication et contribution du CIRAC au groupe de travail «Constat», Mission de la Conférence Nationale de l'Industrie (CNI) sur la compétitivité de l'industrie française, 28 avril 2011. Texte sur [www.cirac-u-cergy.fr].

par rapport à celle de son puissant voisin, que ce soit dans le secteur des produits intermédiaires ou de l'industrie manufacturière. L'industrie française réalise un chiffre d'affaires global qui, après être longtemps resté moitié moindre que celui de l'industrie allemande, s'est encore réduit en poids relatif par rapport à son homologue allemande au cours des dix dernières années et n'en représente guère plus que 40 %. Elle présente en outre des faiblesses sectorielles patentes qui rendent l'économie française fortement dépendante de l'Allemagne dans un certain nombre de secteurs clés de l'activité industrielle, principalement dans le secteur stratégique des biens d'équipement.

L'évolution récente de la structure par produits du commerce franco-allemand fait apparaître que la France ne détient plus de position excédentaire notable (au-dessus d'un milliard d'euros) dans le secteur industriel. Même le secteur de l'industrie agroalimentaire, qui a longtemps constitué un des points forts du commerce français avec l'Allemagne, est en perte de vitesse : l'excédent qui était encore 1,2 milliard d'euros en 2001 a fondu à 255 millions d'euros en 2011 et risque de passer prochainement au rouge. De même, dans l'industrie aéronautique, où la capacité de production est restée élevée, grâce à la coopération intégrée développée au sein d'EADS, la fabrication coordonnée d'Airbus ne dégage plus qu'un excédent de 0,4 milliard d'euros[1]. En d'autres termes, sous l'effet d'une détérioration des conditions générales de l'activité économique sur son territoire, l'industrie française perd progressivement ses points forts et voit ses spécialisations se réduire. Son portefeuille d'activité s'aligne sur un profil moyen où elle est fortement concurrencée et cède du terrain par rapport à ses homologues, et en tout premier lieu face à sa concurrente allemande. Dans la plupart des grands secteurs industriels, et en dépit des positions solides que ses grands opérateurs continuent à détenir sur le marché allemand, la France est structurellement importatrice et enregistre des déficits importants par rapport à l'Allemagne. C'est le cas principalement des produits de l'industrie

1. Direction générale du Trésor, *Les Relations commerciales France/Allemagne en 2011*, *op. cit.*

automobile (véhicules et équipements) à hauteur de sept milliards d'euros, de la construction mécanique (machines industrielles et agricoles, machines diverses) à hauteur de 4,6 milliards d'euros, tandis que dans les secteurs classiques des biens de consommation, les parts de marché des entreprises françaises, de part et d'autre du Rhin, s'amenuisent[1]. Le déficit de la balance industrielle franco-allemande est pour l'essentiel tempéré par le fait que la France réalise globalement un excédent dans le secteur des services, principalement dans le secteur du tourisme.

Tableau n° 2 : Soldes français du commerce avec l'Allemagne par types de produits – Année 2011 (en millions d'euros)

Total	- 25 869
Produits alimentaires et animaux vivants	-67
Boissons et tabac	563
Matières brutes non comestibles à l'exception des carburants	61
Combustibles minéraux, lubrifiants et produits connexes	- 1 096
Huiles, graisses et cire d'origine animale ou végétale	76
Produits chimiques et produits connexes, non dénommé ailleurs	- 3 015
Articles manufacturés	- 3 993
Machines et matériel de transport	- 14 231
Articles manufacturés divers	- 4 467
Articles et transactions, non classé ailleurs	297

Source : Eurostat

Mais à ce train, et à défaut d'un sursaut de compétitivité, l'industrie hexagonale risque de continuer à s'affaiblir par rapport à sa concurrente allemande et d'être reléguée au statut d'opérateur

1. *Ibidem.*

de second rang en Europe, et ce quelles que soient les positions que ses grands groupes internationaux parviendront à maintenir par ailleurs sur le marché mondial, au gré de leurs stratégies de délocalisation. On le voit : le défi de la compétitivité est certes global, mais il est d'abord à nos portes : c'est bel et bien sur le front du commerce bilatéral avec son partenaire allemand que se joue pour une part essentielle de l'avenir de l'économie française.

Coopération technologique et industrielle

Dans le contexte d'un marché intérieur européen de plus en plus intégré, l'activité que développent les opérateurs économiques va cependant bien au-delà des échanges commerciaux entre clients et fournisseurs d'un pays à l'autre, et donne lieu, de plus en plus, à des implantations dans les pays partenaires et à des coopérations diversifiées dans lesquelles les entreprises mettent en commun leurs compétences et leurs ressources pour développer de nouveaux marchés. Dans le contexte bilatéral franco-allemand, et avant même que naisse et se développe un marché européen intégré, cette coopération a longtemps été le privilège de grands opérateurs nationaux et a été le plus souvent initiée sous le patronage et avec le soutien actif des États, à l'instar des grands programmes de coopération technologique dans les secteurs de pointe. Ce n'est que depuis le milieu des années 1980, avec la perspective du marché unique, que se sont développées l'implantation des entreprises dans le pays voisin et la coopération entre entreprises françaises et allemandes, sous ses diverses formes. Depuis le début des années 2000, avec l'union monétaire, elles n'ont cessé de se multiplier et de gagner en importance.

Une coopération industrielle longtemps axée sur de grands projets européens

La coopération industrielle et technologique franco-allemande a en effet longtemps été, pour l'essentiel, une affaire de grands projets, le plus souvent définis à l'échelle européenne et à l'initiative conjointe des deux États. Ce fut en particulier le cas dans le domaine de l'aéronautique civile avec le programme Airbus et dans le domaine spatial, avec le programme Ariane dans lesquels constructeurs français et allemands ont joué un rôle clé et abouti à la création du consortium EADS, ou encore dans le secteur de l'industrie d'armement, avec une constance et des résultats plus mitigés. Français et Allemands coopèrent également de longue date, et non moins étroitement, dans les divers programmes technologiques européens et internationaux – notamment dans le programme Esprit (technologies de l'information) lancé dans les années 1980 et, plus récemment, dans les projets Galileo (communication et géolocalisation) ou ITER (énergie nucléaire du futur). Mais la coopération industrielle sur grands projets d'avenir est devenue beaucoup plus incertaine depuis que les règles de l'OMC limitent strictement l'aide financière directe des États, et que dans un contexte de rigueur budgétaire accentuée, les commandes publiques tendent à se réduire comme le montrent les incertitudes qui pèsent sur les programmes spatiaux et les programmes d'armement.

On constate également qu'un certain nombre de coopérations industrielles franco-allemandes qui avaient vu le jour au cours des années 1980 ne résistent pas aux nouvelles donnes des grands marchés d'approvisionnement ou des secteurs industriels de pointe liés à l'énergie, comme le montrent les stratégies divergentes de la France et de l'Allemagne sur le nucléaire civil. En fin de compte, et par-delà leur portée symbolique, il apparaît que, dans leur incontestable réussite technique et économique, les grands projets du secteur aéronautique et spatial qui ont conduit au modèle EADS restent l'exception.

Plus décevant est le fait que les opportunités de coopération industrielle ouvertes depuis le milieu des années 1990 par la dérégulation et l'ouverture du marché européen à la concurrence dans les services d'intérêt général n'aient pas réellement été exploitées, ni par les autorités publiques ni par les opérateurs. Alors même que le développement des grands services d'infrastructure et de réseaux transfrontières constituent un enjeu essentiel pour la compétitivité des économies européennes, les coopérations entre les grands opérateurs français et allemands n'ont été abordées qu'avec réticence et n'ont jusqu'à présent débouché que sur des résultats minimes. Que ce soit dans le secteur des télécommunications, où la coopération entre France Telecom et Deutsche Telekom a tourné court et s'est limitée à des coopérations sur les marchés tiers, ou dans ceux de l'énergie, des transports ferroviaires ou des services postaux, la dynamique industrielle franco-allemande ne s'est guère manifestée. Alors que les opérateurs historiques délivrés en partie de la tutelle publique s'attachent à préserver leurs positions acquises, les deux États, et plus nettement encore la France, ont montré peu d'empressement à ouvrir le marché, à faire prévaloir les règles de la concurrence, et plus encore à promouvoir des projets communs à l'échelle européenne, de crainte de mettre en péril les intérêts industriels nationaux considérables dépendant des marchés publics liés à ces activités. Dans un contexte international de plus en plus concurrentiel, le volontarisme et l'initiative des États en matière de coopération industrielle communautaire cèdent le pas à des réflexes d'autant plus défensifs et timorés que les intérêts domestiques sont vulnérables ou que les marges de manœuvre financières sont restreintes.

Par la Stratégie de Lisbonne, les pays de l'UE s'engageaient à l'aube du nouveau millénaire à promouvoir conjointement l'économie du savoir. Le fait qu'elle soit restée à l'état purement incantatoire et n'ait donné lieu à aucune initiative franco-allemande significative, a fourni la désolante illustration de cette tendance. Et l'on a pu constater depuis lors combien les deux pays avaient éprouvé de difficultés, au-delà d'un volontarisme sans cesse réaffiché, à promouvoir conjointement une politique commune d'innovation[1]. Celle-ci commence seulement à s'amorcer à travers les politiques parallèles de modernisation des systèmes d'enseignement supérieur, de recherche et d'innovation engagées séparément de part et d'autre du Rhin depuis 2006-2007 avec les initiatives universitaires d'excellence. Mais la mise en convergence des projets élaborés au sein de ces dernières, de même que le

1. Voir Solène Hazouard, René Lasserre, Henrik Uterwedde (dir.), *Les politiques d'innovation coopérative en Allemagne et en France : expériences et approches comparées*. Cergy-Pontoise, 2010.

développement progressif d'une mise en connexion des réseaux d'innovation allemands et des pôles de compétitivité français[1] n'ont été que tout récemment amorcés.

Au niveau déterminant des entreprises et des activités, l'émergence de coopérations industrielles significatives entre sociétés françaises et allemandes ne relève pas non plus de la génération spontanée, d'autant que du fait de la proximité géographique et dans la phase de croissance rapide des marchés, elles ne répondaient pas à une nécessité stratégique. Au-delà de l'implantation ou de la refondation de filiales dans le pays partenaire réalisées précocement au tournant des années 1960 par les grands groupes industriels allemands, tels que Bosch, Siemens, Hoechst, BASF ou Bayer suivies ensuite d'initiatives d'implantation ou de renforcement de positions de groupes français, tels que Renault, Saint Gobain-Pont-à Mousson ou Air liquide, les implantations et rapprochements industriels sont longtemps restés en deçà des stratégies de développement commercial à destination du marché voisin. Les décisions d'investissement (implantations) où les opérations en capital (fusions-acquisitions) de part et d'autre du Rhin n'ont pris que tardivement le relais du simple développement commercial sur le marché partenaire lequel, pour avoir été intense et à grande échelle, n'a cependant donné lieu qu'à une imbrication relativement modeste des entreprises. Et celle-ci a longtemps davantage privilégié le développement de réseaux de sous-traitance qu'elle n'a débouché sur des projets de coopérations stratégiques entre grands industriels.

En fait, dans la plupart des grands secteurs de l'activité industrielle, tout comme d'ailleurs dans le secteur financier, la concurrence et la rivalité franco-allemandes pour le maintien ou le renforcement des positions acquises sur le marché européen ou sur le marché mondial sont extrêmement vives et donnent lieu à des bras de fer très serrés. La recherche d'un leadership ou la crainte d'une perte d'influence ou de contrôle l'emportent généralement sur la recherche d'alliances ou de partenariats stratégiques. Au

1. Notamment avec la coopération entre les Instituts de la Fraunhofer Gesellschaft et les Instituts Carnot.

point même que le plus souvent les champions nationaux français et allemands préfèrent conforter leurs positions respectives en jouant la carte de partenariats tiers, voire extra-européens, plutôt que de chercher à générer des complémentarités qui pourraient leur être mutuellement profitables, en même temps qu'elles consolideraient l'économie européenne. L'histoire des coopérations industrielles ou financières franco-allemandes compte à cet égard une longue liste d'opérations manquées ou d'oppositions d'intérêt qui s'est encore allongée dans le contexte de la globalisation des marchés. Les unes aux conséquences économiques regrettables, telle que l'échec de la fusion des bourses européennes, avec la rivalité entre Euronext et Deutsche Börse, et qui conduit à une dualité de structure dont le marché européen des capitaux ne tirera pas vraiment avantage. Les autres parce qu'elles ont engendré des réflexes de méfiance ou de prévention durables entre les milieux d'affaires des deux pays, comme ce fut principalement le cas avec la prise de contrôle française unilatérale menée en 2004 avec le soutien du gouvernement français par l'intermédiaire de Sanofi-Synthélabo sur le groupe franco-allemand AVENTIS issu de la fusion réussie entre Rhône-Poulenc et Hoechst en 1999, ou encore la bataille pour le leadership au sein du groupe EADS entre 2006 et 2007 à la veille du lancement de l'Airbus A380. Tout aussi symptomatique d'un retour au nationalisme industriel fut le « sauvetage » national d'Alstom, assuré au prix d'un refus politique français opposé à une coopération de Siemens dans la construction de turbines à gaz, assortie d'une participation en capital. Le même réflexe de chasse gardée présida à la mise à l'écart prolongée de ce dernier des décisions stratégiques du groupe AREVA, avec lequel il coopérait pourtant depuis 2001 au sein d'une filiale commune. Cela conduisit logiquement, en 2009, le groupe allemand à se retirer définitivement du capital du constructeur français pour s'orienter vers une alliance avec un opérateur russe, mettant ainsi un terme à une coopération engagée depuis les années 1980 avec Framatome dans le domaine des réacteurs nucléaires[1].

1. Sur ces épisodes critiques de la coopération industrielle franco-allemande, voir principalement : Jean-Marc Trouille, « Les rapprochements d'en-

Dans d'autres domaines moins sensibles, la coopération entre grands groupes n'est pas pour autant sans prévention. C'est ce dont témoigne la faiblesse des rapprochements dans le secteur bancaire où les principaux établissements n'ont pas, depuis vingt ans, opéré d'opérations de rapprochement significatives sur leurs marchés conjoints, mais tout au plus quelques partenariats dans la mise en place de réseaux sur des marchés tiers en Europe de l'Est. Le jeu a cependant été beaucoup plus ouvert dans le secteur des assurances où les deux majors nationaux Allianz et Axa ont pris l'un et l'autre, depuis le milieu des années 1990, des positions fortes de l'autre côté du Rhin avec la prise de contrôle puis l'intégration respective des AGF et du groupe Colonia. De même dans l'industrie, on relève des opérations réussies avec le maintien et le développement de l'activité des tubes industriels dans le cadre d'une coopération entre Vallourec et Mannesmann, l'acquisition de Messer Griesheim par Air Liquide ou encore la reprise du secteur tracteurs et machines agricoles de Renault par Claas. Dans une autre activité hautement concurrentielle et importante pour les deux pays, celle de l'automobile, où chacun campe sur le marché de l'autre sur des positions jalousement gardées, le face-à-face national a beaucoup évolué. L'implantation en Moselle de l'usine Smart, filiale de Daimler-Benz, a marqué un premier signal tangible, tandis qu'en arrière-plan de l'émulation des grandes marques, la coopération dans le secteur de la sous-traitance s'est fortement intensifiée et est désormais largement intégrée de part et d'autre du Rhin. Plus significatif encore est le fait que dans le contexte de la crise et des mutations d'un secteur affecté par la globalisation et le changement énergétique, s'est engagée ces dernières années une dynamique de coopération jusqu'alors iné-

treprises allemandes et françaises», *Documents,* janvier 2006, p. 29-34 et Jean-Marc Trouille, «Partenariat ou jeu de Monopoly? La coopération industrielle remise en cause», *Documents*, juin 2007. Pour une approche plus large de la problématique: Gerhard Cromme, «Politique industrielle: l'action commune est possible», *Revue des Deux Mondes*, n° 10-11, octobre-novembre 2005, p. 177-186, ainsi que: Henrik Uterwedde, «Politique industrielle, heurts et malheurs de la coopération franco-allemande», *Annuaire français des relations internationales*, vol. 10, 2009, p. 563-577.

dite entre constructeurs français et allemands, avec des projets conjoints de développement de moteurs de nouvelle génération[1]. Signe que dans des secteurs névralgiques de l'activité industrielle, où la logique du marché global l'emporte sur celle des marchés publics cloisonnés, la coopération transnationale des acteurs économiques est devenue incontournable[2]. Dans l'espace économique et industriel franco-allemand, elle dispose de potentiels considérables sur lesquels viennent s'appuyer des coopérations de toutes sortes. Le décalage entre l'intensité des flux commerciaux et l'interpénétration des entreprises qui a longtemps caractérisé les relations économiques franco-allemandes est donc en voie de se résorber. En témoigne la multiplication des implantations, fusions et acquisitions ainsi que des *joint-ventures* qui, depuis dix ans, n'ont cessé de progresser.

Investissements directs et implantations des entreprises dans le pays partenaire

Certes, là encore, on constate une relative dissymétrie, à la fois dans les formes et l'intensité de l'engagement sur le marché voisin, qui est liée à la différence de potentiel et de structure des deux économies. Mais le processus affiche désormais de part et d'autre une dynamique propre et, semble-t-il, irréversible.

L'implantation des entreprises allemandes en France est assez ancienne et solide, puisqu'elles y comptent actuellement près de 3 150 filiales ou succursales, dont près de 600 unités de production, réalisant un chiffre d'affaires total de 139,3 milliards d'euros. La plupart des grands groupes allemands, dans presque tous les secteurs, ont une filiale française, généralement bien identifiée et considérée comme un acteur important sur le marché national. Les entreprises allemandes du *Mittelstand*, principalement les entreprises de taille intermédiaire, ne sont pas en reste et ont

1. À travers les projets respectifs de PSA avec BMW et de Renault avec Daimler.

2. On trouvera une liste des 10 premières opérations françaises et allemandes de fusion-acquisition dans le pays partenaire dans *Le Marché des fusions-acquistions franco-allemandes*, Pricewaterhouse Coopers (PWC), 2011.

considérablement développé leur présence dans l'Hexagone au cours de la décennie écoulée, investissant aussi bien dans le secteur industriel que dans le secteur des services techniques et commerciaux et de la logistique. Au total, les entreprises allemandes emploient en France 321 000 personnes (2010) et font de l'Allemagne le second employeur en France derrière les États-Unis.

Bien que la RFA soit de loin le premier fournisseur industriel de la France, elle n'est pourtant globalement que le cinquième investisseur étranger en France, même si au cours des dix dernières années les investissements directs allemands ont progressé à un rythme soutenu : en 2000 leur montant total en stock s'élevait à 31,5 milliards d'euros et est passé à 47 milliards en 2010, soit une progression de 40 %. On constate surtout, en relation avec le regain de compétitivité de notre voisin, une très nette accélération des investissements allemands en France au cours des cinq dernières années : 516 projets ont été recensés sur la période, dont 140 pour l'année 2010, qui ont permis de créer ou de maintenir 6 000 emplois. En 2010, l'Allemagne est ainsi devenue le premier investisseur étranger créateur d'emploi net en France, dépassant les États-Unis. La France est de loin le pays de prédilection des investisseurs allemands, qui y réalisent selon les années entre le quart et le tiers de leurs investissements européens. Les projets d'investissements allemands s'orientent principalement vers les activités de production (35 %) les services aux entreprises (26 %), puis les représentations et succursales (21 %). Ces données attestent d'une stratégie de consolidation des positions des entreprises allemandes en France, mais aussi de l'engagement sur de nouveaux marchés, en particulier dans le secteur de l'énergie et du recyclage (38 % des projets[1]).

---

1. Sur les investissements allemands en France voir : Agence française pour les investissements internationaux, *Bilan 2010. Investissements étrangers créateurs d'emploi en France*, Paris, AFII, 2010, p. 37-38 ainsi que *Rapport annuel 2011*, p. 32-33. Également CCFA Germany Trade & Invest, *Aktuelle Wirtschafts-information- Frankreich,* [http://www. francoallemand.com/laenderinfo/frankreich], ainsi que : Deutsche Bundesbank, *Bestandserhebung über Direcktinvestitionen. Statistische Sonderveröffentlichung 10, Avril 2012* (période 2007-2010), ainsi que les numéros antérieurs de la série : *ibidem Avril*

L'engagement des firmes françaises en Allemagne est lui aussi resté assez longtemps en retrait de l'importance que représentait le marché allemand, mais à un degré accentué. En l'occurrence, on relevait, dans ce domaine aussi, un retard structurel qui explique encore pour une part les difficultés de pénétration des produits français sur le marché allemand. Le décollage se produit à la fin des années 1980 et l'engagement sur le sol allemand s'accélère nettement avec l'unification : les entreprises françaises ont figuré au premier rang des investisseurs étrangers dans les nouveaux *Länder* avec une cinquantaine d'opérations de rachat d'entreprises est-allemandes, près de 300 implantations nouvelles et la mise en place de réseaux commerciaux structurés, notamment dans l'automobile. En 2000, la France avait réussi en grande partie à combler son retard antérieur en termes relatifs, puisque le stock d'investissements directs français en Allemagne s'élevait à 26,2 milliards et que l'on comptait environ 1 500 filiales françaises qui se répartissaient pour moitié entre activité de production et activité de représentation commerciale ou bancaire.

Depuis le début de la décennie les investissements français en Allemagne ont encore poursuivi leur progression pour atteindre 44,5 milliards d'euros en 2010. Le processus de rattrapage ainsi opéré est incontestable : il permet à la France de se placer au quatrième rang des investisseurs étrangers en Allemagne et de faire jeu égal avec son partenaire pour le nombre d'implantations. Celui-ci s'établirait désormais à 3 700, réalisant un chiffre d'affaires global de 131 milliards d'euros et employant au total 328 000 personnes[1].

2009 (période 2004-2007), *Avril 2006,* (période 2001-2004), *Mai 2002* (période 1997-2000).

1. Sur les investissements français en Allemagne, Direction Générale du Trésor, *Les Investissements directs étrangers en Allemagne 2009-2010,* mai 2012.

Des complémentarités encore inexploitées, mais une responsabilité politique incontournable

Cette dynamique de l'investissement des entreprises françaises en Allemagne constitue un signe encourageant car, au-delà du processus d'effritement des parts relatives de marché constaté ces dernières années, elle laisse augurer à terme une consolidation, voire un renforcement des positions commerciales françaises sur le marché allemand, en même temps qu'elle ouvre des perspectives tangibles de coopérations stratégiques sur des marchés innovants.

Il n'en demeure pas moins que, pour les opérateurs français, le marché allemand est ressenti comme un marché difficile et qu'ils sont encore loin de lui accorder la priorité qu'il mérite en terme d'implantations et de coopérations. Alors que l'Allemagne est le premier client de la France avec lequel elle réalise 16,5 % de ses exportations, il ne représente que 6 % et ne constitue tout au plus que le septième pays de destination des investissements extérieurs ! Les décideurs et les acteurs économiques français, englués à la fois dans des préjugés culturels et des réflexes psychologiques tenaces, obnubilés par la mondialisation, persistent à ne pas percevoir ni à évaluer à sa juste mesure l'importance stratégique du marché allemand, et encore moins à en explorer les potentialités. Du côté des milieux économiques allemands, la coopération avec les partenaires français n'est pas non plus évaluée positivement, tant les visions du monde et les perceptions respectives des enjeux économiques européens et nationaux sont éloignées les unes des autres, sans parler des différences dans les pratiques managérielles et la culture professionnelle. Cette étrangeté réciproque, qui tient pour beaucoup à une socialisation différente des élites économiques, empêche de tirer pleinement parti des complémentarités de structures et des communautés d'intérêt des deux pays.

Pourtant, en dépit de contacts permanents, cette synergie des modes de pensée et d'action ne progresse que très lentement : elle se heurte à la difficulté que Français et Allemands ont à surmonter leurs différences et à travailler ensemble. La coopération économique franco-allemande est avant tout un défi culturel et manageriel. En dépit de cinquante ans de coopération et d'amitié franco-allemandes, il reste en effet beaucoup de barrières, dont les moindres ne sont pas celles de l'ignorance de l'autre et de la méconnaissance de sa culture, et en premier lieu de sa langue.

C'est là un chantier de longue haleine qui relève du rapprochement des sociétés civiles de part et d'autre du Rhin, mais qui en aucun cas ne peut, à court terme, exonérer les décideurs politiques d'une exigence de responsabilité pleinement partagée dans la gestion du bien économique commun. L'analyse des différentes dimensions du partenariat économique franco-allemand montre qu'il constitue la clé de voûte de l'économie européenne en même temps qu'il illustre l'interdépendance économique étroite qui existe entre les deux pays. L'examen fait en même temps apparaître des disparités et des fragilités récurrentes qui le rendent très sensible, pour ne pas dire vulnérable, aux aléas conjoncturels et plus encore aux écarts de performance engendrés par un découplage trop marqué des politiques économiques nationales, tel que celui auquel nous assistons entre la France et l'Allemagne depuis le milieu des années 2000. Par là même, il met clairement en évidence, par-delà la rhétorique du discours politique, l'impératif de convergence des politiques économiques françaises et allemandes, que ce soit en termes de compétitivité des conditions de production ou de préservation des équilibres macroéconomiques d'ensemble. De cette communauté de destin économique entre la France et l'Allemagne découle une communauté de responsabilité dont aucun de leurs gouvernements respectifs ne saurait trop longtemps s'affranchir, sous peine de mettre en péril l'acquis historique majeur de l'intégration européenne.

Ansbert Baumann

ENTRE VALEURS COMMUNES, TRADITION D'ÉCHANGES ET DIFFÉRENCES IRRÉDUCTIBLES : LA COOPÉRATION CULTURELLE FRANCO-ALLEMANDE DEPUIS LES ANNÉES 1960

Parmi les 80 mesures envisagées par « l'agenda franco-allemand 2020 » – que le 12e conseil des ministres franco-allemand adopta à Paris le 4 février 2010 pour renforcer la coopération entre la France et l'Allemagne – figure la volonté

> d'être à l'avant-garde des efforts visant à créer en Europe un espace culturel commun préservant et promouvant la diversité et la richesse culturelles de notre continent. Afin de consolider l'espace culturel commun franco-allemand, nous nous attacherons notamment à lever les obstacles à la mobilité des œuvres et des artistes en créant de nouveaux programmes de résidence et d'échange pour les artistes, les acteurs des institutions culturelles et les agents des ministères de la culture ; l'espace culturel commun franco-allemand se développera au travers de divers projets[1].

Cette déclaration suscite quelques doutes : cet espace culturel commun franco-allemand existe-t-il vraiment ? Et le couple franco-allemand est-il réellement capable d'assumer un rôle de *leader* dans les relations culturelles en Europe ? On pourrait se demander aussi si l'« interventionnisme » des gouvernements dans

1. [http://www.rpfrance.eu/IMG/pdf/10-02-04Agenda_franco-allemand.pdf].

le domaine culturel est devenu un rituel, en décalage avec l'importance qu'on accorde aux échanges économiques[1]. Finalement, et d'une façon plus générale, on pourrait mettre en question le rôle des pouvoirs publics nationaux et de la politique culturelle de l'État dans l'établissement des réseaux culturels, eu égard à son pouvoir d'influence limité sur les évolutions culturelles. Il est indiscutable que dans des pays démocratiques les acteurs gouvernementaux ne puissent que fixer des conditions générales qui doivent être animées et soutenues par des acteurs de la vie culturelle. Dans les relations intergouvernementales, ce rôle limité de l'État se manifeste normalement dans des accords ou des traités fixant les conditions cadres de l'échange culturel.

C'est pourquoi il paraît fort probable que le président Nicolas Sarkozy n'ait pas pensé en premier lieu à la coopération culturelle quand il annonça, lors de la conférence de presse conjointe avec la chancelière allemande Angela Merkel tenue ce même 4 février, « que le temps des grands traités, des grandes déclarations va un peu s'effacer pour faire du concret[2] ». En effet, l'expérience montre qu'aucun succès concret dans ce domaine n'aurait été possible sans la fixation des conditions favorables à l'échange culturel dans des accords ou des traités bilatéraux, et on verra bien que c'est surtout le traité de l'Élysée qui fut, si l'on prend en compte le long terme, un véritable fondement en matière de coopération culturelle entre la France et l'Allemagne.

La situation historico-culturelle initiale pour les relations culturelles bilatérales était en fait assez compliquée, non seulement à cause du poids du passé, mais aussi en raison de la difficulté à définir ce que signifie le terme « culture ». Dans le cas concret, Alfred Grosser avait déjà insisté en 1953 sur une nouvelle conception :

---

1. Ingo Kolboom, *Quand les « VIP » bougent, les « VRP » bougent. Défense et illustration des relations culturelles franco-allemandes dans une Europe renaissante*, Henning Krauß (dir.), *Offene Gefüge. Literatursystem und Lebenswirklichkeit. Festschrift für Fritz Nieß*, Tübingen, Gunter-Narr, 1994, p. 531-547, ici p. 540.

2. [http://www.elysee.fr/president/root/bank/pdf/president-5791.pdf].

> La définition du mot culture devait être cependant considérablement élargie. La culture française contemporaine qui peut être utile en Allemagne, ce n'est pas seulement le théâtre ou la littérature, ce sont aussi les recherches comme celle d'Économie et Humanisme, les formes neuves du travail de jeunesse, le développement de la géographie électorale et de la sociologie des partis politiques ou encore l'expérience pédagogique des classes nouvelles[1].

À ces critères de définition s'ajoute le problème de la position très difficile de la politique culturelle franco-allemande, puisqu'elle empiète non seulement sur les droits établis des organisations culturelles existantes issues de la société civile, mais aussi sur les compétences constitutionnelles des *Länder* en République fédérale.

Néanmoins, au moment de la signature du traité de l'Élysée, les bases d'une coopération culturelle fructueuse entre la France et la République fédérale d'Allemagne étaient déjà posées : bien que l'Accord culturel franco-allemand du 23 octobre 1954 soit largement « tombé dans l'oubli[2] » aujourd'hui, ce premier accord culturel conclu par la République fédérale d'Allemagne avec un pays étranger, signé dans le cadre des traités de Paris, marqua le début de l'institutionnalisation d'une coopération officielle entre les deux États dans le domaine culturel. L'importance de cet accord est d'ailleurs soulignée par le fait que le traité de l'Élysée reprend dans sa partie C – qui traite de « l'éducation et de la jeunesse » – presque à l'identique certaines formulations empruntées au texte de 1954. D'un autre côté, cette reprise pourrait aussi signaler que la question n'avait pas été réglée de manière satisfaisante par l'accord de 1954. La coopération culturelle franco-allemande ne commence donc pas avec le traité de l'Élysée. Aussi convient-il d'examiner d'abord les conditions de la politique culturelle étrangère entre les deux États à la veille de sa signature.

---

1. Alfred Grosser, *L'Allemagne de l'Occident 1945-1952*, Paris, Gallimard, 1953, p. 297.

2. Margarete Sturm, « Un texte tombé dans l'oubli : l'accord culturel franco-allemand du 23 octobre 1954 », *Allemagne d'aujourd'hui*, n° 84, 1983, p. 9-22.

La volonté politique d'intensifier les relations culturelles

À partir de l'année 1945, la France avait entamé une large action culturelle dans sa zone d'occupation, mais aussi dans la «bizone» et à Berlin, grâce à un réseau dense d'institutions culturelles[1]. Les conditions générales de cette action changèrent avec la création de la République fédérale, car, dans le statut d'occupation, la politique culturelle ne faisait plus partie des droits réservés aux alliés, mais relevait désormais de la compétence des *Länder*[2]. Les possibilités d'action de la politique culturelle française s'en trouvèrent ainsi considérablement réduites[3]. Par conséquent, le budget du service culturel de l'ambassade de France à Bonn fut très fortement diminué entre 1950 et 1955[4]. C'est dans ce contexte difficile qu'il faudra plus de quatre années pour négocier l'Accord culturel de 1954[5] !

Toutefois, au milieu des années 1950, la France éprouvait une certaine inquiétude face à l'évolution de la politique mondiale. La décolonisation, les désastres de la guerre d'Indochine, l'humiliation subie dans la crise de Suez, la consolidation des blocs et la domination des superpuissances sous le signe de la guerre froide, mais aussi la reprise économique du voisin allemand avaient amené le gouvernement français à prendre conscience du fait que la France n'était effectivement plus une véritable puissance

1. Corine Defrance, *La Politique culturelle de la France sur la rive gauche du Rhin, 1945-1955*, Strasbourg, Presses Universitaires de Strasbourg, 1994 ; Stefan Zauner, *Erziehung und Kulturmission. Frankreichs Bildungspolitik in Deutschland 1945-1949*, Munich, Oldenbourg, 1994.

2. Les Accords sur l'Allemagne (Washington, 8 avril 1949). *La Documentation française, Notes et études documentaires*, n° 1119, 27 avril 1949.

3. Hans Manfred Bock, «Zur Perzeption der frühen Bundesrepublik Deutschland in der französischen Diplomatie : Die Bonner Monatsberichte des Hochkommissars André François-Poncet 1949 bis 1955», *Francia*, n° 15, 1987, p. 579-658, ici p. 642.

4. Corine Defrance, «Éléments d'une analyse de la politique culturelle de la France en Allemagne à travers son financement 1945-1955», *Revue d'Allemagne*, 1991, p. 499-518, ici p. 510-511 et p. 517 (tableau).

5. Ulrich Lappenkueper, «Sprachlose Freundschaft? Zur Genese des Deutsch-französischen Kulturabkommens vom 23. Oktober 1954», *Lendemains*, n° 84, 1996, p. 67-82.

mondiale[1]. Paris s'efforça de contrecarrer cette évolution entre autres par le renforcement de la politique culturelle étrangère[2]. C'est la raison pour laquelle la Direction générale des relations culturelles du Quai d'Orsay (DGRC) fut entièrement réorganisée en 1956 et rebaptisée « Direction générale des Affaires culturelles et techniques » (DGACT)[3]. Pendant l'été 1957, sur proposition de Christian Pineau, ministre des Affaires étrangères, fut créé un comité de hauts fonctionnaires chargé d'élaborer, pour la période 1958-1962, un plan quinquennal pour fixer les objectifs des activités de politique culturelle à l'étranger[4]. Ce comité termina ses travaux à la fin du mois de juin 1958 et remit un rapport final que le nouveau ministre des Affaires étrangères, Maurice Couve de Murville, présenta au Conseil des ministres le 10 septembre 1958. Le nouveau gouvernement français adopta ainsi un plan quinquennal élaboré par son prédécesseur, le « premier programme quinquennal d'expansion et de reconversion des activités culturelles françaises à l'étranger » portant sur les années 1959-1963[5].

Du côté allemand, la République fédérale d'Allemagne, depuis sa fondation en 1949, avait tenté de mettre sur pied une politique culturelle étrangère sous l'égide du gouvernement fédéral, mais, dans l'ensemble de sa politique extérieure, les aspects culturels jouaient un rôle plutôt modeste[6]. Quoi qu'il en soit, après l'Accord culturel franco-allemand du 23 octobre 1954, fut signée une série

---

1. Reiner Marcowitz, « Einleitung », Reiner Marcowitz (dir.), *Nationale Identität und transnationale Einflüsse. Amerikanisierung, Europäisierung und Globalisierung in Frankreich nach dem Zweiten Weltkrieg*, Munich, Oldenbourg, « Ateliers 1 », 2007, p. 7-31.

2. François Roche, Bernard Piniau, *Histoire de la diplomatie culturelle des origines à 1995*, Paris, ministère des Affaires étrangères, ADPF, 1995, p. 14-15.

3. Hélène Trova, *Le Statut juridique de l'action culturelle et linguistique de la France à l'étranger*, Paris, L.G.D.J, 1994, p. 36-37.

4. Evelyne Argaud, *La Civilisation et ses représentations. Étude d'une revue, Le Français dans le monde (1961-1976)*, Berne, Peter Lang, « Transversales », 2006, p. 28-29.

5. Ansbert Baumann, *Begegnung der Völker? Der Élysée-Vertrag und die Bundesrepublik Deutschland. Deutsch-französische Kulturpolitik von 1963 bis 1969*, Francfort/M., Peter Lang, 2003, p. 93.

6. *Ibidem* p. 94.

d'accords bilatéraux similaires avec d'autres pays d'Europe occidentale (mais aussi avec le Chili et le Japon). Eu égard au conflit, toujours latent, de compétences entre le gouvernement fédéral et les *Länder*, ces accords avaient plutôt le caractère de déclarations d'intention[1]. Cependant la politique culturelle étrangère de la RFA gagna nettement en importance durant cette période[2]. Ce prestige croissant se manifesta dans l'extension de la section culturelle du ministère fédéral des Affaires étrangères, qui disposait d'un budget nettement plus élevé depuis 1958. La revalorisation et l'expansion connut un nouvel essor avec l'entrée en fonction de son directeur Dieter Sattler en 1959[3].

Bien que l'intérêt pour la politique culturelle fût vif en France comme en Allemagne au début des années 1960, ce furent précisément les relations culturelles franco-allemandes qui causèrent quelques soucis aux responsables politiques. Le 5 janvier 1962, l'ambassadeur de France à Bonn, François Seydoux, se plaignit que « les Instituts français en Allemagne (actuellement au nombre de 19) ne remplissent souvent plus que très imparfaitement le double rôle d´enseignement et de diffusion culturelle qui leur avait été assigné à l'origine » ; c'est pourquoi il demanda une « révision de la carte culturelle française » et une intensification de la « diffusion culturelle » en Allemagne[4]. Un mois plus tard, le Quai d'Orsay annonça, en effet, une « reconversion de notre action culturelle en Allemagne[5] ».

---

1. Christoph Hirsch, *Kulturhoheit und Auswärtige Gewalt*, Berlin, Duncker & Humblot, 1968, p. 88.

2. Corine Defrance, *« Es kann gar nicht genug Kulturaustausch geben. » Adenauer und die deutsch-französischen Kulturbeziehungen 1944-1963*, Klaus Schwabe (dir.), *Konrad Adenauer und Frankreich*, Bonn, Bouvier, 2005, p. 137-162.

3. Ulrike Stoll, *Kulturpolitik als Beruf : Dieter Sattler 1906-1968 in München, Rom und Bonn*, Paderborn, Ferdinand Schöningh Verlag, 2005, p. 315-316.

4. Dépêche de François Seydoux à Maurice Couve de Murville du 5 janvier 1962, Archives diplomatiques Paris (MAE), Europe, Allemagne, 1961-1970, vol. 1475.

5. Note du ministère des Affaires étrangères du 9 février 1962, MAE, Europe, Allemagne, 1961-1970, vol. 1475.

Du côté allemand, on était aussi plutôt mécontent de la situation. En janvier 1962, l'ambassadeur de la République fédérale d'Allemagne à Paris, Herbert Blankenhorn, envoya une missive à Bonn, dans laquelle il estimait qu'un renforcement de l'engagement politico-culturel de la République fédérale « s'imposait d'urgence » dans l'intérêt d'une « stabilisation des rapports franco-allemands[1] ». Trois mois plus tard, l'Institut Goethe organisa une réunion de travail à Paris, à l'occasion de l'inauguration de son bureau provisoire dans la rue de Vaugirard ; les participants y évoquèrent les activités de la RDA en France en constatant par exemple que les cercles intellectuels français étaient tous influencés, dans une relative mesure, par la « propagande culturelle à caractère purement politique menée par la zone soviétique[2] ». Cet argument selon lequel il fallait trouver une réponse à l'« offensive » culturelle de la RDA, était à l'époque un auxiliaire important de la diplomatie culturelle ouest-allemande, qui donna plus de poids aux revendications financières et permit de les rendre plus légitimes[3]. Le début des travaux pour la réalisation d'un Institut culturel de la République fédérale d'Allemagne à Paris en été 1962 montra que la diversité des arguments utilisés n'avait pas manqué d'impressionner les responsables politiques et que le gouvernement allemand était décidé à donner de nouvelles perspectives à sa politique culturelle[4].

On peut ainsi constater que, en France et en RFA, les activités pour renforcer l'engagement culturel dans le pays voisin connurent un apogée parallèle au rapprochement politique, consécutif à la visite d'Adenauer en France en juillet 1962. C'est

1. Note de l'ambassade de RFA du 11 janvier 1962 concernant « L'extension du travail culturel en France », Politisches Archiv, Auswärtiges Amt Berlin (PA/AA), B 90-600, vol. 518.

2. Ministère des Affaires étrangères, compte rendu de la réunion de travail du Goethe-Institut à Paris du 11 au 13 avril 1963, PA/AA, B 90-600, vol. 518.

3. Eckard Michels, « Zwischen Zurückhaltung, Tradition und Reform : Anfänge westdeutscher auswärtiger Kulturpolitik am Beispiel der Kulturinstitute », Johannes Paulmann (dir.), *Auswärtige Repräsentationen. Deutsche Kulturdiplomatie nach 1945*, Cologne, Bölhau, 2005, p. 241-258.

4. Note du ministère fédéral des Affaires étrangères du 20 juin 1962, PA/AA, B 90-600, vol. 518

ainsi que de Gaulle annonça en septembre 1962, avant de se rendre à son tour en visite officielle en RFA, qu'il envisageait d'assurer une coopération étroite dans les secteurs de l'éducation et de la science[1]. En effet, dans leurs entretiens, les deux hommes d'État s'entendirent pour intensifier la coopération entre les deux pays dans ces domaines, et c'est ainsi que fut préparée l'apparition de la partie consacrée à l'Éducation et à la Jeunesse dans le traité de l'Élysée. Dans ce contexte, il est tout de même intéressant de remarquer que la culture, dans son sens plus limitatif, ne fit pas l'objet d'une mention particulière dans le traité, bien que le gouvernement allemand eût proposé d'inclure aussi les échanges artistiques et littéraires, le gouvernement français était apparemment persuadé que la coopération artistique et littéraire trouvait dans l'Accord culturel du 23 octobre 1954 les modalités satisfaisantes de sa poursuite[2].

Les clauses du traité de l'Élysée dans sa partie consacrée à « l'Éducation et la Jeunesse »

L'enseignement des langues

L'objectif premier de la partie C du traité est d'encourager l'enseignement de la langue du partenaire dans chacun de deux pays. Côté français, cette stipulation était un sujet prioritaire de la politique culturelle à l'étranger (on peut penser, par exemple, à l'engagement pour la francophonie), tandis que la promotion de la langue allemande ne jouait qu'un rôle modeste dans la politique étrangère de la RFA[3]. De plus, il fallait accorder une attention particulière à la compétence des *Länder*, puisque ce sont eux et non

1. Knut Linsel, *Charles de Gaulle und Deutschland 1914-1969*, Sigmaringen, Thorbecke Jan Verlag, 1998, p. 200-201.

2. Corine Defrance, « Pourquoi la culture n'est-elle pas l'objet du traité de l'Élysée ? », Corine Defrance, Ulrich Pfeil (dir.), *Le Traité de l'Élysée et les relations franco-allemandes 1945-1963-2003*, Paris, CNRS éditions, 2005, p. 175-191.

3. Ansbert Baumann, « Französisch und Deutsch. Zur Geschichte der Sprachenpolitik », *Dokumente*, n° 1, février 2003, p. 12-16.

les autorités nationales qui sont responsables de l'enseignement des langues.

Il faut rappeler que, jusqu'en 1937, le français avait été la première langue vivante enseignée dans les lycées allemands, et que, sous le régime nazi, son enseignement avait été refoulé au profit de l'anglais, pour des raisons idéologiques[1]. À la suite de la division de l'Allemagne en zones d'occupation après 1945, le français redevint première langue vivante enseignée seulement dans les écoles de la zone française d'occupation[2]. Dans tout le reste du territoire de la future RFA, les autorités d'occupation américaines et britanniques avaient favorisé l'enseignement de l'anglais[3]. L'anglais était donc devenu la première langue vivante dans tous les *Länder* de la République fédérale, sauf dans les écoles du pays de Bade, de la Rhénanie-Palatinat et du Wurtemberg-Hohenzollern. Au vu de cette situation, la poursuite de la marginalisation de l'enseignement du français ne semblait être qu'une question de temps. C'est pourquoi, dans le cadre des négociations de l'Accord culturel de 1954, le gouvernement français avait essayé d'améliorer la réputation du français par des contacts directs avec les autorités des *Länder*[4]. Mais ces efforts ne furent pas couronnés de succès, et finalement il fallut accepter une forme de compromis, selon laquelle les partenaires s'obligeaient à « veiller, dans la mesure du possible, à organiser [...] un enseignement de la langue et de la littérature de l'autre partie[5] ».

1. Ansbert Baumann, « Der sprachlose Partner. Das Memorandum vom 19. September 1962 und das Scheitern der französischen Sprachenpolitik in der Bundesrepublik Deutschland », *Revue d'Allemagne*, n° 1, vol. 34, 2002, p. 55-76.

2. Georges Cuer, « Der Französischunterricht und die französische Sprachpolitik in Deutschland nach 1945 », Franz Knipping, Jacques Le Rider (dir.), *Frankreichs Kulturpolitik in Deutschland 1945-1950*, Tübingen, Attempo Verlag, 1987, p. 57-83.

3. Roland Lejeune, « La Vie universitaire et scolaire. Menaces sur l'enseignement du français en Allemagne », *Allemagne d'aujourd'hui*, 1955, p. 28-35.

4. Ulrich Lappenkueper, « Sprachlose Freundschaft? », *op. cit.*, p. 69-70.

5. Accord culturel entre le gouvernement de la République française et le gouvernement de la République fédérale d'Allemagne du 23 octobre 1954, art. 7, *La Documentation française (articles et documents)*, 28 octobre 1957, n° 22.

Quelques semaines plus tard déjà, on put constater que cette déclaration d'intentionpermettait une grande marge d'interprétation : le 17 février 1955, les ministres-présidents des *Länder* signèrent à Düsseldorf un « accord entre les *Länder* de la République fédérale sur l'unification des systèmes scolaires »[1] qui attribua à l'anglais une place exclusive comme première langue vivante étrangère dans toute la RFA ! Cet accord provoqua sans nul doute un fort recul de l'enseignement du français, et c'est pourquoi le gouvernement français s'engagea pour que la question de l'enseignement des langues soit remise à l'ordre du jour dans le traité de l'Élysée[2]. Mais la formulation définitive du traité, obtenue après de longues négociations, restait vague :

> Les deux gouvernements [...] s'efforceront [...] de prendre des mesures concrètes en vue d'accroître le nombre des élèves allemands apprenant la langue française et celui des élèves français apprenant la langue allemande. Le gouvernement fédéral examinera, avec les gouvernements des *Länder*, compétents en la matière, comment il est possible d'introduire une réglementation qui permette d'atteindre cet objectif[3].

Ce passage du traité de l'Élysée a donc aussi un caractère peu contraignant et contient à peine plus de substance que la formulation de l'Accord culturel de 1954. Il est probable que les responsables français espéraient tout de même parvenir à encourager l'enseignement du français en RFA, parce que l'« accord de Düsseldorf » avait été signé pour une durée de dix ans et devait ainsi être réexaminé l'année suivante ; en outre, il y avait quelques hommes politiques allemands qui demandaient une amélioration de la position de l'enseignement du français, notamment le

---

1. Archiv der Gegenwart (AdG) 1955, p. 5055-5056.
2. Ansbert Baumann, *Der sprachlose Partner*, *op. cit.*, p. 64-66.
3. Traité entre la République française et la République fédérale d'Allemagne sur la coopération franco-allemande, II. Programme, C. Éducation et jeunesse, 1a, Pierre Jardin, Adolf Kimmel (dir.), *Les Relations franco-allemandes depuis 1963*, Paris, 2001, p. 54-56.

ministre fédéral de la famille, Bruno Heck[1]. Mais dans les gouvernements des *Länder*, il apparut très vite qu'une grande majorité des responsables voulait maintenir le règlement existant ; les ministres-présidents signèrent ainsi en octobre 1964 à Hambourg une « nouvelle version de l'accord entre les *Länder* de la République fédérale pour l'unification des systèmes scolaires », prévoyant que l'anglais devait rester, « en règle générale », la première langue étrangère enseignée[2].

Bien que cette formulation laissât une petite marge de manœuvre, elle ne fut en fait utilisée qu'en Sarre où, depuis le rattachement à la République fédérale en 1957, le français était resté la première langue étrangère[3]. Dans tout le reste de la RFA le recul du français dans les lycées se poursuivit, même si dans les négociations franco-allemandes des années suivantes, on mit l'accent sur des statistiques prouvant l'accroissement du nombre d'élèves apprenant le français – en fait, cette augmentation en chiffres absolus n'était qu'un effet des facteurs démographiques et ne témoignait guère d'un intérêt accru pour le français[4]. C'est pourquoi l'Ambassadeur de France à Bonn, François Seydoux, avait raison de constater en 1967 qu'« on est en droit de se demander si, du côté allemand, un effort a été véritablement entrepris pour donner à la langue française, dans les établissements du

1. Heck constata que le français pourrait devenir dans toute la RFA la première langue étrangère à partir de 1965, mais cette remarque fut résolument contredite par la Conférence permanente des ministres de l'éducation des *Länder*. (*Französisch als erste Fremdsprache*, Augsburger Allgemeine du 26-27 janvier 1963).

2. Nouvelle version de l'accord entre les *Länder* de la République fédérale pour l'unification des systèmes scolaires du 28 octobre 1964, Manfred Abelein (dir.), *Deutsche Kulturpolitik. Dokumente*, Düsseldorf, Bertelsmann Universitats Verlag, 1970, doc. 34, p. 185-190.

3. Armand Zimmer, « La Coopération transfrontalière de proximité : pour une pédagogie de rencontre », British Council/Goethe Institut/ENS (dir.), *Redesigning the language classroom / Lernwerkstatt : Fremdsprachen/ Redéfinir la classe de langue*, Paris, ENS éditions, 1999, p. 143-156.

4. Arno Euler, « Zur Entwicklung des Französischunterrichts seit 1945 », Michael Nerlich (dir.), *Kritik der Frankreichforschung*, Karlsruhe, Argument Verlag, 1977, p. 216-233.

second degré, la place à laquelle elle aurait pu prétendre d'après la lettre et l'esprit[1] » du traité de l'Élysée. Mais, en fait, la France avait connu une évolution similaire : la Première Guerre mondiale avait déjà contribué à marginaliser l'enseignement de l'allemand au profit de l'anglais et depuis ce temps-là l'anglais s'était imposé comme la première langue enseignée dans les écoles françaises[2]. Même si, dans les années 1960, il était en principe toujours possible pour les lycéens en France de choisir l'allemand comme première langue, dans la réalité scolaire seulement très peu d'élèves faisaient ce choix.

La décision d'Olivier Guichard, ministre de l'Éducation nationale, annoncée à titre indicatif par une circulaire ministérielle en novembre 1969[3], de rendre facultative l'étude d'une seconde langue pour les élèves de toutes sections, accéléra la marginalisation de l'allemand en France[4], et en RFA, le recul de l'enseignement du français ne pouvait même pas être freiné par la formulation neutre (« La première langue étrangère doit être le latin ou une langue vivante ») dans la nouvelle version de l'« accord de Hambourg », adoptée par les ministres-présidents en été 1971. La réforme du second cycle des lycées allemands à la fin des années 1970 déclencha, au contraire, une nouvelle crise de l'enseignement du français[5]. En France, la diminution de l'intérêt pour l'apprentissage de l'allemand continua à peu près au même rythme[6]. La langue du partenaire perdait donc continuellement du terrain dans les deux pays par rapport à l'anglais. Cette tendance se poursuivit avec une chute dramatique dans les années 1990, et bien qu'on puisse avoir l'impression que le « plan

---

1. François Seydoux de Clausonne, Ambassadeur de France à Bonn, à Maurice Couve de Murville, ministre des Affaires étrangères le 8 mars 1967, Documents Diplomatiques Français (DDF), *tome I*, n° 97, 1967, p. 303-305, ici p. 304.

2. Ansbert Baumann, *Begegnung der Völker?*, *op. cit.*, p. 225.

3. Circulaire n° IV 69-473 du 17 novembre 1969, Bulletin officiel n° 44 du 20 novembre 1969.

4. Ansbert Baumann, *Begegnung der Völker?*, *op. cit.*, p. 228.

5. Herbert Christ, *Fremdsprachenunterricht und Sprachenpolitik*, Stuttgart, Klett-Cotta, 1980, p. 128.

6. Jean-Michel Hannequart, *L'Enseignement de l'allemand en France. États des lieux*, Allemagne d'aujourd'hui 162, 2002, p. 105-120.

stratégique pour le développement de la langue du partenaire», conçu par le 4e conseil des ministres franco-allemand à Berlin le 26 octobre 2004, commence à porter des fruits (par exemple, le nombre des élèves apprenant l'allemand en France s'accroît depuis 2007[1], et en Allemagne aussi, il y a de petits signes d'amélioration de la situation de l'enseignement du français[2]), il est évident que la connaissance de la langue du partenaire restera l'un des points cruciaux des relations franco-allemandes. Bref, les engagements solennels pris et réitérés par les responsables politiques depuis cinquante ans pour favoriser l'enseignement de la langue du partenaire n'ont malheureusement guère porté de fruits.

Le problème des équivalences

L'invitation faite aux «autorités compétentes des deux pays» à trouver des solutions pour les «problèmes des équivalences», mentionnée comme deuxième objectif dans la partie C du traité de l'Élysée, visa à promouvoir la libre circulation entre les deux pays et donc aussi les contacts entre les populations. La France et la RFA s'étaient engagées dès le début des années 1950 dans des accords multilatéraux sur le principe de règles d'équivalences[3], et l'Accord culturel de 1954 contenait une telle clause, selon laquelle il fallait s'engager à «rechercher les moyens d'accorder aux études effectuées, aux concours et examens passés et aux diplômes obtenus [...], une équivalence partielle ou totale sur le territoire de l'autre[4]». La formulation dans le traité de l'Élysée faisait donc allusion non seulement aux *Länder*, compétents pour toute décision touchant à l'éducation, mais aussi à la Commission culturelle franco-allemande, créée à la suite de l'Accord culturel et réunie

1. Ministère de l'Éducation nationale (dir.), *Quatrième rencontre entre les recteurs d'académie et les ministres de l'éducation des Länder allemands*, Paris, 2009, p. 6-7.

2. Andreas Nieweler, *Fachdidaktik Französisch. Tradition, Innovation, Praxis*, Stuttgart, Klett-Cotta, 2010, p. 30-32.

3. Ansbert Baumann, *Begegnung der Völker?*, *op. cit.*, p. 232-233.

4. Article 8 de l'Accord culturel franco-allemand du 23 octobre 1954, *La Documentation française (articles et documents)*, 28 octobre 1957, n° 22.

pour la première fois en mars 1957[1] et surtout à la Conférence franco-allemande des recteurs, qui avait commencé son travail en 1958 et qui, depuis 1961, s'était attachée à mettre au point un système d'équivalences scolaires et universitaires[2]. Jusqu'en 1968, toute une série d'équivalences dans le domaine universitaire avait été établie grâce aux travaux de cette institution, mais la réforme des universités françaises de 1968 les rendit définitivement caduques.

Dans les années 1970, la politique éducative dans chacun des deux pays se concentra sur des problèmes nationaux. Même si, en 1974, une Commission d'experts franco-allemands pour la coopération dans les secteurs universitaire et scientifique fut créée et un programme d'échanges d'enseignants universitaires fut mis sur pied, on ne parvint pas à réaliser des progrès substantiels dans le domaine des équivalences; il est remarquable que la Conférence franco-allemande des recteurs ne se réunit plus après 1968 et que les contacts réguliers entre la Conférence des recteurs ouest-allemands et celle des Présidents d'université ne furent renoués qu'en 1975[3].

Il fallut attendre le 10 juillet 1980 pour qu'une nouvelle « Convention sur la dispense d'études, de cours et d'examens pour les étudiants en sciences et en sciences humaines séjournant dans le pays partenaire » fût signée[4]. Elle s'étendit progressivement, jusqu'en

---

1. Ulrich Lappenküper, *Die deutsch-französischen Beziehungen 1949-1963. Von der « Erbfeindschaft » zur « Entente élémentaire »*, Munich, Oldenbourg, 2001, p. 1202-1203.

2. Ansbert Baumann, *La Conférence franco-allemande des recteurs. Moteur de la coopération européenne dans l'enseignement supérieur?*, Corine Defrance, Ulrich Pfeil (dir.), *La Construction d'un espace scientifique commun? La France, la RFA et l'Europe après le « choc du Spoutnik »*, Bruxelles, Peter Lang, « L'Allemagne dans les relations internationales », 2012, p. 137-154.

3. Reinhart Meyer-Kalkus, *Die akademische Mobilität zwischen Deutschland und Frankreich (1925-1992)*, Bonn, Deutscher Akademischer Austauschdienst, 1994, p. 89.

4. Sekretariat der Ständigen Konferenz der Kultusminister der *Länder* der Bundesrepublik Deutschland (dir.), *Sammlung der Beschlüsse der deutsch-französischen Zusammenarbeit in den Bereichen Schule, berufliche Bildung und Hochschule auf der Grundlage des deutsch-französischen Vertrags*, Bonn, 1995, p. 98-99.

1986, à l'ensemble des disciplines[1]. Ce n'est donc que 23 ans après la signature du traité de l'Élysée qu'une base solide au développement d'échanges interuniversitaires fut ainsi jetée. Cette même année 1986 fut annoncée la création d'un «Collège franco-allemand pour l'enseignement supérieur», chargé de favoriser la mobilité des étudiants et des enseignants[2], et l'accord portant sur installation du Collège fut signé le 12 novembre 1987[3]. Le Collège, constitué de personnalités françaises et allemandes fixa d'abord les critères de compatibilité pour la création des cursus intégrés binationaux. À partir du début des années 1990, des cursus de ce type furent créés entre des établissements d'enseignement supérieur français et allemands, surtout dans les disciplines scientifiques, techniques et économiques, mais aussi en droit et en sciences humaines et sociales[4]. La voie vers la création de l'Université franco-allemande était donc ouverte, et, sur la base des expériences récoltées, cette université binationale fut fondée le 19 septembre 1997, par un accord des gouvernements[5]. Suite à quelques problèmes juridiques concernant le statut de la nouvelle institution universitaire supranationale, ce n'est qu'en septembre 1999 que commença à fonctionner l'UFA, qui consiste en un réseau d'environ 180 universités partenaires, où les étudiants sont inscrits dans des formations bidiplômantes devant être reconnues à la fois en France et en Allemagne[6].

---

1. *Ibidem* p. 106-107.
2. *Ibidem* p. 12-14.
3. Convention franco-allemande des ministres des Affaires étrangères sur le Collège universitaire commun du 12 novembre 1987, *Bundesgesetzblatt*, 1988, Teil II, p. 137.
4. Ansbert Baumann, *Grenzenlos studieren. Deutsch-französische Doppeldiplom-Studiengänge*, Geschichte in Wissenschaft und Unterricht, n° 53, Friedrich Verlag, 2002, p. 530-534.
5. Accord entre le gouvernement de la République fédérale d'Allemagne et le gouvernement de la République française relatif à la création d'une université franco-allemande, 19 septembre 1997, Jardin Kimmel (dir.), *Les Relations franco-allemandes?*, *op. cit.*, p. 458-459.
6. Corine Defrance, Ulrich Pfeil, *Das Projekt einer Deutsch-Französischen Hochschule seit 1963*, Ulrich Pfeil (dir.), *Deutsch-französische Kultur- und Wissenschaftsbeziehungen im 20. Jahrhundert*, Munich, Oldenbourg, 2007, p. 309-337, ici p. 332-333.

On peut être sceptique quant à la capacité du « processus de Bologne », visant depuis 1999 à la création d'un « espace universitaire européen », à faciliter la reconnaissance des équivalences entre les deux pays, car, pour le moment, le processus donne l'impression d'apporter plus de difficultés qu'il n'en résout[1]. En tous cas, il serait fort souhaitable que les expériences faites au cours des cinquante dernières années en matière d'échanges franco-allemands soient prises en considération pour améliorer la mise en place de cet « espace universitaire européen[2] ».

La coopération en matière de recherche scientifique

En ce qui concerne la coopération scientifique, malgré les différences que l'on pouvait remarquer entre les systèmes universitaires et les organismes de recherche des deux pays, il y a eu également des initiatives remarquables avant 1963. À partir du milieu des années 1950, un grand nombre d'accords de partenariat entre universités allemandes et françaises ont été signés[3], et, au début des années 1960, on comptait déjà plus de 30 projets de recherche universitaire franco-allemands[4]. En plus, la coopération ne s'était pas cantonnée au secteur universitaire, comme le prouve la transformation du Laboratoire de recherche militaire à Saint-Louis en

1. Markus Ehses, Michael Veith, *Bachelor / Master-Reform in den Natur- und Ingenieurwissenschaften : Fragen grenzüberschreitender Zusammenarbeit*, Patricia Oster, Hans-Jürgen Lüsebrink (dir.), *Am Wendepunkt. Deutschland und Frankreich um 1945 – zur Dynamik eines transnationalen kulturellen Feldes / Dynamiques d'un champ culturel transnational – l'Allemagne et la France vers 1945*, Bielefeld, Transcript, 2008, p. 309-335.

2. Hans Manfred Bock, « Représentation et médiation. Le DAAD dans les relations franco-allemandes 1963-2003 », *Allemagne d'aujourd'hui*, n° 168, 2004, p. 116-139.

3. Hans Manfred Bock, *La Reprise des contacts sociétaux franco-allemands « sur une base universitaire » dans les années 1950*, Corine Defrance, Ulrich Pfeil (dir.), *La Construction d'un espace scientifique commun, op. cit.*, p. 23-36.

4. Claus Müller-Daehn, « Die deutsch-französische Zusammenarbeit im Bereiche der wissenschaftlichen Forschung », Westdeutsche Rektorenkonferenz (éd.), *Schwarze Hefte 1962*, Stücke 360-395, Klaischer-Bonn, 1962, p. 31-34.

Institut de recherche franco-allemand en 1959[1]. Pourtant, à partir de 1963, les projets scientifiques communs prirent un essor remarquable. L'un des résultats les plus marquants de la coopération franco-allemande dans le domaine de la recherche scientifique fut le projet de construction en commun d'un réacteur à très haut flux de neutrons dont s'entretinrent, dès septembre 1964, les ministres de la recherche scientifique français et allemands. L'accord franco-allemand portant création de l'Institut franco-allemand Max von Laue-Paul Langevin (ILL) à Grenoble fut signé le 19 janvier 1967[2]. Le réacteur de recherche, mis en service en août 1971, est la source de neutrons la plus intense du monde et d'une importance de tout premier ordre comme instrument de travail pour la recherche scientifique[3].

Mais dans le domaine de la coopération technologique, il y eut aussi des revers et des échecs complets, surtout en ce qui concerne la technologie de la télévision en couleurs, où les deux gouvernements n'arrivèrent pas à se mettre d'accord sur un compromis entre le système allemand PAL et le système français SECAM ; la vente de la technologie française à l'URSS et à la RDA montre bien qu'il ne s'agissait toutefois pas d'une simple question technique[4]. En 1967, Paris et Bonn se mirent tout de même d'accord sur un projet concret dans le secteur des télécommunications : le 6 juin 1967 un accord portant sur le développement, la construction et l'utilisation d'un satellite expérimental commun fut

---

1. Ansbert Baumann, « Die Gründung des "Institut Saint-Louis" », Ulrich Pfeil (dir.), *Deutsch-französische Kultur- und Wissenschaftsbeziehungen*, *op. cit.*, p. 237-256.

2. Commissariat à l'énergie atomique (dir.), *Bulletin d'informations scientifiques et techniques du Commissariat à l'énergie atomique*, n° 111, 1967, p. 1 ; Bundesarchiv Koblenz, B 138/2675 : Quatrième rapport de la Commission interministérielle du gouvernement fédéral sur l'état de la coopération franco-allemande, 2e partie : rapports publiés entre le 1er janvier et le 30 juin 1967, p. 20.

3. Bernard Jacrot, *Des neutrons pour la science : Histoire de l'Institut Laue-Langevin – une coopération internationale particulièrement réussie*, Paris, EDP Sciences, 2006, p. 60.

4. Andreas Fickers, *« Politique de la grandeur » versus « Made in Germany ». Politische Kulturgeschichte der Technik am Beispiel der PAL-SECAM-Kontroverse*, Munich, Oldenbourg, 2007.

signé, qui devait devenir, sous le nom de « Symphonie », le premier satellite européen à pénétrer, par ses ambitions techniques, le domaine de la recherche spatiale jusque-là dominé par les seuls États-Unis[1].

Jusqu'à la fin des années 1970, on réalisa aussi des progrès importants dans les secteurs de l'aviation et de la navigation spatiale, qui constituent toujours l'un des piliers essentiels de la coopération franco-allemande dans le cadre du centre européen d'études spatiales, l'Agence spatiale européenne. Le premier lancement d'Ariane 1, le 24 décembre 1979, à partir de la base établie par le Centre national d'études spatiales à Kourou, en Guyane française, consacra l'Europe en tant que puissance spatiale[2]. Le développement de l'Airbus (un accord franco-allemand sur le financement du projet a été signé en mai 1969 et le premier vol du modèle A-300B eut lieu en octobre 1972) donne aussi un exemple remarquable d'une coopération et d'une initiative binationales, aboutissant à la création de structures européennes[3].

Bien que la coopération dans ce domaine s'intensifiât à partir du début des années 1980 et qu'il y eût aussi des projets remarquables dans le secteur des sciences humaines et sociales[4], de sérieuses lacunes demeurèrent dans l'échange d'informations, surtout dans les sciences humaines et sociales, où l'on peut trouver une certaine ignorance et quelquefois même un profond désintérêt vis-à-vis du pays voisin. Le bilan qu'on peut dresser aujourd'hui

---

1. Claude Carlier, « Le programme franco-allemand de satellites et de télécommunications "Symphonie". Réussite technologique, échec commercial et conséquences sur la politique spatiale européenne », Corine Defrance, Ulrich Pfeil (dir.), *La Construction d'un espace scientifique commun, op. cit.*, p. 233-248.

2. France Durand-De-Jongh, *De la fusée Véronique au lanceur Ariane. Une histoire d'hommes 1945-1979*, Paris, Stock, 1998.

3. Wolfgang Krieger, « Airbus : un exemple de coopération européenne », Corine Defrance, Ulrich Pfeil (dir.), *La Construction d'un espace scientifique commun, op. cit.*, p. 293-301.

4. Hans Manfred Bock, « Der DAAD in den Deutsch-französischen Beziehungen », Peter Alter (dir.), *Der DAAD in der Zeit. Geschichte, Gegenwart und zukünftige Aufgaben*, Bonn, Vierzehn Essays, 2000, p. 196-217.

est donc mitigé, mais globalement, malgré la position dominante des États-Unis dans la recherche, les mérites de la coopération scientifique franco-allemande, souvent dans le cadre européen, ne doivent pas être sous-estimés.

La création d'un organisme destiné à promouvoir les échanges des jeunes

La dernière clause de la partie C du traité de l'Élysée est probablement la plus importante. La création d'un office d'échanges et de soutien pour la jeunesse fut annoncée, qui aurait à sa tête un conseil d'administration autonome et disposerait d'un fonds commun germano-français.

Cette stipulation se rattache également aux initiatives précédentes : depuis 1945 déjà, des organismes avaient organisé de grandes rencontres entre jeunes Français et Allemands. Il s'agissait d'initiatives privées – dont les deux principales étaient le Bureau international de Liaison et de Documentation[1] et le Comité français d'échanges avec l'Allemagne nouvelle[2] – mais aussi publiques, avec le service Jeunesse et sport de la Direction de l'éducation publique du Gouvernement militaire français en Allemagne[3]. Dans l'Accord culturel de 1954, on avait également

1. Michel Gurvel, « Le Fondateur Jean du Rivau », *Documents*, n° 45, 1990, p. 125-131 ; Raïssa Mézières, « Documents, revue des questions allemandes et l'idée européenne 1945-1949 », Bulletin de l'Institut Pierre Renouvin, Université de Paris I, n° 5, 1998, p. 33-50 ; Henri Ménudier, « La Revue Documents et le *BILD* », Bernard Bosredon, Theodor Berchem, Gerald Stieg (dir.), *Passerelles et Passeurs. Hommages à Gilbert Krebs et Hansgerd Schulte*, Asnières, Presses Sorbonne Nouvelle, 2002, p. 233-256.

2. Carla Albrecht, « Das Comité Français d'Échanges avec l'Allemagne nouvelle als Wegbereiter des Deutsch-Französischen Jugendwerks », *Lendemains*, n° 107/108, vol. 27, 2002, p. 177-189.

3. Corine Defrance, *La Politique culturelle de la France*, *op. cit.*, p. 121-122 ; Stephan Zauner, *Erziehung und Kulturmission op. cit.*, p. 183-200 ; Monique Mombert, « Les Français et la jeunesse en Zone française d'Occupation de 1945 à 1949 », Stefan Martens (dir.), *Vom « Erbfeind » zum « Erneuerer ». Aspekte und Motive der französischen Deutschlandpolitik nach dem Zweiten Weltkrieg*, Stuttgart, Jan Thorbecke Verlag, 1993, p. 175-199 ; Jean-Charles Moreau, « Jugendarbeit und Volksbildung in der französischen Besatzungszone »,

prévu de développer les échanges de jeunes[1], et à partir de décembre 1959, on se préoccupa de plus en plus de cette question au niveau gouvernemental[2]. En septembre 1962, juste avant sa visite en RFA, de Gaulle informa son ministre de l'Éducation qu'il souhaitait une intensification des contacts directs entre les jeunes des deux pays, pour qu'ils puissent jouer un rôle clé dans le rapprochement bilatéral[3]. Il s'exprima avec force dans ce sens le 4 septembre 1962, à l'occasion de son célèbre discours de Ludwigsburg, adressé à la jeunesse allemande[4]. En décembre 1962, au cours de négociations intergouvernementales en vue de préparer la prochaine rencontre entre de Gaulle et le chancelier Adenauer du mois suivant, eu égard aux structures de la politique de jeunesse si différentes dans les deux pays, les deux parties convinrent ensemble qu'il fallait développer de nouvelles méthodes de coopération dans ce secteur. Ainsi l'idée d'un « organisme d'échange et de promotion » fut-elle proposée par le gouvernement français le 15 janvier 1963 et mentionnée pour la première fois dans un « projet de déclaration commune » du gouvernement allemand[5]. Mais, après la signature du traité de l'Élysée, on s'aperçut très vite que la réalisation d'un tel organisme binational sans précédent exigeait un nouvel accord binational. L'élaboration du texte et la préparation de la forme

---

Jérôme Vaillant (dir.), *Französische Kulturpolitik in Deutschland 1945-1949. Berichte und Dokumente*, Constance, Universitats Verlag, 1984, p. 23-41.

1. Accord culturel entre le gouvernement de la République fédérale d'Allemagne et le gouvernement de la République française, Art. 5, *La Documentation française (articles et documents)*, 28 octobre 1957, n° 22.

2. DDF 1959, *Tome II*, Doc. 233/III, p. 656-665.

3. Ansbert Baumann, « L'Office franco-allemand pour la Jeunesse : une fondation controversée », Hans Manfred Bock, Corine Defrance, Gilbert Krebs, Ulrich Pfeil (dir.), *Les Jeunes dans les relations transnationales. L'Office franco-allemand pour la Jeunesse 1963-2008*, Paris, Presses Sorbonne Nouvelle, 2008, p. 39-58, ici p. 41-42.

4. Charles de Gaulle, *Discours et Messages, tome IV : Pour l'effort, août 1962-décembre 1965*, Paris, Plon, 1970, p. 15-17.

5. Ansbert Baumann, « Éducation et Jeunesse : "Resserrer les liens et approfondir la compréhension mutuelle?" », Corine Defrance, Ulrich Pfeil (dir.), *Le Traité de l'Élysée et les relations franco-allemandes*, *op. cit.*, p. 131-148.

concrète des mesures avancèrent rapidement, de telle sorte que l'accord portant création de l'Office franco-allemand pour la Jeunesse (OFAJ)[1] put être signé à l'occasion de la rencontre gouvernementale suivante, le 5 juillet 1963. L'accord reprenait les idées du traité de l'Élysée en les précisant: «L'Office a pour objet de resserrer les liens qui unissent les jeunes des deux pays, de renforcer leur compréhension mutuelle et, à cet effet, de provoquer, d'encourager et, le cas échéant, de réaliser des rencontres et des échanges de jeunes[2]».

Les premières années, les moyens financiers dont disposait l'OFAJ étaient considérables grâce aux 20 millions de Marks accordés par chacun des deux gouvernements. Mais le gouvernement français réduisit le volume global de 10 % après la crise financière de 1968; conformément aux dispositions de l'accord du 5 juillet 1963, le gouvernement fédéral devait suivre et diminua également sa contribution. Dans les années qui suivirent, les dotations des deux gouvernements furent encore réduites, et l'OFAJ fut ainsi contraint de faire des économies massives dans son budget d'intervention et de fonctionnement[3]. Il est remarquable, d'ailleurs, que l'enveloppe budgétaire de 1963 ne fut rétablie qu'en 1989[4]! Mais, malgré ces conditions difficiles, les activités d'échanges de l'OFAJ ont toujours été impressionnantes: l'organisme a apporté

1. Accord entre le gouvernement de la République française et le gouvernement de la République fédérale d'Allemagne portant création d'un Office franco-allemand pour la Jeunesse, 5 juillet 1963, Jardin Kimmel (dir.), *Les Relations franco-allemandes*, *op. cit.*, p. 93-95.

2. Hans Manfred Bock, «Complication des relations politiques et consolidation de l'OFAJ au cours des années 1960», Hans Manfred Bock, Corine Defrance, Gilbert Krebs, Ulrich Pfeil (dir.), *Les Jeunes dans les relations transnationales*, *op. cit.*, p. 59-87.

3. Katja Marmetschke, «Crise et réorganisation de l'OFAJ dans les années 1970», Hans Manfred Bock, Corine Defrance, Gilbert Krebs, Ulrich Pfeil (dir.), *Les Jeunes dans les relations transnationales*, *op. cit.*, p. 89-116.

4. François Beilecke, «Continuité, renouveau et impératif européen: l'OFAJ dans les années 1980», Hans Manfred Bock, Corine Defrance, Gilbert Krebs, Ulrich Pfeil (dir.), *Les Jeunes dans les relations transnationales*, *op. cit.*, p. 117-147.

son soutien à plus de 300 000 programmes avec à peu près 8 millions de jeunes participants jusqu'à ce jour.

Dans les années qui suivirent sa fondation, après avoir soutenu les seuls échanges scolaires, l'OFAJ a encouragé également les jumelages entre villes françaises et allemandes, en accordant des subventions aux villes qui souhaitaient se jumeler[1]. Ce fut un véritable succès qu'on peut qualifier comme l'un des effets indirects du travail de l'OFAJ et donc aussi des stipulations du traité de l'Élysée. Bien qu'on en comptât déjà plus de 130 en 1963[2], le nombre de nouveaux jumelages s'accrut considérablement et demeura à un niveau très élevé jusqu'au milieu des années 1970[3]. Cette expansion montre qu'un type de coopération proche de la base de la société s'était développé avec succès, malgré les tensions diplomatiques entre Bonn et Paris.

Les tentatives de relance de la coopération culturelle

Dans la seconde moitié des années 1970, encouragés par la relance de la coopération politique sous Valéry Giscard d'Estaing et Helmut Schmidt, quelques responsables culturels français et ouest-allemands souhaitèrent également approfondir la coopération dans le domaine culturel, face au sentiment d'une insuffisante prise en compte des développements artistiques, littéraires et intellectuels dans l'autre pays. C'est pourquoi Joseph Rovan, par exemple, lança l'idée d'un office franco-allemand de l'Audiovisuel, inspiré de l'Office franco-allemand pour la Jeunesse[4]. Néanmoins l'échange des programmes entre ARD et TF1 le 30 juin 1978 fut un échec catastrophique[5].

1. OFAJ (dir.), *Rapport d'activité 1963-1973*, Paris, 1974, p. 77.

2. Corine Defrance, « Les Premiers jumelages franco-allemands, 1950-1963 », *Lendemains*, n° 84, 1996, p. 83-94.

3. Thomas Grunert, « Langzeitwirkungen von Städte-Partnerschaften. Ein Beitrag zur europäischen Integration », Kehl/Strasbourg, Engel, Norbert P., 1981, p. 99 ; Corine Defrance, « Les jumelages franco-allemands : aspect d'une coopération transnationale », *Vingtième Siècle*, n° 99, 2008, p. 189-201.

4. Corine Defrance, *Pourquoi la culture n'est-elle pas l'objet, op. cit.*, p. 187.

5. Ansbert Baumann, « Zwischen Propaganda und Information. Die

En décembre 1980, lors d'un colloque franco-allemand à Ludwigsburg sur les relations culturelles, plusieurs participants dressèrent un bilan plutôt négatif de la coopération culturelle depuis la signature du traité de l'Élysée[1], et ce n'est donc pas un hasard si, le 6 février 1981, le président de la République et le chancelier allemand réaffirmèrent « leur souhait de voir la compréhension entre les peuples français et allemand et la connaissance que ceux-ci ont de leurs cultures s'accroître et s'approfondir[2] ». À la suite de cette déclaration franco-allemande en matière culturelle fut fondé à Paris le « Centre d'information et de recherche sur l'Allemagne contemporaine » (CIRAC), le 1er mars 1982[3]. Néanmoins, à l'occasion du sommet culturel franco-allemand de Francfort d'octobre 1986, les deux gouvernements ne purent que constater le peu de résultats satisfaisants de cette déclaration conjointe. C'est pourquoi ils adoptèrent une nouvelle déclaration commune dans laquelle ils s'engagèrent dans la voie de l'institutionnalisation de la coopération culturelle, en annonçant la fondation de trois grandes institutions : le Haut Conseil culturel franco-allemand[4], la chaîne de télévision culturelle aboutissant à la fondation d'ARTE en 1990, et le Collège franco-allemand pour l'enseignement supérieur, prédécesseur de l'Université franco-allemande[5]. Après la réunification

---

Entwicklung der deutsch-französischen Zusammenarbeit in Hörfunk und Fernsehen », *Revue d'Allemagne*, n° 37, 2005, p. 7-27.

1. Deutsch-Französisches Institut (dir.), *Deutsch-Französische Kulturbeziehungen. Bilanz und Vorschläge*, Stuttgart/Ludwigsburg, Deutsch-Französisches Institut, 1981.

2. Déclaration conjointe sur la politique commune franco-allemande en matière d'éducation, de culture, de formation professionnelle, à l'issue de la 37e rencontre franco-allemande, Paris, Palais de l'Élysée, vendredi 6 février 1981, Jardin Kimmel (dir.), *Les Relations franco-allemandes*, *op. cit.*, p. 242-244.

3. Alfred Grosser, « 30 ans de CIRAC, 20 ans de Regards sur l'économie allemande », *Regards sur l'économie allemande*, CIRAC, n° 100, 2011, p. 1-8.

4. Le Haut Conseil culturel franco-allemand se compose de 20 personnalités françaises et allemandes représentant les grands domaines de la culture « classique ». Voir : Échange de lettres portant création d'un Haut Conseil culturel franco-allemand, Paris, 22 janvier 1988, Jardin Kimmel (dir.), *Les Relations franco-allemandes*, *op. cit.*, p. 300.

5. Corine Defrance, *Pourquoi la culture n'est-elle pas l'objet [...]*, *op. cit.*, p. 188.

allemande, suite au sommet de Weimar en septembre 1997[1], les deux gouvernements continuèrent le processus d'institutionnalisation de la coopération culturelle avec la fondation de l'Université franco-allemande en 1999 et, en 2000, de l'Académie franco-allemande du cinéma.

* * *

Ainsi, si les formulations du traité de l'Élysée sont souvent hésitantes, il a offert de grandes potentialités au développement des relations culturelles; probablement l'importance essentielle du traité de l'Élysée réside dans ce genre d'influences indirectes, puisqu'il entendait transformer «profondément les relations entre les deux peuples[2]» sur le long terme. C'était donc la tentative d'influencer les «forces profondes», qui forment, selon le concept initié et développé par Pierre Renouvin, «le cadre des relations entre les groupes humains et, pour une large part, déterminent leur caractère[3]». Par les stipulations dans sa partie consacrée à l'Éducation et la Jeunesse, le traité de l'Élysée vise ainsi à infléchir positivement les rapports entre Français et Allemands et à tresser entre les peuples un vaste réseau de contacts personnels qui ne soient pas directement touchés par les impondérables de la diplomatie ou par des crises politiques.

Mais l'utilité et les bénéfices de ces relations transnationales ne peuvent se réaliser tout à fait indépendamment du contexte politique. Rejoignant la remarque faite au début de cet article, il faut souligner que la politique est seulement autorisée à fixer des conditions générales pour les échanges culturels transnationaux. Mais ce n'est pas rien! La situation est tout à fait comparable à celle du domaine de l'économie. Eu égard aux efforts politiques au cours des années 1990 et du début de la décennie suivante

1. Corine Defrance, «Francfort (1986), Weimar (1997). Les Sommets franco-allemands de la culture», *Documents,* n° 1, 1998, p. 67-69.

2. Déclaration commune du 22 janvier 1963, Jardin Kimmel (dir.), *Les Relations franco-allemandes, op. cit.*, p. 53.

3. Pierre Renouvin, Jean-Baptiste Duroselle, *Introduction à l'histoire des relations internationales*, Paris, Armand Colin, 1964, p. 2.

destinés à faire avancer la libéralisation des marchés, on pourrait être déconcerté aujourd'hui par l'attitude des quelques hommes politiques qui ne cessent de se référer à la toute-puissance des marchés financiers, alors qu'elle est elle-même aussi le résultat de ces décisions politiques[1]. Aussi dans le domaine culturel, les acteurs politiques ne devraient pas se défausser de leur propre responsabilité. La position de l'enseignement de deux langues partenaires, l'organisation des programmes scolaires, la direction de l'aide financière accordée à des projets binationaux etc. sont bien déterminées par des décisions politiques. Certes, le renforcement du plurilinguisme et l'embauche des enseignants de langue, par exemple, sont beaucoup plus coûteux que le projet spectaculaire du manuel d'histoire franco-allemand[2]. Il est évident que les hommes politiques doivent être conscients de leurs responsabilités en matière de gestion des ressources financières. On peut en effet trouver beaucoup d'arguments pour n'apprendre que l'anglais, considéré souvent comme la langue véhiculaire de communication internationale, une sorte de latin d'aujourd'hui et suffisant pour que Français et Allemands soient capables d'établir un dialogue. Il serait pourtant indispensable de jouer cartes sur table afin de permettre une discussion approfondie sur le rôle que joue l'enseignement des langues étrangères dans nos sociétés.

En fin de compte, il faut constater qu'il y a beaucoup d'imbrications entre les intérêts politiques et la société civile et ainsi que la question de la qualité des relations culturelles qui nous est posée aujourd'hui, c'est au fond celle de savoir quelle est la société dans laquelle nous – Français et Allemands – voulons vivre et agir.

---

1. Andreas Wirsching, *Der Preis der Freiheit. Geschichte Europas in unserer Zeit*, Munich, C.H. Beck, 2012, p. 394-396.

2. Reiner Marcowitz, Ulrich Pfeil, « Gemeinsames Geschichtsbuch », *Dokumente*, n° 5, 2006, p. 53-104 ; Étienne François, « Le Manuel franco-allemand d'histoire. Une entreprise inédite », *Vingtième siècle*, n° 94, 2007, p. 73-86 ; Ralph Erbar, « Ein Geschichtsbuch für zwei Länder ? Kritische Anmerkungen zum neuen deutsch-französischen Geschichtsbuch », *Geschichte in Wissenschaft und Unterricht*, n° 57, 2006, p. 623-624 ; Florent Claret, « Le Manuel franco-allemand d'histoire, de l'utopie à la réalité », *Lendemains*, n° 122-123, 2006, p. 235-240.

Une discussion approfondie sur ces questions fondamentales n'est possible que si l'on tient compte des différents points de vue et sans supporter ni le relativisme, ni le nivellement. C'est pourquoi l'idée d'un « espace culturel commun franco-allemand », lancée dans « l'agenda franco-allemand 2020 », n'a rien de particulièrement enviable et ne constitue sûrement pas un modèle pour l'Europe (d'autant plus que la France et l'Allemagne sont plutôt aux antipodes l'une de l'autre en matière d'histoire des idées politiques et culturelles) ! L'Europe a, au contraire, toujours progressé dans un climat d'échanges entre hommes issus de cultures différentes.

Il semble donc tout à fait indiqué de conclure cette étude en soulignant que l'objectif du traité de l'Élysée a été d'institutionnaliser des contacts entre les sociétés civiles et d'établir des échanges indépendants des aléas diplomatiques. Même si cela soulève le problème de savoir jusqu'à quel point un traité politique peut modifier les relations entre deux peuples, et malgré le bilan très mitigé des dispositions de sa partie consacrée à l'Éducation et la Jeunesse, il faut constater que ce traité a mis en place des structures binationales tout en respectant les particularités propres à chacun des deux pays, en vue de modifier les stéréotypes et les modèles de perception de l'autre peuple et de fonder une véritable amitié. Mais il est évident qu'une amitié doit être entretenue et cultivée ; c'est donc un défi politique et social que d'entretenir et de développer cette relation particulière et de la rendre perceptible dans la vie de tous les jours. Il faut donc espérer, en revenant sur la déclaration de Nicolas Sarkozy du 4 février 2010, que ce grand traité ne s'effacera pas de la mémoire des hommes politiques et des peuples. Il se peut très bien que, cinquante ans après sa signature, le traité de l'Élysée soit à nouveau mis à l'épreuve – mais il a tout de même de bonnes chances de surmonter cette épreuve.

Frank Baasner

RAPPROCHEMENTS, RESSEMBLANCES, DIFFÉRENCES : VERS UNE SOCIÉTÉ FRANCO-ALLEMANDE ?

Avant d'aborder la question posée, qui ne manque ni d'ambition ni de complexité, essayons de cerner les notions clés qui la composent. Au cœur de la question se situe l'objet de l'analyse : la « société ». Les options méthodologiques disponibles pour analyser et même concevoir une société varient selon l'approche privilégiée. Ayant opté volontairement pour une approche pluridisciplinaire, nous proposons de distinguer l'analyse sociologique factuelle et empirique de l'analyse sociologique et culturelle, cette dernière incluant les éléments mentaux à l'origine de la perception d'une société comme telle par ceux qui la composent, autrement dit : l'imaginaire social. Par ailleurs, il faut aussi se demander ce que l'on entend par rapprochements, ressemblances et différences. Ces notions varient selon leur association à l'une ou l'autre des deux approches évoquées. Si les ressemblances ou différences (dans le sens d'harmonisation, convergences, divergences) peuvent être observées d'un point de vue objectif, il est loin d'être évident que ces constats sont perçus de la même façon par les citoyens des deux grands ensembles que nous appelons sociétés. Par exemple, il est parfois surprenant de voir à quel point peuvent varier les applications de directives européennes, pourtant censées harmoniser les politiques dans certains domaines identifiés comme des objectifs stratégiques communs. Enfin, le terme de rapprochement renvoie à deux significations et phénomènes dont il faudra tenir compte : le rapprochement objectif et mesurable par des contacts humains multiples et des effets de structure, et le rapprochement comme processus mental de compréhension réciproque indépendamment des ressemblances ou différences factuelles.

Le choix de l'époque à étudier est simple dans la mesure où l'intérêt du volume porte sur les cinquante ans qui se sont écoulés depuis la signature du traité dit « de l'Élysée » en 1963. Tous les renvois à des époques antérieures seront justifiés uniquement s'ils éclairent le présent[1].

Du fait de ces choix méthodologiques, nous croiserons différents domaines de recherche et différentes disciplines comme l'histoire, la sociologie, les sciences politiques et ce que l'on pourrait appeler les sciences de la culture. Enfin, nous tenterons d'enrichir les analyses et observations par les expériences de terrain de ces vingt dernières années, car le privilège du travail à l'Institut franco-allemand de Ludwigsburg (DFI) est de pouvoir vivre des exemples concrets de coopération franco-allemande très variés et parfois insoupçonnés.

L'impact de la longue durée : France – Allemagne, histoire d'un antagonisme

Si l'on veut prendre au sérieux le fait qu'une société n'est pas seulement la population sur un territoire qui partage les mêmes législation et administration, à la rigueur la même langue, il est nécessaire de regarder la dimension mentale de ce grand ensemble que forme la société. En Europe, la construction mentale, voire idéologique, des sociétés nationales a été particulièrement forte et dominante. On peut aller jusqu'à dire que la dimension culturelle et mentale a dominé la constitution des sociétés nationales, surtout à partir du XVIIIe siècle. Ce processus a ensuite été renforcé par la scolarité obligatoire pour tous les citoyens au XIXe siècle car c'est à travers l'école qu'ont pu être diffusés les contenus idéologiques de l'autodescription nationale. Les poli-

1. Un recueil d'articles publié en 2005 traite plus spécifiquement des années 1950 dans une perspective proche de la nôtre. Hélène Miard-Delacroix, Rainer Hudemann (dir.), *Wandel und Integration. Deutsch-französische Annäherungen der fünfziger Jahre. Mutations et intégration. Les Rapprochements franco-allemands dans les années cinquante*, München, Oldenbourg, 2005.

tiques plus ou moins nationalistes des XIXe et XXe siècles ont fait que, jusqu'en 1945, toutes les tentatives visant à rapprocher les Européens et à organiser la coexistence des pays européens de façon pacifique ont échoué. Il a fallu attendre le carnage de la Première Guerre mondiale et la rupture civilisationnelle du nazisme pour arriver à surmonter les conflits meurtriers.

Dans ce processus de construction idéologique des nations européennes, la France et l'Allemagne occupent une place toute particulière. L'éclosion de l'Allemagne culturelle entre 1760 et 1830 environ – véritable explosion de créativité en littérature, philosophie et musique - s'est faite contre la domination française, contre le modèle littéraire hérité de l'époque classique du XVIIe siècle et contre le rationalisme des Lumières. Rappelons en toute brièveté quelques antagonismes qui ont marqué et qui marquent toujours en partie le commerce des idées entre Français et Allemands. Herder, le grand chantre de l'esprit des peuples, s'érigea contre l'universalisme français et théorisa la différence essentielle entre les peuples, identifiés par leurs «âmes» respectives dont l'expression originale et singulière se trouvait dans les langues et littératures nationales. L'idéalisme allemand poursuivit sur la même voie et les séquelles de cette opposition entre universalisme et relativisme culturel (pour ne pas dire communautarisme) se retrouvent jusque dans les débats actuels sur l'intégration des immigrés en France et en Allemagne[1]. Un deuxième antagonisme, qui se fait sentir également jusqu'à nos jours, concerne la pédagogie. La fameuse réforme des universités liée à juste titre au nom de Humboldt repose sur une conception nouvelle de l'individu. La *Bildung*, avec pour intérêt principal la prise en compte de la particularité incontournable de chaque individu, cherche à faire éclore ce qui caractérise la personnalité. La conception de la *Bildung* fut développée en opposition au modèle jésuite dominant en France et

1. Dans son essai sur l'identité culturelle européenne, Françoise Bonardel reprend cette opposition entre universalisme et ancrage culturel et montre comment ce dualisme constitue un obstacle au développement d'une culture européenne commune, ambitieuse et rayonnante. Françoise Bonardel, *Des héritiers sans passé. Essai sur la crise de l'identité culturelle européenne*, Chatou, Les Éditions de la Transparence, 2010.

en Europe avant cette réforme allemande. Si on ajoute à ces deux exemples une conception nouvelle de la langue et de la création littéraire, si on regarde l'histoire politique de la France dans son souci de centralisation et d'homogénéité qui est diamétralement opposé à une Allemagne polycentrique et respectueuse des particularités régionales, on admettra que ces deux sociétés sont marquées par des traditions lourdes qui ne les prédisposent pas à se rapprocher spontanément.

Ce rappel historique, malgré sa brièveté et sa simplification, permet d'attirer l'attention sur des influences collectives qui forment la cartographie mentale des citoyens, eux-mêmes socialisés dans un univers d'idées et de convictions, au-delà des conditions physiques, qui conditionnent nos vies. Nous retrouverons quelques éléments de cette parenthèse historique plus tard.

Les grandes structures sociales en France et en Allemagne

Plus on prend de recul par rapport aux objets étudiés et plus ils se ressemblent – cette vérité banale peut s'appliquer également aux comparaisons de sociétés. Par rapport aux États-Unis, au Japon ou à la Chine, les grandes structures sociales de la France et de l'Allemagne paraissent identiques. Les deux pays ayant traversé les mêmes phases de l'industrialisation, bien qu'avec un léger décalage dans le temps, la structuration des couches sociales est fondamentalement comparable. La répartition de la richesse suit la même logique des deux côtés du Rhin et la tendance à l'augmentation de la part de la société menacée de précarité et de pauvreté est aujourd'hui la même dans les deux pays. Le PIB par habitant est pratiquement le même, la France occupe la 20e place au niveau mondial avec 44 401 dollars, devancée d'une place par l'Allemagne qui affiche 44 556 dollars de PIB par habitant en 2011.

La répartition des différents secteurs d'activité, assez différente au XIXe siècle avec une France plus agricole et une Allemagne plus industrielle, se rejoint après 1945[1]. Aujourd'hui, le secteur primaire

---

1. Statistiques selon l'INSEE [www. insee. fr] et Destatis [www. destatis. de] pour 2010.

de l'agriculture ne représente plus que 4,6 % de l'activité française, tandis qu'en 1962 presque 20 % des emplois étaient des agricoles. En Allemagne, 2,6 % des emplois sont aujourd'hui liés au secteur primaire. L'emploi industriel représente (en 2008) 13,4 % de l'ensemble de la population active en France, une nette diminution par rapport à l'an 2000. 8,3 % des emplois sont dans le secteur de la construction. En Allemagne, par contre, l'emploi industriel représente 20,2 % des emplois, 6,4 % travaillant dans la construction. Enfin, le secteur tertiaire crée 73,7 % des emplois en France contre 70,8 % en Allemagne. Ces chiffres, valables pour 2008 selon Eurostat, sont confirmés par des statistiques nationales plus récentes. La seule grande différence est l'écart dans le développement industriel. Tandis que l'Allemagne a su maintenir, voire augmenter, la part de l'emploi industriel, celle-ci ne cesse de réduire en France depuis des années. Ce constat est confirmé par la productivité : la valeur ajoutée de l'industrie (hors construction) dans le PIB allemand est de 25,6 %, pour seulement 13,6 % dans le PIB français[1].

Ces données doivent être placées dans un contexte plus large, sinon mondial, au moins européen. Le sociologue suédois Göran Therborn dresse un tableau très complet des grandes tendances des sociétés européennes. Quant à la distribution des ressources économiques, il constate une convergence générale après 1945, plus rapide en temps de croissance qu'en temps de crise (le choc pétrolier par exemple) :

> La manière dont a évolué le schéma territorial des ressources économiques en Europe de l'Ouest peut se résumer en plusieurs points :
> 1. Les territoires européens se ressemblent de plus en plus depuis la fin de la Seconde Guerre mondiale.
> 2. Cela est surtout le résultat de la croissance économique et de la modernisation.
> 3. La CE/UE a peu contribué à ce rapprochement territorial voire à cette uniformisation. Concernant le PIB par habitant, les différences entre les pays ouest-européens se sont consi-

1. Chiffres selon Eurostat [ec.europa.eu/eurostat].

> dérablement réduites entre 1950 et 1973 [...] Cela montre que les années 1960 furent déterminantes pour la convergence européenne et pas seulement pour les six États membres de la CEE. Les pays fondateurs étaient déjà sur la voie de la convergence avant même que le traité de Rome n'entre en vigueur et ne donne forme à ce processus. De même, à partir de 1973, la convergence entre les 12 États membres de la CEE était déjà bien engagée et cela avant même qu'ils ne se constituent en communauté[1].

Le vieillissement de la population, résultat d'un système médical excellent dans les deux pays, est le même. Les conséquences pour les systèmes de retraite et d'assurance maladie sont aussi importantes en France qu'en Allemagne. Il n'y a qu'une seule différence marquante : la natalité. Avec un taux de fécondité de 2,01 enfants, la France est, avec l'Irlande, championne d'Europe. L'Allemagne, par contre, attend depuis des années une reprise de la natalité, située à un niveau extrêmement bas, aux alentours de 1,35 enfant. En 2011, on a pu observer une nette augmentation avec 1,46 enfant et, pour 2012, les pronostics sont également à la hausse. Même si cette tendance devait se confirmer, le solde de la population en Allemagne resterait largement négatif. À la fin de l'année 2010, la France dépasse les 65 millions d'habitants, 10 millions de plus qu'en 1981. En Allemagne, par contre, le nombre d'habitants stagne (en 1980, le nombre total d'habitants des deux Allemagnes était de 78 millions) et, sans l'apport des immigrés, le nombre d'habitants, qui s'élève aujourd'hui à 81,8 millions, serait en diminution depuis des années.

Les valeurs des Allemands et des Français

Plusieurs sondages récents, en France comme en Allemagne, permettent de tracer un tableau général de ce qu'on a coutume

---

1. Göran Therborn, *Die Gesellschaften Europas 1945-2000. Ein soziologischer Vergleich*, Francfort/M, 2000, p. 213-214 (traduction de la citation par Nathalie Lerch).

d'appeler «les valeurs» des citoyens. Ces sondages révèlent quel poids les citoyens donnent à certaines notions, souvent celles qui dominent aussi le débat politique. On arrive ainsi à voir les grandes orientations, même si les enquêtes n'expliquent pas celles-ci. Europe 1 et Paris Match, pour donner un exemple, ont chargé l'agence IFOP[1] d'interroger les Français sur leurs valeurs. Les résultats ne surprennent guère. Les valeurs phares de la République, «Liberté», «Égalité» et «Laïcité» dépassent les 80 % de jugements positifs, ainsi que les notions de «Travail», d'«Effort» ou encore d'«Entreprise». Par contre, il y a majoritairement un sentiment de mécontentement à l'égard du développement actuel de la société. Selon la perception des interviewés, les valeurs prisées ne sont pas suffisamment suivies dans la pratique sociale et politique. Les Français, à la fois amoureux de leurs grands principes républicains et railleurs des gouvernements? Comparer les résultats de telles enquêtes est une tâche complexe car chaque étude pose les questions différemment. Prenons un exemple récent sur les valeurs des Allemands. Selon l'étude réalisée par la GfK en janvier 2011[2], la «Sécurité» arrive largement en tête des valeurs (68 %), celle de l'«Effort» occupe la deuxième place avec 63 %. Est-ce donc vrai que les Allemands ont peur du risque et aiment travailler comme le laissent penser les stéréotypes les plus diffusés? Plutôt non, car le choix des valeurs proposées aux interviewés était limité, les réponses possibles l'étaient donc également. Pour comparer les priorités des citoyens de nos deux sociétés, il convient de se fier à des études conduites à l'échelle européenne et conçues pour être comparatives. Le *European Values Study* est le projet de recherche le plus ambitieux au niveau européen, initié en 1981. L'étude est renouvelée tous les neuf ans et l'édition de 2008 couvre 47 pays européens. En 2011, les chercheurs ont publié l'*Atlas des*

---

1. *Les Valeurs des Français à 6 mois de l'élection présidentielle*, novembre 2011, n° 19920. À consulter sur le site [www.ifop.com/?option=com_publication&type=poll&id=1695&language=1].

2. La GfK (Gesellschaft für Konsumforschung) est une association à but non lucratif orientée vers l'étude de marché. Les résultats de l'enquête peuvent être consultés sur le site [www.gfk-verein.de].

valeurs européennes[1] qui permet aussi de voir les évolutions dans les pays étudiés.

Les auteurs de cet atlas ont élaboré plusieurs catégories selon l'adhésion des personnes interrogées aux valeurs énoncées. L'Allemagne et la France se trouvent dans le même groupe en ce qui concerne la place de la famille, l'indépendance de la femme grâce au travail, la religiosité et le taux d'égoïsme perçu. Les deux pays se retrouvent également au même niveau quant au sentiment d'appartenance à l'Europe. Mais, pour de nombreuses autres questions, il y a des divergences parfois considérables. Les amateurs de stéréotypes y trouveront quelques confirmations, mais également des surprises. Par exemple, les Français sont davantage fiers de leur pays que les Allemands et les relations extra-conjugales sont plus largement acceptées en France qu'en Allemagne.

Par contre, les Allemands ne se voient pas du tout comme ce que suggèrent certains clichés, c'est-à-dire des bosseurs assidus : le travail est considéré comme moins important que le temps libre alors que, pour les Français, l'importance qui lui est accordée est nettement plus grande. En revanche, le sens du devoir dans le travail est bien plus élevé en Allemagne qu'en France. L'atlas offre également un regard sur le développement des orientations au niveau européen entre 1990 et 2008. Au cours des vingt dernières années, il y a eu, globalement, une transformation assez significative dans tous les pays européens, mais on ne peut pas dire qu'on ait assisté à une tendance générale au rapprochement des points de vue entre Français et Allemands.

À une échelle plus modeste, la TNS-Sofres a réalisé un sondage[2] à la demande de la Fondation Entente franco-allemande, auprès de six millions d'habitants vivant le long de la frontière franco-allemande, de Bâle à Sarrebruck. Ce sondage, publié en 2006, montre très clairement que les citoyens de ces espaces, qu'ils soient allemands, français ou suisses, partagent largement les mêmes priorités : santé, travail et famille.

---

1. Loek Halman, Inge Sieben, Marga van Zundert, *Atlas of European Values. Trends and Traditions at the turn of the Century*, Amsterdam, Brill, 2012.

2. Les résultats peuvent être téléchargés sur le site du DFI en bas de la page suivante : [www.dfi.de/de/Projekte/projekte_zeitzeugen.shtml].

De façon générale, nous pouvons donc dire que, dans leur majorité, Français et Allemands partagent des valeurs communes, du moins dans leurs grandes orientations. Malgré ces ressemblances, il persiste pourtant des domaines relatifs aux valeurs où France et Allemagne restent assez différentes. De nombreuses études ont montré que la place de la femme, de la femme au travail ainsi que de la femme en tant que mère, est loin d'être la même dans les deux pays. En allemand, on parle de «la mère corbeau», en français, de «mère poule». Cet exemple montre que les phénomènes de convergence objective comme le taux de femmes intégrées dans le marché du travail, souvent provoqués par des tendances générales au niveau international, ne sont pas forcément en phase avec les représentations et les appréciations qu'en ont les sociétés. Les valeurs étant de l'ordre des idées et des mentalités, elles peuvent avoir du «retard» ou de «l'avance» par rapport aux réalités. Si en Allemagne, après les débuts très traditionalistes des années 1950, les politiques ont fait des efforts considérables pour favoriser l'emploi féminin et permettre en même temps une vie familiale par les structures de garde des petits enfants, la société dans son ensemble n'en a pas encore intégré pleinement les conséquences.

Une deuxième différence bien connue et qui a fait couler beaucoup d'encre est le rôle que joue le mouvement anti-nucléaire dans les deux pays. Les Verts allemands, qui ont pourtant appris le savoir-faire antinucléaire auprès de leurs collègues français engagés contre la centrale de Fessenheim en 1971, sont devenus une force politique et sociale majeure. La conviction profonde que l'énergie nucléaire ne peut pas être complètement sûre est majoritaire en Allemagne. Les réactions suite à la catastrophe de Fukushima en disent long: la chancelière allemande, à la surprise de beaucoup mais en phase avec la grande majorité des citoyens allemands, a déclaré vouloir renoncer à l'énergie nucléaire dans des délais assez brefs. En France personne n'ose remettre radicalement en question le choix nucléaire et, pendant la campagne présidentielle de 2012, la question du nucléaire n'a pas mobilisé. Comment expliquer de telles différences? Faut-il y voir un écho de l'idéalisme allemand qui confère à la nature un tout autre poids que la tradition française misant sur la domination de la nature par la technique et la science? Quoi qu'il en soit, dans les deux domaines mentionnés – on pourrait en ajouter d'autres – une convergence ne se réalise que très lentement et un rapprochement des points de vue reste difficile.

L'organisation des sociétés

En ce qui concerne leur système politique et administratif, l'Allemagne et la France ont connu une évolution historique complètement différente. Ces longues traditions imprègnent jusqu'à nos jours l'organisation, fédérale en Allemagne et centralisée en France, de l'État. Malgré tout, on observe au niveau des grandes structures qui façonnent les sociétés une remarquable convergence depuis au moins cinquante ans. Le système bismarckien de la sécurité sociale, transformé certes mais globalement maintenu en Allemagne, est très proche du système actuel en France : contributions obligatoires d'une grande majorité des citoyens dans une logique de solidarité, contributions à payer par les employés comme par les entreprises, un deuxième pilier pour les retraites en entreprise et, enfin, un troisième pilier, plus développé en Allemagne qu'en France, basé sur la capitalisation privée, tels sont les éléments des deux systèmes de retraite qui rencontrent d'ailleurs les mêmes difficultés du fait du vieillissement de la société. La couverture médicale est excellente en France comme en Allemagne et les systèmes d'assurance maladie sont comparables bien que différents à quelques égards. L'organisation du monde de l'économie[1] est devenue à peu de chose près identique sous l'influence de l'intégration européenne – nous allons y revenir. Les associations structurent la société dans les deux pays, des millions de citoyens sont engagés dans cette forme d'organisation de la société civile. La France et l'Allemagne, deux démocraties parlementaires ayant adopté le système du capitalisme rhénan, se ressemblent donc

1. Pour une analyse de la transformation des structures économiques, voir la contribution de Christoph Buchheim, « Ökonomischer Strukturwandel in Frankreich und Deutschland im europäischen und transatlantischen Zusammenhang », *Wandel und Integration, op. cit.*, p. 159-178.

aujourd'hui bien plus qu'on aurait pu le penser il y a soixante ans, comme l'a souligné Hartmut Kaelble à plusieurs reprises[1]. Même dans des domaines traditionnellement différents, comme l'organisation du secteur tertiaire, on observe ces dernières années une convergence dans les intentions. Pleinement conscients du fait que, par rapport aux pays anglo-saxons et plus généralement nordiques, le secteur des fondations privées est resté faible et trop fortement réglementé par l'État en France, les acteurs politiques français ont engagé plusieurs réformes[2]. Ce cas montre que la convergence croissante n'est pas toujours l'effet d'une harmonisation subie au niveau européen voire mondial, mais qu'elle peut être aussi le résultat d'une comparaison de bonnes pratiques entre partenaires et, conséquemment, d'un choix délibéré.

C'est aussi le cas dans un autre domaine, central pour le fonctionnement des démocraties : le dialogue social. La fameuse règle de la *Mitbestimmung* allemande, qu'il faudrait traduire en français plutôt par « codécision » que par « cogestion », a souvent été citée en France comme exemplaire. Mais, même s'il faut reconnaître que des efforts ont été déployés pour rendre le dialogue social plus important et surtout plus systématique lors de la préparation de projets de lois, il reste vrai qu'en France le rapport entre « le travail » (les syndicats) et « le capital » (les employeurs) reste conflictuel. On a beau répéter que ce sont les entreprises qui créent les emplois et non l'État, la méfiance entre patronat et syndicats est ancrée dans les têtes. Même si un jour on parvenait à faire adopter des

---

1. Hartmut Kaelble, « Die sozialen und kulturellen Beziehungen Frankreichs und Deutschlands seit 1945 », *Aus Politik und Zeitgeschichte*, B 3-4/2003, p. 40-46, Hartmut Kaelble, *Vers une société européenne 1880-1980. Une histoire sociale*, Paris, Belin, 1990.

2. La loi Aillagon de 2003 devait encourager un engagement plus fort des entreprises. Malgré des avancées dans la création de fondations d'entreprise, grâce à des avantages d'ordre fiscal, le gouvernement a voulu revenir sur le sujet des fondations dans le cadre des lois concernant la modernisation de l'État. En 2008, enfin, fut créée une nouvelle forme juridique, plus souple et libre que les fondations traditionnelles : les fonds de dotation. Pour de plus amples informations : *Les Fonds et fondations en France de 2001 à 2010. Une étude menée avec le Bureau des groupements et associations du ministère de l'Intérieur, et avec le concours de Viviane Tchernonog*, Paris, Fondation de France, 2011.

règles comparables à la législation allemande, il est certain qu'il faudrait attendre au moins une génération avant que ces nouvelles possibilités ne soient utilisées efficacement et dans un climat de responsabilité partagée.

Ces tendances en partie contradictoires conduisent à un phénomène plus général qui touche toutes les sociétés européennes : des processus de convergence complexes dans le cadre de ce qu'on appelle « européisation[1] ». La dimension européenne dans le développement des sociétés allemande et française se fait sentir au moins de deux façons. Au niveau des politiques, les réglementations de l'UE influencent directement la législation nationale. Il est vrai que chaque pays a certaines marges de manœuvre dans l'application des directives européennes, mais l'effet est néanmoins une convergence. Prenons l'exemple de la directive antidiscrimination, qui a débouché sur des réalités différentes au niveau de l'organisation et de l'administration en France et en Allemagne, mais qui influence néanmoins la pratique sociale dans les deux pays. De ce point de vue, « européisation » équivaut à « convergence ». À un tout autre niveau, le phénomène d'européisation relève du domaine des idées et des représentations - nous y reviendrons.

On peut mesurer l'importance de l'européisation de nos sociétés en jetant un regard sur des secteurs qui ne relèvent pas de la compétence communautaire, à savoir tout ce qui relève de la culture et de l'éducation. Une des différences les plus frappantes entre la France et l'Allemagne est la place des Églises et des cultes en général. Les deux Églises chrétiennes, mais de plus en plus également les autres religions comme l'islam, le judaïsme et d'autres encore, ont leur place dans la vie publique allemande. Financées par un impôt, représentées dans des instances de sur-

---

1. Reiner Marcowitz, dans l'introduction au recueil sur l'identité nationale et les influences transnationales, offre une définition très convaincante du phénomène d'« européisation » par rapport à des phénomènes voisins comme l'occidentalisation ou la mondialisation. Reiner Marcowitz (dir.), *Nationale Identität und transatlantische Einflüsse. Amerikanisierung, Europäisierung und Globalisierung in Frankreich nach dem Zweiten Weltkrieg*, Munich, Oldenbourg, 2007, p. 7-30.

veillance des médias, gérantes d'innombrables crèches, ce sont surtout les Églises chrétiennes qui opèrent activement dans la sphère publique de la société allemande. Le choix de la laïcité en France reste consensuel, même si l'influence de l'Église catholique (et des autres religions dans une moindre mesure) reste importante. Si convergence il y a, bien que minime, dans ce domaine, ce n'est pas dû à la législation européenne, mais au développement factuel des sociétés. L'islam est une réalité importante en France comme en Allemagne et les débats autour de la construction de mosquées se ressemblent. Faut-il y investir de l'argent public? Doit-on financer la formation des imams (plusieurs facultés universitaires dédiées à l'islam ont été ouvertes récemment en Allemagne)? Comment faire en sorte que le dialogue soit possible avec une religion qui n'est pas organisée en Église? Ces questions dominent le débat et exigent des réponses – une convergence qui n'est pas liée à l'européisation par Bruxelles, mais qui résulte des développements généraux des sociétés d'immigration.

Enfin, l'École, plus globalement l'Éducation. C'est la scolarité obligatoire qui a permis de développer nos sociétés démocratiques modernes et l'École reste l'institution la plus «nationalisée» dans les pays européens. L'importance des institutions d'enseignement, primaire, secondaire ou supérieur, est telle que nous lui consacrons une partie à part.

L'Éducation nationale: reproduction de la différence?

Pendant l'époque des nationalismes en Europe, et même dès le début du XIXe siècle, l'éducation des jeunes générations devint un outil majeur pour former, développer et transmettre non seulement le savoir, mais aussi une certaine façon de voir le monde, son propre pays ainsi que «les autres». Sans l'école, toute l'idéologie nationale voire nationaliste n'aurait pas pu être diffusée aussi efficacement à une époque où les médias de masse n'existaient presque pas. Il ne s'agit pas de reprocher à l'école d'avoir manqué à sa mission pédagogique, mais il est indéniable que c'est surtout à travers les programmes scolaires, à travers ce monde à part où les jeunes passent de longues années de leur vie, que se reproduisent les particularités de chaque cartographie mentale nationale. Que ce soit l'histoire, la littérature ou l'art, un élève italien, français, suédois ou allemand n'a pas les mêmes enseignements ni les mêmes mécanismes de compréhension. Mais les différences reproduites ne concernent pas seulement les données, les contenus. Les différences plus profondes et plus difficiles à cerner concernent les habitudes pédagogiques et, par conséquent, les façons d'apprendre et de travailler. Rappelons l'ancien conflit entre la conception jésuite du collège et la conception humboldtienne de la *Bildung* – terme d'ailleurs difficile à traduire en français. Le rôle de l'enseignant n'est pas le même, la logique de notation ne suit pas les mêmes règles, l'autorité ne s'exerce pas de la même façon. Tous ceux qui ont vécu, en tant que parents, les échanges scolaires franco-allemands ont pu constater que les élèves ne vivaient pas la même réalité scolaire.

Bien entendu, l'école évolue partout. Les échanges permettent de découvrir d'autres réalités, de se comparer, de s'ouvrir. La législation européenne, n'ayant pas de compétences en la matière, n'intervient qu'indirectement. Le cadre européen commun pour les langues[1] permet de juger, indépendamment des systèmes scolaires, du niveau de compétence en langues de tous les Européens. Dans les relations franco-allemandes, les échanges scolaires ont constitué, depuis la fin de la Seconde Guerre mondiale, un instrument privilégié pour le rapprochement humain (voir le point suivant). Grâce à la création de l'Office franco-allemand pour la jeunesse en 1963, des millions de jeunes ont pu participer à des échanges scolaires, ce n'est pas pour autant que les systèmes éducatifs ont convergé.

Quant à l'Enseignement supérieur, la situation est considérablement différente. Alors qu'elles affichaient les mêmes différences profondes que le système scolaire – liées aux réformes de

1. Le titre complet du document est *Cadre européen commun de référence pour les langues*, publié en 2001. L'objectif est de permettre, par une plus grande harmonisation des méthodes d'enseignement des langues, une plus grande mobilité non seulement des élèves, mais aussi du corps enseignant. Soulignons que l'initiative venait du Conseil de l'Europe, et non pas de l'Union Européenne.

Wilhelm von Humboldt au début du XIXe siècle –, les universités (et grandes écoles) ont subi d'importantes transformations depuis le début du processus de Bologne[1]. Les diplômes suivent désormais un même schéma à trois niveaux (Licence, Master, Doctorat). L'objectif de la mesure qui a bouleversé les traditions, surtout dans le système allemand, et causé de sérieux conflits entre les ministères et les universités, est celui d'une plus grande lisibilité des diplômes, pour favoriser la mobilité des jeunes diplômés, et d'une plus forte employabilité. Il est encore trop tôt pour dire quelles vont être les conséquences à long terme de cette convergence européenne. Quant au rapprochement des systèmes de l'enseignement supérieur allemand et français, il faut souligner qu'au-delà de cette convergence liée au processus de Bologne, la volonté politique a permis d'avancer sur une voie très particulière qui consiste à encourager des cursus franco-allemands – dans toutes les matières – avec un double diplôme, sous les auspices de l'Université franco-allemande[2]. Cette mesure va bien plus loin que la reconnaissance des diplômes selon un schéma commun comme la LMD. Le but n'est même pas de rendre totalement homogènes les programmes de deux universités partenaires et donc de faire converger les deux systèmes, mais de pousser les universités à faire un effort supplémentaire en combinant leurs forces respectives dans un souci de qualité. Créée en 2000, l'UFA est l'institution phare d'une coopération franco-allemande intelligente qui ne passe justement pas par une harmonisation et qui contribue quand même à une imbrication de deux réalités comparables bien que différentes. Plus de 150 cursus à double-diplôme sont soutenus par cette institution dont le succès montre que des initiatives bilatérales, indépendamment des politiques européennes, sont possibles malgré des traditions et des cultures académiques différentes.

1. En 1999, 29 ministres de l'éducation et/ou de la recherche de pays européens décidèrent de créer un espace universitaire européen commun d'ici 2010.

2. Pour plus d'informations sur cette institution, voir le site [www.dfh-ufa.org].

Le rapprochement par une meilleure connaissance et une image transformée

Après avoir observé les convergences et les différences persistantes au niveau des structures et de l'organisation institutionnelle entre la France et l'Allemagne, passons à l'analyse de l'autre dimension de toute société, la dimension idéelle et mentale. Nous aborderons trois aspects : la transformation de la perception réciproque[1], l'européisation et la connaissance mutuelle. Le concept de rapprochement, dans ce contexte, désigne un processus de familiarisation par l'intellect aussi bien que par les émotions.

Inutile de rappeler que, après 1945, la perception française de l'Allemagne a été marquée par l'histoire récente et ce pendant de longues années. C'est grâce à de très nombreuses initiatives individuelles qu'un climat de confiance a lentement commencé à s'installer. Souvent ceux qui ont connu la guerre ou la déportation ont été les premiers à tendre la main à l'ancien ennemi. Ces contacts humains, qui trouvent leur expression politique dans les 2400 jumelages établis peu à peu entre villes et communes allemandes et françaises, sont difficilement chiffrables mais ont sans aucun doute contribué à la lente transformation de la méfiance (réciproque) en confiance. Aujourd'hui, une large majorité des citoyens des deux pays considère le pays voisin comme leur principal partenaire. Un sondage du mois d'avril 2010 montre même un parfait équilibre dans l'estime réciproque[2].

Cette transformation d'images négatives en une perception positive est aussi le fruit de l'autre forme d'européisation. Plus de soixante ans de construction européenne depuis la déclaration Schuman en 1950, ainsi qu'une couverture médiatique constante de l'Europe et du rôle important du « moteur » franco-allemand, ont permis aux citoyens de prendre conscience du fait qu'ils partagent une histoire contemporaine. Une société, un sentiment d'appartenance, se construit sur le vécu commun et la mémoire partagée.

---

1. Pour une analyse approfondie des représentations de l'autre, voir la contribution de Christian Wenkel au présent ouvrage.

2. Sondage réalisé par Opinion Way entre le 7 et 12 avril 2010 pour les États généraux de l'Europe à Strasbourg.

Il n'est donc pas surprenant que de nombreux sondages portant sur des questions identitaires[1] montrent à quel point les citoyens européens vivent aujourd'hui avec un double, voire un multiple, sentiment d'appartenance. Selon l'Eurobaromètre du printemps 2011, 58 % des Français se considèrent « parfois » ou « souvent » comme des Européens. Les chiffres pour les Allemands étaient identiques en 2005. Il est donc parfaitement normal de se considérer citoyen de sa commune, de sa nation et de se sentir européen en même temps. Ce constat, associé aux perceptions pacifiées des Français et des Allemands, nous permet de dire qu'en effet, au niveau émotionnel, les citoyens de ces deux pays se sont rapprochés pendant les cinquante ou soixante dernières années. Une comparaison avec d'autres perceptions bilatérales en Europe permettrait de montrer que cette forme de rapprochement, si elle exprime une tendance générale, est particulièrement forte entre Français et Allemands. Ces derniers ont-ils pour autant une meilleure connaissance du pays voisin ? Rien n'est moins sûr. Les acteurs de la coopération franco-allemande savent que dès qu'ils sortent de leur cercle d'initiés, la connaissance de l'autre pays est limitée. Les Français qui étudient la langue, ou même la culture, allemande cultivent très souvent une image assez intellectuelle de l'Allemagne, sans se pencher sur l'actualité politique et sociale. En revanche, les Français qui suivent les affaires européennes savent bien que l'Allemagne est fédérale et peuvent décliner le principe de subsidiarité – mais comprennent-ils vraiment le fonctionnement d'un État fédéral qui doit composer avec 16 autres États plus ou moins grands ? Les Allemands sont plus nombreux à visiter la France en touristes que les touristes Français en Allemagne qui, à part la nouvelle mode pour Berlin, boudent majoritairement leur voisin de l'Est. Mais que savent-ils au-delà de ce qu'un touriste peut capter pendant un séjour souvent estival ? Comme il est difficile de mesurer la connaissance et d'en saisir la profondeur, nous dépendons de données très subjectives. Nous pouvons néanmoins présumer que grâce à la couverture médiatique

1. La source la plus complète sur ces questions est l'Eurobaromètre publié depuis 1973 par la Commission européenne.

de l'actualité du pays partenaire, intensifiée et enrichie depuis bien des années, les citoyens allemands et français qui souhaitent s'informer disposent de l'information nécessaire. Cependant, penser qu'il y a une compréhension profonde de la culture voisine paraît risqué. On peut néanmoins supposer qu'au moins tous ceux qui ont travaillé ou vécu dans l'autre pays, dont des milliers de travailleurs transfrontaliers qui se déplacent quotidiennement, ont acquis une vraie connaissance des pratiques sociales du pays voisin.

La coopération : une expérience de rapprochement

Une autre réponse à la question posée concernant le rapprochement éventuel des deux sociétés vient de l'expérience de la coopération dans tous les secteurs de la société. Admettons que des différences d'ordre structurel et culturel persistent et que ces différences fassent vraiment, comme on ne cesse de nous le dire, la richesse de l'Europe. Si tel est le cas, il faut et il faudra composer avec ces différences, les connaître, les comprendre et les accepter, voire les apprécier. Si nous voulons parler de rapprochement dans ce cas de figure, il se fera par la pratique de la coopération. Travailler ensemble, partager des objectifs est une façon de se positionner par rapport à l'autre dans une logique de convergence. Coopérer n'est souvent pas une action délibérée, mais répond à des contraintes ou des stratégies choisies par les dirigeants, d'entreprise ou de l'État. Dans le processus de travail en commun, en revanche, une dynamique positive peut naître et produire, en effet, un rapprochement tout à fait efficace. Les réalisations communes permettent de souder des alliances sur le plan individuel et au niveau d'équipes, d'entreprises et même de collectivités.

Quelques exemples l'illustrent. Depuis la signature du traité de l'Élysée, et c'est peut-être une de ses conséquences les plus remarquables, les membres des gouvernements, et surtout les hauts fonctionnaires, ont dû apprendre à se côtoyer, se parler, se remettre en question. Dans la mesure où les processus de concertation à l'échelon européen sont devenus plus intenses et complexes en raison du nombre de pays membres, les fonctionnaires français et allemands ont mesuré l'immense avantage que représentait la coopération bilatérale par l'acquis de pratiques de coopération. Dans la sphère politique, la coopération n'est parfois pas couronnée de succès, mais les fruits d'un rapprochement entre personnes et équipes demeurent. Dans le secteur privé, la coopération est devenue une obligation presque quotidienne. Une entreprise, quelle que soit sa taille d'ailleurs, n'a d'avenir que si elle s'ouvre vers de nouveaux marchés et si elle est prête à s'associer dans le cadre de coopérations. Les acteurs politiques appellent souvent de leurs vœux de nouveaux partenariats industriels franco-allemands. En effet, les deux industries, par leur structure et leurs spécialisations, pourraient sans doute encore intensifier la coopération. Mais la réalité est déjà plus riche que ce qu'évoque la presse qui, souvent, ne regarde que les difficultés de grands groupes comme Airbus. Le nombre de coopérations, d'échanges, de codéveloppements entre entreprises allemandes et françaises – souvent d'ailleurs avec d'autres partenaires – augmente tous les ans. Personne ne saurait en donner le nombre exact, mais il est certain que les échanges ne se limitent pas aux marchandises et impliquent des dizaines de milliers d'employés. Un indice de ce progrès est l'évolution du besoin en conseil des entreprises. Il y a trente ans environ, l'offre et la demande se concentraient sur les sujets classiques de l'interculturel. Sensibiliser aux différences, expliquer leurs origines, sonder leurs compatibilités : voilà les principaux contenus des publications et des offres en formation. Entre-temps, ceux qui suivent ce secteur d'activité peuvent constater qu'une fois cette sensibilisation faite et les différences vues et acceptées la question principale est : comment gérer la coopération ? La recherche qui accompagne ce développement n'oppose plus tellement deux cultures prétendument différentes – en oubliant parfois que les différences entre couches sociales, classes d'âge et régions au sein d'une même société peuvent être aussi grandes qu'entre deux pays. Mais elle essaie d'analyser les nouvelles formes hybrides et les processus d'adaptation réciproque. On n'attendra donc pas une plus grande convergence mais on travaillera en connaissance de cause et en mettant à profit, si possible, les forces des uns et des autres. Se rapprocher du partenaire peut donc devenir un exercice permanent, qu'il ne faut cependant pas confondre avec une convergence. Cette dernière peut être un résultat, mais n'est sûrement pas une condition préalable. Ce qui fait de la coopération un vecteur fort du rapprochement est le chemin parcouru ensemble, soldé soit par l'échec, soit par le succès. Même si la coopération n'est pas toujours aisée, et nombreux sont ceux qui parlent de leurs difficultés, l'apprentissage se fait toujours. Au fond, si l'objectif de l'Europe future en général, et du partenariat franco-allemand en particulier, est le rapprochement continu, les programmes d'échanges existants devraient tous obligatoirement comporter un projet de coopération. Concevoir le rapprochement franco-allemand uniquement en termes de convergence dans le domaine culturel est un danger car les différences qui existent de toute façon, dans une même société et bien entendu entre deux pays, ne sont pas en elles-mêmes un problème. Le but à atteindre pourrait être vu comme un élargissement mental, un enrichissement humain et une ouverture pratique vers de nouvelles façons de faire et formes de mise en commun des savoirs pour aller de l'avant.

Le rapprochement dans les pratiques de la vie quotidienne

Quiconque bénéficie d'une expérience de plusieurs décennies sera d'accord pour constater que les modes de vie au quotidien se sont considérablement harmonisés, au moins dans les pays développés. Pendant les années 1950 et 1960, la modernisation des équipements ménagers et des moyens de transport transforma toutes les sociétés occidentales. Le rôle social de la femme évolua, le nombre croissant de voitures modifia le fonctionnement des villes. La consommation de masse banalisa un nombre important de produits dont la possession ou la consommation n'est plus réservée à une certaine couche sociale. Cette tendance à une homogénéité des équipements et des produits de consommation s'est sans cesse accélérée.

Les marques à la disposition du consommateur, que ce soit pour les vêtements, l'alimentation ou les équipements audiovisuels, sont partout les mêmes. Dans les villes du monde entier, on reconnaît vite des repères, les grandes chaînes ayant rendu comparable la vie de tous les jours de la majorité des êtres humains. La génération Internet est de toute façon habituée à avoir des informations planétaires partout et à n'importe quel moment de la journée. La pratique sociale des jeunes, en ce qui concerne l'utilisation des médias, se ressemble tellement que distinguer un internaute allemand d'un homologue français relève de l'impossible. Essayons de préciser ce constat global à l'aune d'un possible rapprochement entre la France et l'Allemagne.

La disponibilité de la plupart des produits dans nos pays est avant tout une conséquence du marché européen unique et du libre-échange en général. L'offre dans les supermarchés en France et en Allemagne se ressemble beaucoup plus aujourd'hui qu'il y a trente ans et les différences restantes sont hautement appréciées par les consommateurs, qui ne désirent pas gommer toutes les traditions, culinaires ou autres. Et pourtant, même dans ce qui est le plus personnel, à savoir la nourriture, on a bien pu constater une convergence dans les habitudes, parfois étonnante. Les Allemands consomment davantage de fromage que les Français (2007), ce qui peut surprendre quand on tient compte de l'importance qu'a le fromage en France, allant jusqu'à faire partie de l'identité nationale. Par-dessus le marché, la même tendance concerne la consommation de poissons, seule la consommation de vin confirme nos *a priori*[1].

Pour autant, est-ce que la présence et la consommation de produits similaires rapprochent vraiment les citoyens de deux pays? Il est vrai que l'homogénéité de l'occupation des espaces privés ou publics (meubles, décoration, équipements) fait que l'effet d'étrangeté lors de visites, touristiques ou privées, est moins grand que ce qu'il pouvait être cinquante ans plus tôt. En revanche, quand on quitte le niveau matériel pour se demander comment ces espaces comparables sont vécus dans les relations sociales et les actions de tous les jours, l'analyse doit être plus nuancée. Prenons comme

1. Pour une comparaison plus systématique et générale des deux sociétés aujourd'hui, voir Frank Baasner, Bérénice Manac'h, Alexandra von Schumann, *Points de vue – Sichtweisen*, Rheinbreitbach et Paris, NDV, éditions Doumic, 2e édition, 2010.

exemple la pratique sociale des repas. L'époque où les Français passaient tous les jours des heures à table – en moyenne une heure et demie il y a quinze ans – est révolue. Surtout dans les villes, le temps à disposition pendant une journée de travail est d'environ quarante-cinq minutes dans les deux pays. Mais la place qu'occupe le repas quotidien au travail et en famille ne se ressemble pas pour autant. Le dîner reste en France le moment familial privilégié, ce qui n'est pas forcément le cas dans les familles allemandes où le repas du midi est souvent celui qui réunit la famille – tradition qui changera seulement avec la transformation de l'école à mi-temps en école à plein-temps. Nombreux sont les jeunes qui, lors d'échanges scolaires, ont été déstabilisés. En simplifiant, on pourrait dire que le repas partagé, en famille ou entre amis, a une place toute particulière dans la société française. Bien entendu, les moments passés à table sont aussi importants pour tout autre citoyen en Europe, mais sur une échelle de priorité, l'importance sociale accordée aux différents moments de la journée, les repas se situent à une place plus élevée pour les Français que pour les Allemands. On pourrait prolonger ces observations en s'intéressant à la conversation à table en France et en Allemagne. Qu'est-ce qu'une bonne conversation en France ? Celle qui a été « soutenue », celle qui a permis de « bien rigoler » dans la version un peu plus populaire. Et pour les Allemands ? Celle où on a appris quelque chose de nouveau, approche pédagogique oblige. Dans les pratiques sociales du quotidien, nous retrouvons donc la même dialectique qu'au niveau des structures sociales. La convergence factuelle contraste avec une persistance de différences profondes, souvent liées à des traditions culturelles qui viennent de loin.

Société franco-allemande ou petit monde du « franco-allemand » ?

Bien des pays européens regardent la densité du réseau des structures expressément franco-allemandes d'un œil envieux pour ne pas dire méfiant. En effet, il n'y a pas d'autre partenariat bilatéral politique, économique et sociétal au monde qui puisse se vanter d'un tel nombre de structures de coopération, de programmes d'échange et de concertation comme c'est le cas pour la coopération franco-allemande. Depuis la fin de la guerre, et à un rythme croissant depuis la signature du traité de l'Élysée, des structures de coopération, des commissions, des cercles d'experts, des institutions de recherche et de formation ont vu le jour, qui ont tous en commun la mission d'intensifier la coopération franco-allemande[1]. Ce tissu, qui est composé d'acteurs très importants aussi bien que de petites initiatives privées, constitue en effet une particularité dans l'ensemble de la coopération entre la France et l'Allemagne. La question qui se pose ici est de savoir jusqu'où ces structures, qui contiennent toutes dans leur nom la mission franco-allemande, sont représentatives des deux sociétés et quel est leur véritable impact sur l'ensemble des citoyens.

La plupart des acteurs qui travaillent dans ces structures se connaissent. À travers des échanges fréquents, une certaine connivence et aussi la proximité des milieux politiques engagés dans la coopération franco-allemande, il s'est créé un cercle de personnes qui se rencontrent régulièrement lors de colloques et qui se sont mises tacitement d'accord pour employer, quand on parle de la coopération franco-allemande, un néologisme: «le franco-allemand». Par la création de ce mot qui transforme l'adjectif en substantif, les adeptes souhaitent suggérer l'existence d'un tel objet. Qu'il soit permis d'exprimer un doute. Malgré toute la force créatrice de la langue, un tel objet n'existe pas, tout comme il n'y a pas de société franco-allemande. Tout au plus, on pourrait parler d'une communauté franco-allemande, ce qui représente d'ailleurs plutôt un risque de cloisonnement.

Cela dit, essayons de mieux saisir l'impact des institutions et des initiatives de coopération franco-allemande. En dresser un tableau complet relève de l'impossible, car leur nombre est élevé et leur énumération n'aiderait pas à comprendre le rôle de

---

1. Voir le tableau de la situation actuelle décrit par Frank Baasner, «Die aktuelle Architektur der deutsch-französischen Zusammenarbeit», dans Stefan Seidendorf (dir.), *Deutsch-Französische Beziehungen als Modellbaukasten? Zur Übertragbarkeit von Aussöhnung und strukturierter Zusammenarbeit*, Baden-Baden, Nemos, 2012, p. 76-87.

ces structures particulières. L'importance des structures franco-allemandes peut être appréhendée dans leur interaction avec les milieux politiques. Le discours politique axé sur la réconciliation et la coopération franco-allemande a été soutenu et stabilisé par un ancrage dans la société. On ne parle pas d'un phénomène de masse qui ferait gagner ou perdre des élections, mais d'un tissu de personnes et d'institutions suffisamment fort pour maintenir un discours, souvent relayé par les médias, qui insiste sur l'incontournable coopération entre la France et l'Allemagne. Les nombreux défenseurs de cette coopération, qu'ils soient actifs dans les comités de jumelage des environ 2400 partenariats entre villes et communes françaises et allemandes ou dans les centaines d'associations franco-allemandes, représentent des relais importants pour les acteurs politiques. Il faut probablement distinguer, pour bien capter les dynamiques sociales de rapprochement qui nous intéressent ici, les différents profils d'acteurs de la coopération. Ceux qui vouent l'essentiel de leur énergie et de leur temps à la coopération franco-allemande sont une infime minorité dans les deux sociétés. Ensuite, il y a un nombre plus élevé de personnes qui se mobilisent une ou deux fois par an pour une initiative franco-allemande spécifique : rencontre dans le cadre d'un jumelage, accueil d'élève au sein de la famille, rencontres sportives, etc. Souvent, ces personnes ne parlent l'autre langue que très sommairement, mais elles ont toutes internalisé l'argumentaire qui fait la force du discours politique franco-allemand : « Après tant de conflits, il faut entretenir les échanges entre amis et, au niveau politique, rien ne marche s'il n'y a pas d'entente entre les gouvernements français et allemand. » Cette deuxième catégorie d'acteurs de la coopération franco-allemande est considérable, même s'il ne s'agit pas d'un phénomène de masse. Par rapport au premier groupe des « professionnels », ces « occasionnels » n'érigent pas l'action franco-allemande en mission, mais participent au tissu social mobilisable pour cette coopération. La troisième catégorie de personnes qu'on peut distinguer se caractérise par le fait qu'elles exercent assez régulièrement, dans le cadre de leur activité professionnelle, des formes de coopération franco-allemande, qui passent par le contact, les échanges professionnels ou par la présence dans des structures globalement plus internationales. C'est de plus en plus vrai pour la jeune génération qui évolue au travail dans un environnement bien plus international qu'avant. Les statistiques montrent que les contacts entre acteurs économiques allemands et français sont particulièrement intenses et, donc, il est certain que ce type de coopération apparaît de plus en plus fréquemment. Néanmoins, ces contacts ne sont pas labellisés « franco-allemands » et comme, en général, ils ne sont pas non plus intégrés dans le discours politique de la nécessité franco-allemande, on pourrait les appeler les « invisibles ». Si on admet l'hypothèse d'une coexistence de différents types de coopération, on peut se reposer la question de départ : quel impact, quel rôle peuvent avoir ces groupes? Le premier, les « professionnels », constitue une niche qu'on peut assez clairement délimiter et leur impact politique est assez visible, surtout quand on tient compte du fait que ce n'est pas un phénomène de masse. Le deuxième groupe, les « occasionnels », sont ceux qui maintiennent les structures existantes en vie. Leur disparition mettrait en péril sérieusement les structures des « professionnels », car, en période de fortes contraintes budgétaires, il est nécessaire de montrer une forte participation aux propositions d'échange. Les « invisibles », enfin, sont sans doute le groupe le plus nombreux et représentent donc un vrai potentiel, au moins en vue de dynamiser la coopération franco-allemande. Il ne fait pas de doute que le discours traditionnel doit et peut être adapté à cette nouvelle réalité de coopération pragmatique.

Conclusion

Pour résumer les observations partielles faites jusqu'ici, essayons de répondre de façon synthétique aux questions posées. Sans aucun doute, les deux sociétés se ressemblent aujourd'hui davantage qu'il y a cinquante ans. Les causes en sont multiples et vont d'une convergence internationale subie au choix délibéré de « faire comme le voisin », en passant par l'européisation. Les différences persistent néanmoins, aussi bien au niveau factuel et législatif qu'au niveau culturel, celui des interprétations et représentations. Dans quelques domaines, l'impact des différences profondes dans l'histoire culturelle des deux pays se fait encore sentir. Comme les systèmes éducatifs restent liés aux histoires culturelles nationales, ces différences d'ordre mental ne risquent pas de disparaître très vite. De toute façon, on peut se demander si une convergence structurelle et culturelle totale est souhaitable.

Le troisième concept, le rapprochement, est plus prometteur et plus adapté pour saisir la réalité des rapports franco-allemands. Il est tout à fait possible de tisser des liens, professionnels et personnels, en respectant les différences. Le rapprochement s'est fait et se fait continuellement entre Français et Allemands par la continuité, par la pratique et aussi par une perception plus nuancée du voisin, autrefois ennemi. Le moteur le plus efficace du rapprochement, cependant, est la coopération pragmatique. Poursuivre dans cette voie de rapprochement par la coopération signifie stabiliser les rapports franco-allemands à tous les niveaux de la société, même si cela peut parfois rester vain.

Quant à la dernière partie de la question, à savoir si nous nous dirigeons vers une société franco-allemande, la réponse est clairement « non ». Néanmoins, la particularité des relations franco-allemandes a fait que des structures spécifiques ont été créées au cours des décennies, qui déploient une certaine force dans les milieux politiques et dans l'opinion publique. Cette particularité ne doit pas être surestimée, car il s'agit de minorités engagées dans cette niche de nos sociétés. Mais l'ensemble des personnes plus ou moins régulièrement actives dans la coopération franco-allemande constitue, surtout quand on compare cette situation avec d'autres rapports bilatéraux en Europe, un vrai atout pour l'avenir.

POSTFACE

LA FONDATION CHARLES DE GAULLE ET L'AMITIÉ FRANCO-ALLEMANDE

La Fondation Charles de Gaulle « a pour but de faire connaître, en France et à l'étranger, l'action et l'œuvre du général de Gaulle, patrimoine commun de tous les Français ». Sa mission ne se limite donc pas à la mémoire de la Seconde Guerre mondiale et de la France Libre : elle couvre également les périodes de la Libération, du gaullisme d'opposition et de la Ve République. C'est pourquoi notre Fondation entend rappeler régulièrement quelques-unes des audaces diplomatiques du général de Gaulle, qui inspirent aujourd'hui encore la politique extérieure de notre pays.

Au premier rang de ces positions alors très attaquées, on trouve le choix de la force de frappe, clef de notre indépendance nationale la reconnaissance de la Chine populaire dès janvier 1964, l'ambition d'une politique arabe de la France… et la consécration de la réconciliation franco-allemande, grâce au traité de l'Élysée, dont nous fêtons le cinquantième anniversaire. Certes, des initiatives de première importance avaient été prises auparavant par des hommes de bonne volonté comme Robert Schuman, mais il manquait à la réconciliation franco-allemande une dimension plus affective, et pour tout dire plus populaire, pour s'accomplir vraiment.

Telle était l'ambition du traité signé au palais de l'Élysée le 22 janvier 1963 : transformer en réalité sensible un projet de réconciliation trop souvent confiné jusque-là aux élites intellectuelles et politiques, en faisant notamment le pari de la jeunesse. La création de l'Office franco-allemand de la jeunesse (OFAJ) en juillet 1963 est du reste un des principaux résultats du traité de l'Élysée : chaque année, 200000 jeunes Français et Allemands bénéficient des programmes initiés ou soutenus par cette institution, comme autant de ponts jetés symboliquement au-dessus du Rhin. Mais la coopération en matière de défense et de politique étrangère, dira-t-on? Nombre des objectifs assignés par le traité de l'Élysée sont, il est vrai, un temps restés lettre morte. Qui a dit que les actes diplomatiques les plus admirables étaient ceux qui donnaient immédiatement du fruit?

Depuis 1963, bien des audaces contenues dans le traité de l'Élysée ont fini, plutôt tard que tôt, par devenir autant de réalités. Depuis 1963, l'Europe a un moteur franco-allemand. Vu par de Gaulle, cette amitié forte entre nos deux pays devait aussi balancer l'inspiration trop uniment fédérale des traités de 1951 et 1957. Pour lui, seuls les États avaient la légitimité démocratique nécessaire à la construction d'une Europe unie. Or, avec la création officielle du Conseil européen en 1974, puis le renforcement de cet organe au détriment de la Commission européenne, qui peut dire que l'Europe des États n'a pas équilibré l'Europe de Bruxelles? Sur un plan plus quotidien, Français et Allemands sont désormais convaincus de l'indissolubilité des liens qui les unissent. C'est ce message très fort, malgré les heureuses nuances propres aux historiens, que nous pouvons lire entre les lignes de ce beau livre collectif!

Jacques Godfrain
Ancien ministre
Président de la Fondation Charles de Gaulle

LISTE DES AUTEURS

Frank Baasner, professeur d'études romanes à l'Université de Mannheim, est directeur de l'Institut Franco-Allemand de Ludwigsburg. Il est aussi depuis 1999 membre du Conseil d'administration de l'Office Franco-Allemand pour la Jeunesse et membre de l'Académie des Sciences à Mayence (depuis 2003). Il a notamment publié : *Points de vue – Sichtweisen : France – Allemagne, un regard comparé // Deutschland – Frankreich, ein vergleichender Blick Rheinbreitbach : NDV*, Paris, Éditions du Pouvoir, 2010 (codirection avec Bérénice Manac'h et Alexendra Von Schumann) ; *Migration und Integration in Europa*, (direction), Baden-Baden, Nomos, 2010 ; *Reformpolitik unter Staatspräsident Sarkozy : ein Angriff auf republikanische Grundwerte?*, Ludwigsburg : Deutsch-Französisches Institut Ludwigsburg, 2009.

Ansbert Baumann est enseignant-chercheur à l'Université de Tübingen et chargé de cours à Sciences Po Paris, au Collège universitaire à Nancy. Ses principaux domaines de recherches sont l'histoire des relations internationales au XXe siècle et les relations franco-allemandes. Ses publications incluent : *Die organisierte Zusammenarbeit. Die deutsch-französischen Beziehungen am Vorabend des Elysée-Vertrags (1958-1962)*, Ludwigsburg, dfi, 2002 ; *Begegnung der Völker? Der Elysée-Vertrag und die Bundesrepublik Deutschland. Deutsch-französische Kulturpolitik von 1963 bis 1969*, Francfort/M., Peter Lang, 2003 ; « La Conférence franco-allemande des recteurs. Moteur de la coopération européenne dans l'enseignement supérieur? », Corine Defrance, Ulrich

Pfeil (dir.), *La Construction d'un espace scientifique commun ? La France, la RFA et l'Europe après le « choc du Spoutnik »*, Bruxelles, Peter Lang, 2012, p. 137-154 ; « Éducation et Jeunesse », Corine Defrance, Ulrich Pfeil (dir.), *La France, l'Allemagne et le traité de l'Élysée*, Paris, CNRS, 2012, p. 245-278.

Professeur émérite des Universités à « Sciences Po », **Alfred Grosser**, président du CIRAC (Centre d'information et de recherche sur l'Allemagne contemporaine), est aussi chroniqueur politique à *La Croix* et à *Ouest-France* et est titulaire d'une chaire A.G. à Sciences po, (depuis 1992), à l'Université de Francfort (depuis 2009), à la Maison de l'Europe et à l'Université de Metz, ainsi que d'un titre A.G. au lycée de Bad Bergzabern. Il a récemment écrit : *La Joie et la Mort. Bilan d'une vie*, Presses de la Renaissance, 2011 ; *La France, semblable et différente,* Alvik, 2005 ; *L'Allemagne de Berlin, différente et semblable,* Alvik, 2002 (réédition augmentée 2007) ; *Les Fruits de leur arbre. Regard athée sur les Chrétiens,* Presses de la Renaissance, 2001.

Ronja Kempin est directrice du groupe d'étude des relations extérieures de l'UE de la Stiftung Wissenschaft und Politik (SWP), [l'Institut Allemand de politique internationale et de sécurité] à Berlin. Avant de rejoindre la SWP, elle a étudié les Sciences Politiques aux Universités de Marburg et de Berlin (FU-Berlin) ainsi qu'à l'Institut d'Études Politiques de Rennes et de Paris. Ronja Kempin est spécialiste de la coopération franco-allemande en politique de sécurité et de défense ainsi que de la Politique Commune de Sécurité et de Défense de l'Union Européenne. Ses publications incluent : « Die deutsch-französische Zusammenarbeit in der Sicherheits- und Verteidigungspolitik – Vernunftehe vor dem Aus? », *Zeitschrift für Außen- und Sicherheitspolitik*, 5, 2012, 2 ; « Ziele und Instrumente der Außen- und Sicherheitspolitik. Preisgabe des gaullistischen Erbes? », Adolf Kimmel, Henrik Uterwedde (dir.), *Länderbericht Frankreich*, Bonn, Bundeszentrale für politische Bildung, 2012.

Ulrich Lappenküper est directeur de la fondation Otto von Bismarck à Friedrichsruh, près de Hambourg, et professeur d'histoire contemporaine à la Helmut-Schmidt-Universität der *Bundeswehr* (Hambourg). Ses publications incluent : *Die deutsch-französischen Beziehungen 1949-1963. Von der « Erbfeindschaft » zur « Entente élémentaire »*, Munich, Oldenbourg, 2001 ; *Geschichte der internationalen Beziehungen. Erneuerung und Erweiterung einer historischen Disziplin*, dirigé par Eckart Conze, Ulrich Lappenküper et Guido Müller, Köln/Weimar/Wien, Bohlau, 2004 ; *Bismarck und Frankreich. Chancen und Grenzen einer schwierigen Beziehung*, Friedrichsruh, Otto-von-Bismarck-Stiftung, 2006 ; *Die Außenpolitik der Bundesrepublik Deutschland 1949 bis 1990* (*Enzyklopädie deutscher Geschichte*, vol. 83), Munich, Oldenbourg, 2008 ; *« Macht und Recht ». Das Völkerrecht in den internationalen Beziehungen*, dirigé par Ulrich Lappenküper et Reiner Marcowitz, Auflage, Otto-von-Bismarck-Stiftung, 2006 ; *Mitterrand und Deutschland. Die enträtselte Sphinx*, Munich, Oldenbourg, 2011.

Diplômé de l'Institut d'Études politiques de Paris et Docteur d'État en études allemandes, **René Lasserre** est professeur d'études allemandes contemporaines à l'Université de Cergy-Pontoise, dont il a été président de 1999 à 2004. Il dirige, depuis sa création en 1982, le Centre d'Information et de Recherche sur l'Allemagne contemporaine (CIRAC) qui est un centre d'expertise réputé sur les questions économiques allemandes. Spécialiste des questions économiques et sociales allemandes, de l'analyse économique et sociale comparée France-Allemagne et de la coopération économique franco-allemande dans le cadre européen, il a publié de nombreuses contributions et ouvrages, notamment sur les relations sociales et la formation professionnelle en Allemagne et sur la compétitivité des entreprises allemandes. Il est rédacteur en chef de la revue *Regards sur l'économie allemande*, éditée par le CIRAC.

Reiner Marcowitz est professeur de civilisation allemande à l'Université de Lorraine (Metz), où il dirige le Centre d'études germaniques interculturelles de Lorraine (CEGIL, EA 3944). Travaillant sur les relations franco-allemandes et leur contexte européen du XIXe et XXe siècles ses dernières publications sont : *Oublier et pardonner ? Les discours sur le passé après l'occupation, la guerre civile et la révolution/Vergeben und Vergessen. Vergangenheitsdiskurse nach Besatzung, Bürgerkrieg und Revolution*, (codirigé avec avec Werner Paravicini), Munich, Oldenbourg, 2009 ; *Une « nouvelle » Allemagne ? Un bilan franco-allemand 20 ans après l'unification/Ein « neues » Deutschland? Eine deutsch-französische Bilanz 20 Jahre nach der Vereinigung*, ouvrage dirigé, Munich, Oldenbourg, 2010 ; *France-Allemagne au XXe siècle : la production académique de savoir sur l'Autre, tome I, Questions méthodologiques et épistémologiques*, (codirigé avec Michel Grunewald, Hans Jürgen Lüsebrink et Uwe Puschner), Berne, Peter Lang, 2011.

Hélène Miard-Delacroix est professeur d'histoire et civilisation de l'Allemagne contemporaine à l'Université Paris-Sorbonne (Paris IV). Membre de l'unité mixte de recherche 8138 IRICE (Identités, Relations internationales et Civilisations de l'Europe), ses domaines de recherche sont l'histoire de l'Allemagne après 1945, en particulier l'histoire de la République fédérale, et les relations franco-allemandes en contexte européen. Ses dernières publications sont : *Le Défi européen. Histoire franco-allemande de 1963 à nos jours*, Villeneuve d'Ascq, Septentrion, 2011 ; *Deutsch-französische Geschichte 1963 bis in die Gegenwart. Im Zeichen der Europäischen Einigung*, Darmstadt, WBG, 2011 ; *Espaces de pouvoir, espaces d'autonomie en Allemagne*, (codirigé avec Guillaume Garner et Béatrice von Hirschhausen), Villeneuve d'Ascq, Septentrion, 2010. Elle a également écrit de nombreux articles et contributions à des ouvrages collectifs.

Christian Wenkel, chercheur à l'université de Munich (LMU), a soutenu en 2008 une thèse de doctorat à l'Institut d'études politiques de Paris sur les relations de la France avec la RDA (en cours de publication chez les éditions Oldenbourg sous le titre *Auf der Suche nach einem anderen Deutschland. Das Verhältnis Frankreichs zur DDR im Spannungsfeld von Perzeption und Diplomatie*). Ses publications portent sur le rapport franco-allemand, la guerre froide, la politique étrangère française et la construction européenne ; chez Tallandier en 2011 est parue une édition de sources *La Diplomatie française face à l'unification allemande* (avec Maurice Vaïsse). De 2009 à 2011, il a travaillé pour l'Institut historique allemand à Paris, où il dirige un groupe de recherches sur les interdépendances entre guerre froide et construction européenne au cours des années 1970 et 1980. Il enseigne par ailleurs l'histoire des relations internationales à Sciences Po.

TABLE DES MATIÈRES

Achevé d'imprimer par Dupli-Print
à Domont (95) en janvier 2013
N° d'impression : 221971
Imprimé en France